LE ROMAN D'ISRAËL

DU MÊME AUTEUR

Israël, Géopolitique d'une paix, Michalon, 1996.
La Cuisson du homard, Réflexion intempestive sur la nouvelle guerre d'Israël, Michalon, 2001.
Le Retour de la Russie, (en collaboration avec Vladimir Fédorovski), Odile Jacob, 2001.
Le Roman d'Odessa, Ukraine, utopie russe et génie juif, éditions du Rocher, 2005.
Le Testament d'Ariel Sharon, éditions du Rocher, 2006.

MICHEL GURFINKIEL

LE ROMAN D'ISRAËL

éditions du
ROCHER

Collection « Le roman des lieux et destins magiques »
dirigée par Vladimir Fédorovski

ISBN : 978 2 268 06441 3

À Béka
À Ora et Eliana

Nouvel An des Arbres, 15 Shevat 5768.
22 janvier 2008.

CHAPITRE 1

Le renard

Les quatre hommes, enveloppés dans leurs manteaux de laine, s'étaient assis sur un rocher, face aux ruines. Leurs disciples se tenaient derrière eux, à quelque distance. Il faisait froid. Le ciel était couvert. Mais le mont Scopus – *Har ha Tsofim*, la Montagne des Observateurs – portait bien son nom : de ces hauteurs, même par mauvais temps, on pouvait embrasser d'un seul regard toutes les collines et ravines de Jérusalem. En arrivant, les quatre Sages avaient déchiré le pan de leur tunique – un geste de deuil. Devant eux, là où s'élevaient autrefois le Temple, les palais royaux, les demeures des grands, on ne voyait plus, désormais, que des amas de pierres grises ou roses, des piliers tronqués, des pans de remparts à demi écroulés. Çà et là, des arbres avaient poussé au milieu des éboulis; des buissons épineux, des herbes coupantes, avaient jailli dans les anciens parvis, dont on pouvait encore deviner le tracé. Les oiseaux, rongeurs et petits carnassiers avaient pullulé : un vol de tourterelles tournoyait au-dessus du mont Moriah, des chiens jaunes parcouraient, véloces, les restes d'un chemin de ronde bâti par Hérode. D'hommes, point. Ils n'osaient guère s'aventurer dans ces parages, les uns par crainte de fouler un site consacré, d'autres pour éviter une mauvaise chute, d'autres enfin par souci des morts : les Juifs et les Gentils avaient péri ici les armes à la main, lors de la Révolte, ou été brûlés vifs, dans les incendies qui s'étaient propagés à partir du 8 Av. Le seul endroit où l'on se rendait encore, c'était au pied de la muraille occidentale du Temple, la seule qui ne se fût pas écroulée. Une aire de prière y avait été dégagée : on y accédait par la vallée du Hinnom, où se situait, au dire des Anciens, la bouche de l'enfer. Tout autour de cette Jérusalem déchue, une autre Jérusalem survivait cependant : sur les collines plus basses ou plus éloignées, Siloé, le Mont du Crâne, le Puits de la Vigne, là où s'étaient multipliés jadis les faubourgs. Les combats, pendant la Révolte, y avaient été moins violents ; la plupart des maisons y avaient échappé aux flammes. Si bien que quelques rescapés de la Ville Sainte s'y étaient installés, dès que le pouvoir impérial l'avait permis, suivis, une ou deux décennies plus tard, par des familles pieuses venues de l'arrière-pays judéen ou de la côte, de Galilée ou d'Alexandrie, de Babylonie ou d'Ionie. Les païens – Grecs, Orientaux – y avaient également leurs colonies. La garnison romaine y campait. De minces filets de fumée montaient au-dessus des maisons et des tentes : on se chauffait, on cuisinait.

Des quatre Sages assis au sommet du mont Scopus, le plus prestigieux était Rabban Gamliel. Après la Révolte, les Romains avaient mis fin à l'autonomie politique de la Judée ; mais ils avaient été cléments envers les Juifs en tant que *religio licita*, communauté religieuse reconnue, dotée de ses propres lois. Ils avaient accepté qu'on remplaçât l'ancien *Sanhédrin* – sénat et haute cour de justice –, qui siégeait dans l'enceinte du Temple de Jérusalem, par une Académie des Sages de la Torah, installée à Yavneh, une petite bourgade de la plaine côtière. Et que l'on maintînt une sorte de monarchie symbolique, incarnée par le *Nassi*, « prince de la nation ». Rabban Gamliel, qui descendait de Hillel, l'un des grands Sages de l'époque hasmonéenne, mais aussi des anciens rois de Judah, exerçait la double fonction de président de l'Académie et de prince. Sa rigueur était proverbiale : quand il traitait des affaires publiques, il s'abstenait même de prier, afin de consacrer toute son attention aux questions qui lui étaient soumises. Rabbi Eleazar ben Azaryah, le deuxième Sage, descendait d'Ezra le Scribe, qui avait rebâti le Temple sous les Perses ; il disposait d'une fortune considérable, acquise dans le négoce du gros bétail, du vin et de l'huile d'olive, et devait succéder quelque temps à Rabban Gamliel en qualité de

Nassi, à la suite d'un conflit entre ce dernier et l'Académie. Rabbi Yehoshua ben Hananiyah, le troisième, avait été lévite quand le Temple existait encore : il avait alors chanté dans les chœurs qui accompagnaient les cérémonies et les sacrifices. Le sanctuaire tombé, il avait encouragé le peuple à « manger de la viande et boire du vin », c'est-à-dire à reprendre une vie aussi normale que possible. « Ne pas porter le deuil est certes impossible, disait-il. Mais le porter de façon exagérée est tout aussi impossible. » Rabbi Akiva ben Yossef, le quatrième Sage, tranchait sur ses amis. Sa famille était fort humble : son père, Yossef, avait peut-être été un prosélyte. Lui-même s'était longtemps désintéressé de la Torah. Ce fut par amour, en rencontrant la belle Rachel, fille du riche Kalba Savoua, qu'il commença à étudier : elle lui avait promis de l'épouser s'il devenait pieux. Il revint vers elle au bout de plusieurs années : émacié, blanchi, Sage parmi les Sages. Une foule de disciples l'accompagnait : « Saluez Rachel, leur dit-il. C'est à elle qu'appartiennent mon savoir et le vôtre. » Akiva maîtrisait le *derash*, l'analyse formelle du texte biblique. Il déchiffrait les versets les plus obscurs, expliquait les lois les plus absconses, résolvait les énigmes.

Soudain, une musique s'éleva. Des buccins, des tambours. C'étaient les soldats romains qui faisaient la fête. Leur campement était situé bien loin, sur une autre colline, mais le vent portait les sons grossiers jusqu'au sommet du mont Scopus. « Qui peut résister à Rome ? » demandèrent les Sages. « Ses armées recouvrent la terre, et son bruit écrase nos pensées. » Ils pleurèrent. « Pourquoi ces larmes ? », rétorqua Akiva. Les Sages répondirent : « Les païens, qui offrent de l'encens à des idoles sourdes, muettes et aveugles, vivent en paix. Mais le sanctuaire du Dieu Vivant, notre Dieu, n'est plus que cendres. Comment pourrions-nous ne pas pleurer ? » Akiva sourit : « Si telle est aujourd'hui la récompense de ceux qui ne servent pas l'Éternel, quelle sera demain celle des justes qui, même dans l'adversité, lui auront obéi ? » Le ciel commença à s'éclaircir. « D'ici au

Mont du Temple, c'est l'affaire d'une heure ou deux », dit Rabban Gamliel. « Irons-nous ? » Les quatre Sages se levèrent ; leurs disciples les imitèrent. Ils descendirent vers la vallée du Hinnom par un étroit chemin, atteignirent bientôt les champs en terrasse, les premiers hameaux, le Nouveau Quartier qui s'était formé sur le mont du Crâne et près de la Tombe d'Alexandre, entre la deuxième et la troisième muraille. Autrefois, des dénivellations et des fossés séparaient la Ville des faubourgs, et au sein de la Ville, chaque îlot d'habitation d'un autre. Les gravats les avaient comblés : on pouvait aller vite. La petite troupe fit soudain halte : elle était arrivée sur l'emplacement du palais d'Hérode Antipas. Le gros œuvre tenait encore. Par des échelles de bois, les visiteurs pouvaient accéder à l'étage et aux terrasses. On s'affaira. De jeunes disciples, la robe retroussée jusqu'à la cuisse, aidèrent les quatre Sages à monter. Bientôt, tous furent en haut. La vue plongeait sur le Temple détruit.

« Nous avons refait le chemin de Titus, le maudit, que son nom soit effacé », commença Rabban Gamliel. Les disciples écoutaient, fascinés, en proie à un brusque vertige. Leur regard se portait tantôt sur le Maître – le temps se réchauffant quelque peu, ce dernier avait défait son manteau –, tantôt sur le chaos qui s'étendait devant eux. La plupart n'étaient encore jamais venus à Jérusalem. Dans les Académies, on continuait à enseigner les rituels du Temple au présent. Entre la destruction du Premier Temple par les Babyloniens et sa reconstruction à l'époque perse, soixante-dix ans s'étaient écoulés. Cela faisait cinquante ans à peine que le Romain Titus avait abattu le Second Temple le moment approchait donc, affirmaient certains Sages, où cet édifice allait être rebâti, lui aussi. Et il fallait qu'Israël, l'heure venue, fût prêt. Les uns disaient qu'un nouvel empereur romain, ayant honte des crimes de son prédécesseur, prendrait de lui-même l'initiative des travaux. D'autres que la Perse, redevenu un Empire puissant, arracherait Jérusalem à Rome et la remettrait aux Juifs, comme sous Cyrus le Grand. D'autres encore pensaient que le Roi-Messie, l'Oint du Seigneur, Fils de David, allait apparaître et libérer Israël de toute servitude : c'est à lui seul qu'il allait incomber de reconstruire la Maison de Dieu, à moins que celle-ci ne descendît du ciel dans un nuage de feu. Cela, les disciples l'avaient entendu, médité, soupesé. Mais les lois et les espérances n'étaient soudain plus rien, face à ces ruines à la fois énormes et terrifiantes. Ils comprenaient soudain avec leurs yeux ce qu'avait été le Temple. Et que Rome, pour l'avoir détruit, était mille fois plus puissante qu'ils ne l'avaient jusque-là admis. La Révolte, la guerre, les prouesses, la défaite, la tragédie finale, si souvent contées par leurs parents et grands-parents, devenaient soudain des choses réelles, palpables, chiffrées, datées, mesurées – aussi lourdes que des blocs de granit.

Rabban Gamliel expliqua : « Titus campait au nord, sur le mont Scopus, avec deux de ses légions. Une troisième légion, venue de Jéricho, s'était installée à l'est sur le mont des Oliviers. Une quatrième arrivait d'Emmaüs, à l'ouest. Au total, cent mille Romains et auxiliaires. Les Juifs étaient vingt-cinq mille : quatre fois moins nombreux. Au début du mois d'Iyyar, Titus est descendu du mont Scopus avec ses hommes. C'était affreux de voir ces combattants casqués, cuirassés, en groupes compacts, qui se déversaient lentement dans la vallée, comme une coulée de boue mortelle. Le premier combat s'est déroulé devant la Porte des Femmes, le 5 Iyyar. Le chef des Romains a lancé quelques centaines d'hommes à l'assaut, peut-être dans l'espoir de forcer d'emblée la troisième muraille : les Juifs les ont taillés en pièces. Il a donc décidé de contourner la ville en passant par le Hinnom, comme nous venons de le faire, et de réunir ses troupes aux renforts d'Emmaüs. Là, ses soldats se sont faits terrassiers, charpentiers, mécaniciens. Ils ont dressé des remblais, bâti des tours de bois, mis en place des catapultes. Les défenseurs tiraient des flèches enflammées : mais le bois des tours et des machines était si dur que les traits ne s'y enfonçaient pas et que le feu n'y prenait pas. Bientôt, les maudits ont lancé d'énormes pierres contre les murailles, avec leurs catapultes. Les premiers blocs se fracassaient contre les remparts. Mais peu à peu, ceux-ci, sous les chocs répétés, se sont effrités, fendus, brisés. Finalement, le 25 Iyyar, le haut de la troisième muraille a été pulvérisé, pas très loin de la Tombe d'Hyrcan et de la Tour de Phazaël... » Des sanglots dans la gorge, le prince s'interrompit. Rabbi Yehoshuah poursuivit à sa place. Il parlait plus lentement, d'une voix plus sourde, en se concentrant sur chaque mot : « Les Romains ont fait rouler l'une de leurs tours de bois vers la muraille décapitée... Elle était munie d'un pont-levis. En l'abaissant, les maudits ont pu pénétrer dans la Ville. Le 10 Sivan, ils franchissaient la deuxième muraille et donnaient l'assaut à la forteresse Antonia. Les Juifs les ont repoussés; mais début Tammouz, ils revenaient. Les Romains – comment vous dire, jeunes gens... – mettaient toutes les chances de leur côté. Ils avançaient pas à pas, progressaient arpent par arpent. La forteresse est tombée deux semaines plus tard, le 17. Le même jour, nous avons appris qu'il ne restait plus de petit bétail pour les sacrifices. Jusque-là, on procédait encore chaque jour à l'offrande d'un agneau... Mais désormais, la réserve était épuisée. Nous perdions à la fois une bataille militaire et une bataille spirituelle... »

Rabban Gamliel s'était ressaisi. Il commenta les propos de Rabbi Yehoshuah : « Au début de la Révolte, les entrepôts de Jérusalem regorgeaient de vivres, et les parcs de bétail. La Ville aurait pu soutenir un siège de dix ans. Tout cela fut dilapidé dans une guerre civile entre Juifs, comme vous le savez : la haine gratuite, sans fondement, d'un frère envers son frère... » Puis il reprit le récit du siège : « Il ne restait plus aux Juifs que leur courage. Ils se sont battus. Trois semaines entières. Les Romains faisaient entrer sans cesse de nouvelles troupes dans Jérusalem : les Juifs, de moins en moins nombreux, épuisés, affamés et assoiffés, retranchés derrière des pans de la deuxième muraille puis dans l'enceinte du Temple, ont sans cesse lancé des contre-attaques. Le matin même du 9 Av, ils ont contre-attaqué par surprise un gros contingent romain : une partie des assaillants a commencé à fuir. Était-ce le miracle attendu? Non. Il était trop tard. Le Décret divin était paraphé et scellé. Jérusalem devait tomber. Le Temple devait être détruit, une seconde fois. Ce que furent ces trois semaines d'agonie... Puisque la fumée des sacrifices ne montait plus vers le ciel, notre peuple tout entier se transformait en holocauste. Les uns mouraient de faim, d'autres en combattant. D'autres encore périssaient dans les incendies ou écrasés dans l'effondrement des charpentes et des maçonneries. Les femmes, après avoir étouffé leurs enfants, se coupaient les veines afin de n'être pas déshonorées. »

Rabban Gamliel se tut. Les trois autres Sages également, perdus dans leurs pensées. Personne, parmi les disciples, n'osait poser de questions. Le ciel était désormais tout à fait dégagé : un soleil trop dur donnait à toute chose un éclat étrange, métallique. « Allons jusqu'au bout de notre visite, dit Rabbi Eleazar. Approchons-nous du Temple. On redescendit par les mêmes échelles, et l'on s'engagea à travers les ruines. Le Mur Occidental, à demi intact, courait des vestiges de la forteresse Antonia, au nord, jusqu'aux abords de l'antique Ophel, la Jérusalem du roi David, au sud. « Jeunes gens, regardez bien, lança l'éloquent Eleazar. Vous distinguez deux types de pierres : petites en haut de la muraille, massives en bas. Les premières sont les plus récentes, cela va de soi, et les secondes plus anciennes. Quel symbole : les nains – les générations les plus tardives – s'assoient sur les épaules des géants – les pères. Mais c'est pourtant la génération ultime, donc la plus chétive, la nôtre peut-être, qui verra le Roi, Oint du Seigneur, le Fils de David, le Maître Juste... » L'Oint. Le Messie. L'homme qui appartient absolument à Dieu : *Shélo*, comme le qualifia le Patriarche Jacob dans une vision prophétique, c'est-à-dire Qui est à Lui. Le point de fuite des tribulations d'Israël, et de toute la race humaine. Celui qu'Adam, le premier homme, l'homme primordial, attendait déjà et portait déjà dans son nom : Adam ou A-D-M ; A comme Adam lui-même, D comme David, le roi dont l'âme enveloppait toutes les âmes, M comme Messie... Les disciples se remémoraient les leçons de leur enfance et de leur adolescence. Il fallait, en effet, que le

Messie arrive. Et s'il allait tarder ? Et si, déjà venu, il avait été vaincu ? Certains maîtres enseignaient que deux Messies se succéderaient. Le Fils de Joseph, qui échouerait, mais avec tant de foi et de noblesse qu'il ouvrirait le chemin au Fils de David, le Messie ultime et vainqueur. La secte nazaréenne avait peut-être confondu les deux. Rabban Gamliel, qui en savait beaucoup sur celle-ci, la traitait avec indulgence. Les autres Sages étaient moins confiants à son égard.

Devant une partie du Mur Occidental, des hommes priaient et pleuraient. Dans un coin, des soldats, leur casque posé au sol, jouaient aux dés. Ce n'étaient pas des Romains mais des Gaulois. Amoureux de la guerre, ils avaient pillé Rome quand celle-ci n'était encore qu'une cité-État, ravagé la plaine du Danube, envahi l'Asie Mineure. Certains d'entre eux avaient servi dans la garde d'Hérode le Grand. Mais Rome était devenue l'Empire. Et César s'était emparé de leur lointaine patrie. Ils avaient tenté de le repousser. En vain. Le prophète Daniel n'avait-il pas dit que Rome broierait toutes les royautés et toutes les armées ? Aujourd'hui, les Gaulois, devenus auxiliaires de Rome, montaient distraitement la garde au milieu des Juifs toujours rebelles. « Montons par là, dit enfin Rabbi Eleazar. Les Romains ont bâti cette rampe quand ils ont donné l'assaut final au Temple. Nous serons presque à la hauteur du sanctuaire. Nous verrons tout de près, sans risquer de profaner les lieux les plus saints de ce monde. » On le suivit. À peine vingt coudées à gravir. Rabban Gamliel resserra sur lui les pans de son manteau. Il avait froid à nouveau – d'un froid intérieur, car le soleil, désormais au zénith, frappait fort. Rabbi Yehoshuah baissait la tête. Rabbi Akiva, de la main, enjoignait aux disciples d'aller plus vite. Rabbi Eleazar reprenait ses explications : « Voyez, jeunes gens. Le Saint des Saints se situait juste en face de nous, là où les amas de ruines sont plus denses, plus réguliers qu'ailleurs, comme s'il ne s'agissait plus de débris, mais de moellons entassés pour un futur chantier. Ici, les Romains ne se sont pas contentés de laisser l'incendie s'étendre. Quand tout a été calciné, rongé par le feu, ils sont revenus, munis de masses, de marteaux et de scies. Ce qui tenait encore, ils l'ont abattu. Ce qu'ils abattaient, ils le pilaient, ils le concassaient. Ils semblaient ne ressentir aucune fatigue. De temps à autre, ils buvaient un trait de vin, s'épongeaient le front et le corps. Puis ils reprenaient leur ouvrage. Titus a fait dire ensuite qu'il ne voulait pas détruire le Temple, et encore moins le profaner, que c'est par accident que le feu a pris, un légionnaire ayant jeté un tison qu'il croyait avoir éteint. Mais nous avons vu comment ses hommes s'acharnaient, avec une patience de démons, sur les pierres antiques, comment ils les réduisaient en grenaille et en graviers. »

Un disciple, un jeune garçon roux, à la barbe encore rare –, cria soudain : « Le renard ! Regardez, le renard ! Ici ! Là ! » Un renard, en effet, à la robe rouge, venait de surgir parmi les pierrailles, au milieu de ce qui avait été le Saint des Saints. Il disparut, resurgit, disparut encore. « Malheur, malheur... *Oï vavoï* ! » crièrent les Sages. Ils se laissèrent tomber sur le sol, se couvrirent la tête de poussière. Les disciples, autour d'eux, pleuraient de les voir pleurer. « Pourquoi ces cris, ces larmes ? » demanda Rabbi Akiva. Comme sur le mont Scopus, il souriait. « Selon la Torah, le profane qui pénètre dans le Saint des Saints doit être mis à mort » dirent les Sages. Et maintenant, ce lieu révéré entre tous n'est plus qu'un terrain vague où se faufilent impunément les renards. » Akiva ne cessa pas de sourire : « C'est la raison même pour laquelle, moi, je me réjouis. » Les Sages et les disciples le regardèrent avec un mélange de stupeur et de curiosité : l'époux de Rachel ne parlait jamais à la légère, même ou surtout quand il semblait jouer avec un paradoxe. « Isaïe annonce à la fois les dévastations qui vont s'abattre sur le peuple d'Israël, et la rédemption qui suivra, dit Akiva. Il prend pour garants deux autres prophètes : Urie le prêtre et Zekharyah, fils de Yeverekhayu – qui vivaient à des époques différentes. On en déduit que lorsque la prophétie d'Urie sera accomplie, on pourra croire à celle de Zekharyah. Or Urie, qui vécut à l'époque du Premier Temple, a dit que " Sion serait labourée comme un champ ". Et Zekharyah, qui vécut sous le Deuxième, " qu'il y aurait encore – même si ce dernier était détruit à son tour – de vieilles gens assis dans les rues de Jérusalem, au milieu des jeux des petits garçons et des petites filles ". Les paroles d'Urie se sont réalisées : le Temple est pareil à un champ. Nous sommes donc sûrs, à présent, que les paroles de Zekharyah se réaliseront, elles aussi, et que Jérusalem sera reconstruite. Pour toujours et à jamais. » Les Sages se levèrent et prirent Akiva dans leurs bras : « Tu nous as consolés, tu nous as consolés ! » Les disciples se donnèrent la main et commencèrent à danser en rond, lentement, majestueusement. En bas, les Gaulois, entre deux coups de dés, se demandaient quelle folie saisissait soudain les Juifs.

CHAPITRE 2

Migrations et royaumes

Le Tanakh ou Bible hébraïque – que les chrétiens appellent aussi l'Ancien ou Premier Testament – relate à la fois l'histoire du monde et celle d'Israël. Ce texte est largement confirmé par des sources externes à partir du VIIe siècle avant l'ère chrétienne, et tenu pour vraisemblable, au moins dans ses grandes lignes, pour les deux ou trois siècles antérieurs. Sa partie la plus ancienne, les vies des Patriarches, passait en revanche, aux yeux de bien des lecteurs modernes, pour légendaire. Mais elle vient d'être validée sur deux points essentiels : le peuple hébreu ou juif descend bien d'un seul clan antique ; et celui-ci venait bien du nord de la Mésopotamie.

C'est la biologie moléculaire qui permet de l'affirmer. Depuis les années 1990, cette discipline reconstitue avec une précision absolue les lignées masculines, révélées par le chromosome Y, et les lignées féminines, mises en évidence par l'ADN mitochondrial. En ce qui concerne les Juifs, diverses équipes de chercheurs ont pu ainsi établir une forte homogénéité collective : selon Michael F. Hammer, qui a dirigé l'une de ces équipes à l'Université de l'Arizona, « dans chaque pays, le pool génétique des communautés juives, qu'elles soient ashkénazes ou sépharades, est plus proche de celui de n'importe quelle autre communauté juive dans le monde que de celui de la population non juive locale, ce qui semble montrer que les conversions et les mariages mixtes ont joué un rôle négligeable dans l'histoire du peuple juif ». Les généticiens ont également démontré que les Juifs ashkénazes et sépharades étaient extrêmement proches des

Kurdes musulmans du nord de l'Irak, une population qui, tout en changeant plusieurs fois de nom, de langue et de religion, n'a jamais quitté son territoire. Quand elle affirme qu'Abraham, né à Haran, dans le Kurdistan actuel, émigre vers le Levant pour fonder le peuple d'Israël, la Bible rapporte donc un fait hautement plausible. Les mêmes études donnent par ailleurs une signification nouvelle au trope consistant à confondre un individu et le peuple dont il est le géniteur (Israël, Ismaël, Édom, Moav, Ammon) : elles indiquent en effet que toutes les populations juives actuelles ont pour origine huit lignages seulement. Enfin, elles confirment la chronologie du Livre saint, en faisant vivre ces ancêtres communs « voici quatre mille ans » : vers l'an 2000 avant l'ère chrétienne.

Selon la Bible, la famille d'Abraham, porteur d'une nouvelle idée de la Divinité et d'un nouvel idéal de justice – la Torah –, s'installe en Canaan, un territoire recouvrant, en termes actuels, Israël et les Territoires palestiniens, puis, à la suite de famines, se replie par deux fois en Égypte. Il ne s'agit encore que d'un clan semi-nomade : capable, le cas échéant, de livrer quelques combats, il est contraint, le plus souvent, de se placer sous la protection des cités-États qui se partagent alors le Levant, ou de la grande monarchie pharaonique. Mais son second séjour en Égypte, au IIe millénaire avant l'ère chrétienne, lui permet de croître et de se multiplier. Au bout de quelques générations, il passe de quelques dizaines ou quelques centaines d'âmes à plusieurs milliers, ou dizaines de milliers : le voici devenu Israël, un peuple, Douze Tribus. Les Égyptiens cherchent à le sédentariser, à l'asservir. Des bouleversements naturels de tout ordre – où la Bible voit « le doigt de Dieu » : les Dix Plaies, la traversée de la mer Rouge – lui permettent soudain de retrouver sa liberté (de nombreux historiens font le rapprochement avec l'explosion de l'île égéenne de Théra, vers - 1623, ou encore, selon une autre hypothèse, celle de l'Hekla islandais, en - 1159 : deux phénomènes volcaniques cataclysmiques, qui ont eu des répercussions dans le monde entier et plus particulièrement en Méditerranée orientale).

Un autre événement entouré de prodiges se produit lors d'un séjour provisoire dans le « désert » du Sinaï, qui était alors sans doute, comme le Sahara à la même époque, une steppe semi-herbagée, un « sahel », plutôt qu'une contrée entièrement desséchée : la Révélation. Pacte solennel d'une communauté rescapée à la fois de la servitude et d'une catastrophe écologique et sociétale ? Épiphanie – « Alliance » – du Dieu Un devant la multitude qu'Il s'est choisie, comme le dit l'Écriture ? Chacun, au XXIe siècle, verra les choses à sa façon. Ce qui est incontestable, c'est que la Torah prend à cette occasion une forme nouvelle, catégorique, et entre dans l'âme des Israélites et de leur descendance pour ne plus jamais en sortir.

Formés à l'égyptienne, maîtrisant diverses techniques militaires, notamment l'organisation en régiments et bataillons, s'étant équipé, ne fût-ce que par pillage, dans les arsenaux de Pharaon, ils tentent de conquérir Canaan pour y établir le Royaume de Dieu. Une première offensive par le sud, c'est-à-dire la steppe et les piémonts du Néguev, hérissés de forteresses, se solde par un échec. Les Israélites changent alors de stratégie, et contournent Canaan par la vallée du Jourdain, à l'est, où ils s'emparent sans grande difficulté de quelques principautés bédouines. À partir de cette base, une guerre éclair, conduite par Josué, leur livre ensuite la plus grande partie du Haut-Pays, *Ha Har*, les collines et les vallées situées entre la plaine côtière et le Jourdain. Mais de nombreuses enclaves cananéennes subsistent, plus ou moins soutenues par une Égypte affaiblie. Un nouvel adversaire surgit. La Bible leur donne le nom de *Plishtim* ou Philistins, qu'elle avait déjà attribué à des populations cananéennes côtières de l'époque des Patriarches et qui signifie tout simplement « Envahisseurs » : en l'occurrence, ce sont les Peuples de la Mer, Crétois et autres proto-Grecs minoens qui, chassés par l'intrusion néohellénique dorienne, écument la Méditerranée en quête d'un refuge. Refoulés d'Égypte, non sans peine, par Ramsès III, les Philistins se retranchent dans la plaine côtière cananéenne, la *Shéfélah*, y établissent cinq cités-États et entreprennent de se partager le Haut-Pays. Les Israélites résistent, dirigés par des chefs mi-religieux, mi-politiques, les *Shoftim* ou Juges (un terme analogue à celui de *suffètes*, en usage à Carthage). Mais la victoire n'est possible qu'au prix d'une révolution : la mise en place, au-dessus des tribus traditionnelles, d'une monarchie centralisée, capable de lever l'impôt, d'entretenir une armée permanente, de se doter d'armes de fer, comme l'ennemi philistin, et aussi de rallier des non-Israélites : les derniers Cananéens, les Moabites et autres Ammonites ou Édomites, les Araméens, quelques clans d'origine hittite, et même des aventuriers crétois ou anatoliens. Un seul peuple non israélite est tenu à l'écart, combattu, refoulé : Amalek. Cette ethnie mystérieuse avait attaqué Israël dans le désert, dès la sortie d'Égypte. Elle s'était ensuite alliée aux Philistins. La Bible lui attribue une haine intense, fanatique, envers les Hébreux. La tradition rabbinique verra par la suite en elle le prototype ou le principe de l'antisémitisme radical, qui ne cherche pas tant à affaiblir ou subjuguer Israël qu'à l'anéantir.

La monarchie sera l'œuvre de Saül et surtout de son gendre David, dont la vie et l'action politique forment une mini-saga, d'un réalisme et d'une objectivité nonpareils, au sein de la grande saga biblique. À la fin de son règne, David a non seulement soumis l'ensemble du pays à son autorité, mais également conquis la Syrie jusqu'à l'Euphrate. Il s'est emparé de Jébus, un nid d'aigle cananéen situé au centre du pays, et en a fait Jérusalem, territoire commun aux Douze Tribus, capitale nationale. Salomon, l'un de ses plus jeunes fils, parachève l'entreprise en bâtissant le Temple, un sanctuaire de pierre où l'on installe définitivement l'Arche et les autres symboles de l'Alliance avec le Dieu Unique, jusque-là sauvegardés de bourgade en bourgade, Gilgal, Shilo, Nov et Giv'on, dans une vaste tente d'azur...

Après la mort du troisième roi, en - 930, *Eretz-Israël*, la Terre d'Israël, se scinde en deux : les Dix Tribus septentrionales font sécession, sous le nom de royaume d'Israël ou d'Éphraïm, ou encore de Maison de Joseph ; les Deux Tribus méridionales, Judah et Benjamin, renforcées par une partie de la tribu sacerdotale de Lévi et des lignages de Simon, restent fidèles à la dynastie davidique sous le nom de royaume ou Maison de Judah. À cette partition géographique s'ajoute un clivage idéologique : le Sud reste dans l'ensemble fidèle au Dieu Unique des Pères et à sa Torah, tandis que le Nord tolère, en marge du monothéisme, des pratiques païennes.

En fait, cette double scissiparité remonte aux commencements mêmes de la nation. Des querelles de personnes, métaphores de conflits de groupes, s'étaient multipliées, selon la Genèse, entre les douze fils du Patriarche Jacob : Judah s'était déjà opposé à Joseph. Lors de la sortie d'Égypte, selon le Livre de l'Exode, Moïse avait été confronté à de nombreux réfractaires : Dathan et Abiram, Korakh, les adorateurs du Veau d'Or. Parmi les douze explorateurs, un par tribu, qu'il avait chargés d'arpenter et de reconnaître la terre de Canaan, deux seulement, Josué et Caleb, avaient soutenu le projet de conquête : les dix autres, reniant le pacte du Sinaï, avaient préconisé de faire demi-tour et de rentrer en Égypte. Selon le Livre des Juges, une guerre civile sanglante, motivée par un crime impuni et donc des interprétations divergentes de la Torah, avait opposé après la conquête la tribu de Benjamin aux onze autres. Selon le Second Livre de Samuel, David lui-même, avant de régner sur « tout Israël », s'était taillé un royaume personnel dans le sud du pays, autour d'Hébron, tandis que le fils de Saül, Ishbosheth, tentait de gouverner le Nord.

Mais si le schisme du xe siècle avant l'ère chrétienne se dessinait depuis longtemps, il n'a rien, une fois en place, d'irrévocable ou d'irrémédiable. Les deux royaumes gardent le sentiment d'une identité commune ; ils sont le plus souvent alliés et leurs dynasties se marient entre elles. La Torah, préservée par une élite de « voyants » – les *Neviim* ou prophètes – reste la loi suprême dans les deux États. Une grande partie des habitants du Nord professe la même orthodoxie que ceux du Sud ; et une forte minorité, au Sud, y compris plusieurs rois, est tentée par l'hétérodoxie nordiste. Quand les Assyriens détruisent le royaume d'Israël, à la fin du VIIIe siècle avant l'ère chrétienne, des milliers de réfugiés affluent dans le royaume de Judah, miraculeusement épargné. Et quand l'Empire assyrien s'effondre brutalement, entre - 630 et - 623, le souverain judéen Josiah – ultraorthodoxe – reprend possession, sans coup férir, de l'ancien pays frère.

Une quarantaine d'années plus tard, Judah s'écroule à son tour. Après la mort de Josiah, le royaume réunifié avait tenté de louvoyer entre les deux grandes puissances du moment, l'Égypte et Babylone, contre l'avis du prophète Jérémie, qui conseillait d'accepter l'hégémonie babylonienne. Vers - 587, Jérusalem, qui avait échappé au roi assyrien Sennachérib, autrement redoutable, est prise par le Chaldéen Nabuchodonosor. Le Temple est détruit, incendié, la ville ravagée. Jérémie et une partie de la population s'enfuient en Égypte. À partir de ce premier refuge, certains groupes gagnent la Nubie et le Yémen, et d'autres, semble-t-il, l'Afrique du Nord. Une autre partie de la population judéenne est transplantée en Mésopotamie par les Babyloniens. Quelques groupes misérables demeurent sur place.

Ces drames étaient chose courante dans l'Orient de ce temps. La déportation, en particulier, avait été érigée en méthode de gouvernement par les Assyriens : un peuple arraché à sa terre et à ses dieux – étroitement liés, selon la logique du paganisme, à tel ou tel site – perdait, sinon son identité, du moins la volonté de se battre. Sennachérib était resté célèbre pour avoir « confondu les nations », organisé des déplacements de jugulation d'une extrémité à l'autre de ses Etats : il avait notamment transplanté la plus grande partie des Israélites du Nord chez les Cuthéens de Mésopotamie, et transféré ces derniers dans la province ci-devant israélite de Samarie. Les Babyloniens suivaient cet exemple. Une fois installés dans leur nouvel environnement, les déportés n'étaient d'ailleurs pas trop mal traités. Ils recevaient un lopin de terre, un atelier ; les fils des nobles étaient élevés à la cour, et donc cooptés au sein de l'élite impériale. Mais pour un Israël imbu de son identité particulière et de son alliance avec le Dieu Unique, l'épreuve est vertigineuse. Une partie des réfugiés d'Égypte tente de la surmonter en édifiant, en contravention avec la Torah, une réplique du Temple à Éléphantine, aux confins de la Nubie. Les déportés de Babylone interprètent la catastrophe comme la juste punition des péchés capitaux qu'Israël n'a cessé de commettre, en dépit des faveurs divines : l'idolâtrie, le meurtre et l'adultère. Ils s'abandonnent à un désespoir existentiel absolu, se laissent dépérir – quatre des six jeûnes rituels du judaïsme ont été institués à cette occasion, peut-être pour canaliser cette pulsion – ou entretiennent des fantasmes d'ultimes révoltes. Jusqu'à ce que Jérémie leur enjoigne, dans une missive, « de construire des maisons et de les habiter, de planter des jardins et d'en manger les fruits, de prendre des femmes et d'enfanter des garçons et des filles, puis de trouver à ces enfants des épouses et des maris afin qu'ils enfantent à leur tour, et qu'ainsi ils croissent en nombre au lieu de diminuer », sans omettre « de prier pour la paix et la prospérité du pays, car de celles-ci dépendront leur propre paix et leur propre prospérité ». Lui qui avait passé, avant la catastrophe, pour un prophète de malheur, stigmatise ceux qui, en arguant de « fausses révélations », affirment aujourd'hui que tout est perdu : « Car ainsi parle l'Éternel : " Lorsque les soixante-dix années imparties à Babylone seront arrivées à leur terme, Je me souviendrai de vous, J'accomplirai le bien que Je vous ai promis, et vous ramènerai vers le pays qui est intrinsèquement le vôtre... Vous Me chercherez, et vous Me trouverez, car c'est de tout votre cœur que Vous M'aurez cherché " » (Jérémie, XXIX, 5-13).

En effet, l'Empire babylonien ne dure pas. Il tombe plus rapidement encore que l'Empire assyrien, dès - 538, sous les coups de deux peuples indo-européens, les Mèdes et les Perses. Et le premier geste de Cyrus, leur « roi des rois », est selon la Bible de permettre à ceux des Judéens ou Juifs – ces termes génériques apparaissent à cette époque – qui le désirent de rentrer dans leur patrie et d'y reconstruire le Temple. L'archéologie a confirmé cet épisode, à ceci près que le nouveau maître accorde la même grâce à tous les peuples asservis par les Assyriens ou les Babyloniens, sans doute pour s'assurer de leur loyauté. Dans un édit gravé sur un cylindre métallique, il affirme : « J'ai réuni les déportés de toutes origines et les ai ramenés dans leurs anciennes habitations. » Une charte trilingue (grec, lycien et araméen), datée du IVe siècle avant l'ère chrétienne et découverte en 1973 par une équipe archéologique française à Xanthos, dans le sud-est de la Turquie actuelle, relate un « retour » des populations anatoliennes locales analogue à celui des Juifs, dans des termes qui semblent calqués sur ceux de la Bible. La reconstruction du Sanctuaire de Jérusalem va de pair avec la consolidation du temple juif concurrent d'Éléphantine et la restauration des temples païens d'Ur, Uruk, Babylone, Saïs et Hibis.

Quarante mille Juifs seulement rentrent à Jérusalem et en Eretz-Israël – la satrapie perse de Yehud, selon la nouvelle terminologie officielle – avec les prophètes Zorobabel, Ezra et Néhémie : la majorité des exilés restent en Babylonie, en Égypte et dans d'autres contrées plus lointaines. Près de cinq siècles plus tard, la communauté eretz-israélienne finira par compter, selon l'opinion de la majorité des démographes modernes, trois à quatre millions d'âmes : les Juifs sont prolifiques, ne serait-ce que parce qu'ils se refusent, comme s'en étonnera l'historien romain Tacite, de tuer « un seul de leurs enfants » et les conversions au judaïsme, fréquentes. Mais les communautés de l'Exil (la *Golah*, en hébreu, ou *Diaspora*, en grec) resteront globalement plus nombreuses, avec quatre ou cinq millions d'âmes. C'est un second cas de bipolarisation géographique au sein du peuple juif, après le binôme Sud-Nord, ou Judah-Joseph, à laquelle s'ajoute, comme à l'époque du Premier Temple, une bipolarisation idéologique au sein même des deux groupes, entre le parti de la seule Torah et celui des synthèses ou d'une fusion avec les civilisations païennes : en l'occurrence le monde hellénistique puis gréco-romain, qui supplante au IVe le monde mésopotamien et perse.

Au IIe siècle avant l'ère chrétienne, la communauté d'Eretz-Israël est assez nombreuse, assez compacte, pour se révolter au nom de la Torah contre ses souverains du moment, les Séleucides syro-hellénistiques, qui tentent de mettre en place une religion païenne d'État pour unifier leurs possessions. Les Hasmonéens, une famille de prêtres, créent un nouvel État juif indépendant. Lors de sa plus grande extension, sous le roi Alexandre Jannée (- 103 à - 76), il comprend la Judée proprement dite, l'Idumée, la Paralia ou plaine côtière, la Philistie jusqu'à Rhinocorura, la Samarie, la Galilée, ainsi que, de l'autre côté du Jourdain, la Gaulanide, Gilead et Moav. En termes actuels : Israël moins le sud du Néguev, Gaza, la région d'El-Arish au nord-est du Sinaï égyptien, la Cisjordanie, le Golan et la partie utile de la Jordanie. Mais les Juifs n'y forment que 60 % de la population. L'Idumée (l'ancien Édom) a été convertie de force : sa fidélité n'est pas assurée. La région côtière et la vallée du Jourdain sont dominées par des populations païennes plus ou moins hellénisées. En Samarie, la population professe un judaïsme dissident : l'ancienne religion syncrétiste du royaume du Nord. En outre, elle est au moins en partie d'origine cuthéenne. Tantôt proche des Juifs orthodoxes, tantôt réfractaire, cette communauté constitue ainsi un dangereux « ventre creux » au centre du pays. Les Juifs ne sont vraiment majoritaires que dans les deux régions les plus peuplées, la Judée et la Galilée.

Rome, la nouvelle puissance hégémonique, ne manquera pas de tirer parti de cette vulnérabilité à la fois démographique et stratégique. Elle soutient les souverains hasmonéens Alexandre Jannée (- 103 à - 76) et Salomé Alexandra (- 76 à - 67) contre les Séleucides et les autres monarchies hellénistiques, afin d'asseoir sa propre domination en Orient. Mais en - 69, Pompée, qui vient de battre Mithridate en Asie Mineure, ne croit plus à l'utilité de l'alliance juive : sous couvert d'arbitrer une querelle entre les deux fils de Salomé, Hyrcan II et Aristobule II, il démembre le royaume hasmonéen au profit des minorités non juives, soudain placées sous le protectorat direct de Rome. Jules César et Auguste en reviennent à une politique plus favorable aux Juifs, pour des raisons tant intérieures (la Judée et la Diaspora occidentale constituent 10 % de la population globale du monde romain) qu'extérieures (Rome se préoccupe de l'émergence, en Mésopotamie et en Iran, de l'Empire parthe ou arsacide et voudrait se concilier la Diaspora babylonienne). Une seconde dynastie d'origine partiellement iduméenne, les Hérodiens, joue sur ce rapprochement pour renforcer l'autonomie d'Eretz-Israël, au moment même où disparaissent les dernières monarchies hellénistiques, y compris l'Égypte des Ptolémées : le roi Hérode le Grand fait placer l'aigle romaine au-dessus des portes du Temple, acte blasphématoire aux yeux des Juifs pieux, mais bâtit en même temps des forteresses capables de tenir un siège de plusieurs années, aussi bien à Jérusalem que dans le reste du pays (l'Hérodion, Matsada) ; son petit-fils Agrippa, élevé à Rome, ami intime de Caligula dans sa jeunesse puis protégé de Claude, mais redevenu Juif pieux quand il accède à la royauté, donne de nouveau remparts à Jérusalem. Le peuple, lui, est travaillé par des espérances messianiques, de saintes colères contre Rome mais aussi contre ceux des Juifs qui semblent pactiser avec elle. Les émeutes, les révoltes, se multiplient. Les Romains et les rois hérodiens crucifient les meneurs, qualifiés de « brigands ». Quelques ultras, après la mise à mort de leur chef, le « Maître de Justice », se retirent dans le désert, près de la mer Morte. Leurs manuscrits, scellés dans des jarres de terre, seront entreposés dans des grottes, oubliés. La plupart tomberont en poussière. Mais quelques-uns seront redécouverts au XXe siècle.

En l'an 66 de l'ère chrétienne, le pays tout entier se révolte contre Florus, un procurateur romain particulièrement odieux. Ce n'est pas encore une rupture avec Rome en tant que telle. Mais quand le dernier souverain hérodien, Agrippa II, prêche la patience, il est déposé, et une « République juive » est proclamée. En 68, Néron est assassiné. L'Empire romain sombre dans la guerre civile : quatre empereurs se succèdent en quelques mois à peine. N'est-ce pas un signe, la promesse que la « Bête » agonise, et que l'heure de la délivrance complète est proche ? La République entre en guerre contre l'Empire. Les Parthes promettent d'apporter leur aide, mais n'en font rien ; un petit État-tampon, Adiabène, dont la famille royale s'est convertie au judaïsme, envoie des soldats, des vivres, de l'or. Rome se réorganise, se ressaisit, envoie plusieurs légions contre la Judée rebelle.

Au début, les Juifs l'emportent. Puis c'est à leur tour de s'engager dans une guerre civile inexpiable : les *Tsadokim* ou Sadducéens, liés à la monarchie, ont pris le parti des Romains par « intérêt de classe » ou réalisme ; les *Pérushim* ou Pharisiens, intransigeants sur le plan religieux, mais flexibles sur le plan politique, s'opposent aux *Kannaïm* ou Zélotes, qui refusent tout compromis ; ceux-ci sont dépassés sur leur gauche par les *Sikarianim,* ou Sicaires, adeptes de la politique du pire. Si l'on en croit le Talmud et la *Guerre des Juifs* de Flavius Josèphe, ancien commandant pharisien de Galilée, ces dissensions – *sinath hinam*, « la haine gratuite », selon les Sages – sont la véritable cause de la défaite : les exactions des Zélotes et des Sicaires poussent de nombreux Pharisiens, Josèphe lui-même mais aussi Rabbi Yohanan ben Zakkaï, qui fonde l'Académie de Yavné, à se soumettre aux Romains. Un nouvel empereur, Vespasien, sait faire bon accueil à ces transfuges. Il assiège Jérusalem en 69. Son fils Titus prend la ville en 70 et incendie le Temple. Les derniers combattants pharisiens se retranchent à Matsadah, au-dessus de la mer Morte, et se suicident collectivement, ainsi que leurs familles, au lieu de se rendre.

Traditionnellement, c'est de ce désastre que l'on date la dispersion définitive des Juifs et leur divorce d'avec une terre où ils avaient vécu pendant plus de mille ans. Cette vision a d'abord été chrétienne : issue du judaïsme, l'Église prend son essor à la fin du Ier siècle en s'en démarquant, et en se posant – le plus souvent – comme un « véritable Israël », *verus Israel*, qui aurait supplanté l'ancien. Aux yeux des chrétiens, la seconde chute de Jérusalem ne pouvait que valider ce transfert de façon spectaculaire. Selon l'Évangile, le voile du Temple se déchire quand Jésus meurt sur la croix. Quelques années plus tard, le Temple lui-même disparaît, et le peuple qui ne l'a pas reconnu est condamné à errer jusqu'à la fin des temps. Tandis que l'Empire romain, naguère ennemi de l'Israël selon la chair, devient le corps même du nouveau peuple de Dieu...

Mais une conception parallèle s'est constituée, à partir d'autres prémisses, au sein du judaïsme orthodoxe. L'existence d'Israël est liée, selon les Sages, à l'accomplissement des *mitzvoth*, les ordonnances divines énoncées par la Torah. Dès lors que le Temple, cœur des mitzvoth, est détruit, l'indépendance nationale est atteinte dans son principe même. Il en avait été ainsi lors du premier *Hurban*, la première Destruction, sous les Babyloniens. Il en est de même après le second *Hurban*. Les deux événements semblent d'ailleurs être le calque l'un de l'autre : ils se sont produits, l'un et l'autre, le 9 du mois d'Av.

La réalité historique est pourtant bien différente. Eretz-Israël ne se vide pas de ses habitants juifs en 70. Ceux-ci ne renoncent pas à se battre pour leur indépendance. La Diaspora ne cesse de rêver au Retour, et de le préparer.

3

Si je t'oublie, Jérusalem

Les représailles romaines, après la Révolte de 68, sont à la fois dures et limitées. Dans les régions qui ne sont pas soumises à temps, Titus fait exécuter les Zélotes et leurs partisans, laisse mourir de faim les vieillards, les malades et les blessés, réduit les civils survivants en esclavage, envoie les adolescents dans les mines de fer d'Égypte. Il fait araser une partie des ruines du Temple et de Jérusalem, sans doute pour décourager une éventuelle reconstruction. La contribution volontaire que les Juifs versaient jusque-là pour l'entretien du sanctuaire, le *Mahatzith Shekel* ou demi-sicle, est transformée en un impôt obligatoire versé à l'empereur, le *Fiscus Judaicus*. Enfin, l'autonomie politique de la Judée est définitivement abolie : le pays, jusque-là « allié de Rome », devient une province, soumise à une administration directe. Mais Titus et ses successeurs continuent à tenir compte, par ailleurs, du poids démographique et géopolitique des Juifs. Le régime de *religio licita*, de communauté privilégiée, exemptée des cultes païens et autorisée à célébrer le sien, est maintenu dans tout l'Empire. En Eretz-Israël, la Galilée est particulièrement prospère et la Judée se repeuple. D'énormes communautés – jusqu'à 25 % de la population locale dans certains cas – se constituent dans la Diaspora, notamment sur le pourtour de la Méditerranée orientale : en Égypte, en Libye, en Anatolie, dans les grandes îles.

Cette situation suscite – à nouveau – deux attitudes opposées au sein de la nation. Pour les uns, une nouvelle révolte contre Rome serait une folie. Pour les autres, il serait criminel de ne pas s'y préparer, d'autant plus que les Parthes, à l'est de l'Empire, ne cessent de monter en puissance et manifestent la plus grande bienveillance envers leur propre communauté juive. Cette fois, le débat ne touche pas seulement Eretz-Israël mais aussi la Diaspora. Les Juifs de Cyrénaïque puis d'Égypte se révoltent contre les Romains dès 115 : ils ne sont vaincus – et massacrés jusqu'au dernier – qu'au bout de deux ans de combats. En 116, quand Trajan tente de conquérir la Mésopotamie, la population juive locale se mobilise en faveur des Parthes, et les aide à repousser l'invasion. En 117, les Juifs cherchent à prendre le pouvoir à Chypre : vaincus, ils en sont expulsés. En Eretz-Israël, la Judée proprement dite, c'est-à-dire l'ancien pays de Judah, se prépare également à la révolte, sous la conduite des Sages de la Torah issus du parti pharisien, les *Rabbanim* ou rabbins. Le grand Rabbi Akiva est l'un des plus déterminés.

L'insurrection – la Seconde Révolte – éclate en 132. A la suite d'une provocation d'Hadrien, le successeur de Trajan, particulièrement hostile aux Juifs. Depuis 70, le statut de Jérusalem était resté en suspens. Une population juive importante s'y était reconstituée. Mais l'empereur, qui vient de conclure une trêve de longue durée avec les Parthes en leur rétrocédant officiellement la plupart des territoires occupés par Trajan, décide soudain de transformer la ville sainte en colonie romaine, ce qui implique non seulement l'installation d'une majorité non juive mais aussi l'érection de temples païens. Les Judéens décrètent la révolte. Les Galiléens se tiennent à l'écart. Mais contrairement à ce qui s'était passé soixante ans plus tôt, il n'y aura pas de guerre civile juive.

Selon l'historien romain Dion Cassius et les autres sources concernant cette époque, les activistes avaient compris que les Romains fondaient leur puissance militaire et politique sur ce que nous appelons aujourd'hui l'organisation ou la planification, et avaient su les imiter. Un comité central secret coordonnait toutes les activités de la Résistance dans les années 110-130. Les points stratégiques avaient été fortifiés. Des arsenaux avaient été constitués : pendant les guerres parthes, les forgerons judéens qui travaillaient pour les légions romaines livraient systématiquement une certaine quantité d'armes défectueuses, que leurs commanditaires rejetaient non moins systématiquement. Ce rebut était ensuite réparé et stocké dans des caves secrètes. Dès le début des hostilités, un chef unique, de lignée davidique, apparaît : Shimon Bar Kosiba, à qui Rabbi Akiva confère la dignité de « prince d'Israël et Messie », ainsi que le nouveau nom de Bar Kokhva (« le Fils de l'Étoile »), en se fondant sur un verset du Pentateuque, « une étoile a jailli de Jacob » (Nombres, XXIV, 17). Les rebelles juifs chassent la garnison romaine de Jérusalem, mettent en pièces la XXIIe Légion – la Deitoriana – en rase campagne. Les Samaritains et une partie des populations locales païennes se rallient à la révolte, mais non les chrétiens, qui rejettent la « messianité » du nouveau régime. Bar Kokhva rétablit une partie du rituel du Temple et bat monnaie.

Hadrien mobilise une énorme armée sous le commandement de son meilleur général, Jules Sévère, proconsul de Bretagne (l'Angleterre actuelle). Aux VIe et Xe Légions, déjà sur place, s'ajoutent des contingents venus de Syrie, d'Arabie (la Jordanie actuelle), d'Égypte, de Mésie (Serbie), de Pannonie (Hongrie) et de Réthie (Autriche). Selon l'historien militaire américain Edward Luttwak, c'est là un cas de vie ou de mort pour l'Empire romain : si la Judée retrouve son indépendance, d'autres contrées asservies seront tentées à leur tour par une révolte. De fait, Jules Sévère ne prend aucun risque : ne se fiant qu'à sa supériorité numérique et logistique, il grignote le royaume de Bar Kokhva pas à pas, arpent par arpent. Chaque secteur reconquis est enclos de murs, de fossés : à l'intérieur, les habitations sont rasées, la population est mise à mort. Selon Dion, il détruit ainsi « cinquante villes fortifiées » et « neuf cent quatre-vingt-cinq villages », massacrant au passage « un million d'êtres humains ». Les Juifs, repliés dans un réduit grand comme un ou deux départements français actuels, tiennent bon. Pendant quatre années consécutives, leurs textes administratifs font état d'une vie économique et sociale normale, du moins tant qu'ils disposent d'une issue sur le monde extérieur, avec le port d'Ein-Geddi, sur la mer Morte.

Mais finalement, les Romains parviennent à isoler les rebelles. Au printemps 135, Bar Kokhva abandonne Jérusalem, peut-être à la suite de dissensions avec les chefs religieux qui l'avaient jusque-là soutenu, et se replie avec la plus grande partie de la population – des dizaines de milliers d'âmes, voire des centaines de milliers – dans un immense camp retranché situé au sud-est de la ville, Béthar. La position, à l'entrée du désert de Judée, protégée par un ravin à pic et une ligne de remparts, est solide, mais insuffisamment approvisionnée en eau. À l'été, les Romains donnent l'assaut. Leurs pertes sont si élevées que les rapports envoyés au Sénat ne comportent pas la formule habituelle : « L'empereur et l'armée vont bien. » Une partie des défenseurs se suicident, comme à Matsadah. Les autres capitulent et sont réduits en esclavage : ils sont si nombreux que les prix s'effondrent sur les marchés.

Hadrien se venge en mettant en place la politique d'éradication du judaïsme, peu conforme à la tradition impériale, dont il avait sans doute le projet dès le début de son règne. Les Sages qui ont pris parti pour la révolte sont suppliciés, à commencer par Rabbi Akiva. La Judée est rebaptisée Syria Palestina, « Syrie Palestine », du nom des anciens Philistins, et Jérusalem, somptueusement rebâtie, devient Aelia Capitolina. Le cœur du pays – la Ville Sainte mais aussi un large périmètre correspondant à peu près au réduit de Bar Kokhva – est interdit aux Juifs et aux circoncis en général, y compris les Samaritains et les chrétiens d'origine juive. L'empereur hésite à massacrer ou expulser les Juifs de Galilée et du Darom (l'extrême sud du Néguev), restés fidèles à Rome, mais interdit dans tout l'Empire de nombreuses pratiques religieuses juives, telles que la circoncision, la prière synagogale et l'étude de la Torah. De nombreux Galiléens préfèrent subir le martyre plutôt que de transgresser ces mitzvoth.

La mort de l'empereur, en qui les Juifs voyaient un descendant d'Amalek, dès 137, met un terme aux persécutions. Son successeur, Antonin le Pieux, ne maintient que les mesures touchant Jérusalem et la Judée : ailleurs, il rétablit le régime de *religio licita*. Par la suite, il autorisera également la reconstitution d'un Sanhédrin en Galilée.

En termes démographiques, la Seconde Révolte est une catastrophe absolue : la moitié et peut-être les deux tiers des Juifs d'Eretz-Israël ont été tués ou expulsés. Le déclin se poursuit en dents de scie pendant les cinq siècles suivants, jusqu'à la conquête arabe. L'« oliganthropie » ou « raréfaction du genre humain », qui frappe l'ensemble du monde romain et que les auteurs de l'Antiquité tardive constatent sans pouvoir se l'expliquer, s'ajoute aux conséquences directes ou indirectes de la défaite de Bar Kokhva.

L'Empire avait compté une cinquantaine de millions d'habitants sous Auguste, au début de l'ère chrétienne, et une soixantaine sous Trajan, vers l'an 100. Il tombe à trente-cinq millions vers l'an 400, vingt-cinq ou vingt-huit vers 600. Dû essentiellement à des épidémies meurtrières, comme la peste des années 251-268, aggravé et pérennisé par le recul concomitant de la production agricole, le phénomène touche surtout l'ouest du monde romain : ce qui provoque l'infiltration d'une main-d'œuvre de remplacement, les peuples dits « barbares » d'Europe centrale en Gaule, en Italie, en Espagne, en Bretagne, dès le IIIe siècle, et l'effondrement général des institutions impériales dans ces régions, dès le Ve siècle. Mais il frappe également les provinces d'Orient, qui vont devenir l'Empire romain d'Orient puis l'Empire byzantin. La Palestine semble avoir été particulièrement déstabilisée : la peste y fait plusieurs incursions à partir de 253, les famines s'y multiplient, les structures étatiques s'y effritent plus vite qu'ailleurs. Au IIIe et au IVe siècle, les chefs des garnisons romaines locales, les *duces* (« ducs ») et autres *eparchoi* (« éparques »), font déjà figure de seigneurs quasi féodaux. Palmyre, un État sémitique semi-indépendant, contrôle l'ensemble du Levant pendant quelques années, avant d'être mis au pas par l'empereur Aurélien.

Au IXesiècle, des idées de révolte réapparaissent toutefois chez les Juifs de Palestine. Pour des raisons démographiques, politiques et géopolitiques.

Démographiquement, les populations non juives s'amenuisent parfois plus vite que la communauté juive, qui jouit du moins d'un taux de natalité élevé. Tombés au quart de la population globale vers 140, les Juifs de Palestine en forment plus du tiers vers 300. Et avec leurs lointains cousins samaritains, ils en constituent sans doute plus de la moitié.

Politiquement, la conversion des empereurs au christianisme, au début du IVe siècle, s'est traduite par une dégradation du statut des Juifs : alors que la Rome païenne s'était presque toujours bornée à neutraliser politiquement le judaïsme, la Rome chrétienne entend l'éliminer ou du moins le marginaliser en tant que religion ou civilisation. Le régime de *religio licita* accordait aux Juifs les mêmes droits civiques ou civils qu'aux autres citoyens de l'Empire. Dès le règne de Constantin, dans les années 330, cette égalité est remise en question. Le Code Théodosien, promulgué au début du Ve siècle, et le Code Justinien, promulgué au début du VIe, excluent les Juifs des fonctions publiques ou de l'armée, leur interdisent de convertir des païens et à plus forte raison des chrétiens, et limitent même l'autorité des rabbins au sein des synagogues.

Géopolitiquement, la vieille rivalité romano-iranienne rejaillit. L'Empire parthe, mi-iranien, mi-hellénistique, se transforme en 250 en un nouvel Empire purement perse, sous l'autorité de la dynastie sassanide. Il s'engage dans des innovations politiques (monarchie sacrée), religieuses (religion d'État), administratives (délégation du pouvoir impérial à quatre vice-rois régionaux), sociales (mise en place de castes héréditaires) et surtout militaires (cavalerie lourde), qui lui permettent de prendre l'ascendant sur Rome. Et que Rome, pour survivre, est sans cesse contrainte d'imiter point par point (c'est en particulier la raison principale de la conversion au christianisme).

Les projets de révolte contre l'Empire chrétien ne rencontraient pas un soutien unanime chez les Juifs d'Eretz-Israël et des régions avoisinantes. Quand Rabbi Akiva avait affirmé que Bar Kokhva était le Roi-Messie, l'un de ses adversaires, Rabbi Yohanan ben Torta, lui avait répliqué : « Akiva, l'herbe poussera entre tes dents que le Fils de David ne sera toujours pas arrivé. » À partir de la fin du IIe siècle, quand les Sages avaient commencé à éditer la Loi dite « orale » – le Talmud et d'autres textes analogues qui commentaient ou approfondissaient la Bible ou Loi « écrite » –, ils y avaient inséré des opinions radicalement quiétistes, notamment la « doctrine des Trois Serments », rapportée à la fois par le Talmud de Babylone (*Ketuvoth*, 111a) et le *Midrash Rabba* sur le Cantique des Cantiques (II, 7). Dieu, selon cette doctrine, avait imposé trois serments au peuple juif après le *Hurban* du Second Temple : « ne pas forcer la muraille d'Eretz-Israël », c'est-à-dire y retourner en masse ; « ne pas se révolter contre les Nations », désormais maîtresses légitimes du pays ; « ne pas chercher à hâter la Fin des Temps » en affirmant que la venue du Messie était imminente ou s'était déjà produite. Cela revenait à renoncer à toute forme de souveraineté ou d'action politique. En regard, cependant, les Nations avaient prononcé un autre serment, assez étrange : celui de « ne pas trop opprimer Israël ». Bien entendu, ces engagements n'étaient que provisoires : le peuple juif, vaincu, dispersé, devait mentionner Jérusalem et Sion chaque jour, dans chacune de ses prières ; se remémorer et revivre, par l'étude, les lois momentanément inapplicables relatives au Temple, aux sacrifices, aux rois, aux tribunaux, à l'agriculture ; répéter : « Si je t'oublie, Jérusalem, que ma main droite se dessèche » (Psaumes, CXXXVII) ; conclure ses fêtes par le vœu de les célébrer « l'an prochain à Jérusalem reconstruite ». Le Messie véritable, fils de David, restaurerait la souveraineté et l'indépendance ; et ce serait même, selon le grand théologien du Moyen Âge, Maïmonide, la preuve de sa messianité. Mais en attendant, affirmaient les quiétistes, les Juifs avaient « les mains liées ».

Les opinions activistes n'avaient cependant pas été exclues de la Loi orale, bien au contraire. Le Talmud de Babylone rapporte que « Rabbi Hiyya Rabba et Rabbi Shimon ben Halafta marchaient à l'aube dans la vallée d'Arbel. Soudain, la Gazelle de l'Aurore fit éclater ses couleurs. Rabbi Hiyya Rabba dit à Rabbi Shimon ben Halafta : " Ô Rabbi, c'est ainsi que se déroulera la Rédemption d'Israël : elle commencera par une pâle lumière, puis brillera un peu plus fort et finalement ne cessera plus d'augmenter en force et en magnificence. " » L'idée que le Messie se manifesterait « par étapes » allait à l'encontre de la doctrine des Trois Serments sur un point essentiel, l'obligation de ne rien faire tant qu'il ne se serait pas explicitement et définitivement révélé.

Si bien qu'au IVe siècle, quand Rome viole son « serment » de ne pas « trop opprimer » le peuple juif et que son déclin semble avéré, les activistes l'emportent à nouveau sur les quiétistes. Les Juifs de Galilée, longtemps si loyalistes, se soulèvent en 351 contre l'empereur chrétien Gallus : ils maintiennent leur indépendance pendant trois ans, presque aussi longtemps que Bar Kokhva, ce qui suscitera l'admiration de l'empereur néopaïen Julien II l'Apostat, qui envisagera en 363, peu de temps avant sa mort, la reconstruction du Temple. En 451 et en 529, les Samaritains se rebellent à leur tour. Vers 560, Juifs et Samaritains se révoltent ensemble. En 610, enfin, les Juifs se soulèvent dans l'ensemble du Levant, notamment à Antioche et en Palestine, avec le soutien des Perses. Pendant quelques mois, ils prennent le contrôle de Jérusalem, nomment un roi, rétablissent les sacrifices. Mais les Perses mettent fin brutalement à l'expérience. Quelques années à peine avant l'irruption d'un nouvel acteur historique : l'Empire arabe.

Certains historiens ont estimé que, paradoxalement, les deux grandes religions monothéistes non juives, le christianisme et l'islam, pourraient être issues de l'activisme juif. Le Britannique Hyam Maccoby a lu, entre les lignes des Évangiles, le récit d'une révolte messianique classique, à la fois politique et religieuse, contre les Romains et la dynastie hérodienne. Selon cette interprétation, c'est saint Paul qui, après la chute du Temple, aurait « désethnisé » et dépolitisé le message de Jésus, non sans affirmer, peut-être pour atténuer son propos et le rendre plus acceptable à une Église qui restait largement judéo-chrétienne, « que Dieu n'avait jamais rejeté Son peuple » (Romains, XI, 1).

En ce qui concerne l'islam, le dossier est beaucoup plus étoffé. Dès le Ier siècle avant l'ère chrétienne, une présence juive est attestée en Arabie. Cette communauté ne cesse ensuite de croître, par immigration de Babylonie ou d'Eretz-Israël ou à la suite de conversions : au début du IVe siècle, Rabbi Hamnuna, un Sage du Talmud, établit son académie à Hira, la capitale des Lakhmides, en Arabie du Nord; Sozomène, un chroniqueur chrétien originaire du Levant, fait état au Ve siècle d'Arabes des confins palestiniens qui, « ayant découvert leur commune origine avec les Juifs à travers Abraham et son fils Ismaël, ont adopté les lois et les coutumes de ces derniers »; dans le nord et le nord-ouest, une vingtaine de tribus juives ou judaïsantes semblent contrôler une soixantaine de localités au VIe siècle, y compris Yathrib, la future Médine (trois tribus yathribiennes sur cinq seraient juives), et assurer l'essentiel de la vie artisanale et agricole (les traditions arabes leur attribuent l'introduction « du miel d'abeille, du palmier-dattier et de la vigne »); au Yémen, les conversions des rois et des seigneurs se multiplient aux Ve et VIe siècles. La symbiose judéo-arabe se traduit par l'apparition de poètes juifs de langue arabe, comme Kab ibn al-Ashraf, fils d'un

Juif de Yathrib et d'une Arabe bédouine, ou le fameux barde-chevalier Samwal (Samuel) ibn Adiyah, seigneur d'Al-Ablaq en Arabie du Nord, qui résume ainsi l'éthos bédouin traditionnel dans son *Ode à la liberté* : « Nous sommes le peuple de l'épée, et quand nous la prenons en main, c'est pour exterminer nos ennemis jusqu'au dernier. »

Ce contexte explique les nombreux emprunts du Coran à la Bible, au Midrash, voire au Talmud, ainsi que le rôle, ambivalent mais statistiquement important, que les Juifs d'Arabie jouent dans la geste de Mahomet. Il pourrait expliquer d'autres choses encore. Dans un livre retentissant publié en 1977, *Hagarism*, Patricia Crone et Michael Cook, aujourd'hui professeurs à Princeton l'un et l'autre, avaient relevé que les premiers témoins byzantins de l'invasion arabe, dans les années 630, ne parlent pas de « musulmans », mais d'« Hagarites », descendants d'Hagar, concubine d'Abraham et mère d'Ismaël, qui pratiqueraient une sorte de judaïsme arabisé. D'où l'hypothèse – contraire au récit normatif musulman – selon laquelle les rebelles eretz-israéliens de 610, une fois évincés par les Perses, auraient fait appel aux tribus juives et judaïsantes d'Arabie, et que celles-ci, en lançant vingt ans plus tard une offensive pour la libération de Jérusalem et du Levant, auraient mis en branle un processus de conquête des Empires byzantin et perse au profit de l'ensemble des Arabes. Par la suite, les tribus non juives et non judaïsantes auraient pris le pouvoir au sein du nouvel Empire en gestation : un événement qu'on pourrait dater de la bataille du Yarmouk, en 636, où le ralliement d'un chef de guerre païen, Khalid ibn al-Walid, permet in extremis aux protomusulmans ou Hagarites de déjouer une contre-attaque byzantine. Les nouveaux maîtres auraient occulté ou obscurci l'élément juif de l'islam, un peu comme Paul avait déjudaïsé le christianisme ; mais tout comme Paul, ils n'auraient pas osé renier entièrement les véritables origines du mouvement.

Les relations entre l'islam primitif et le judaïsme, aux VIIe et VIIIe siècles, sont complexes et variées. Dans la péninsule arabique, les choses se passent très mal : les tribus juives sont partout massacrées ou expulsées, sauf au Yémen. Ailleurs, l'islam conquérant impose aux Juifs un statut de « communauté protégée et soumise » *(dhimma)* qui reprend en fait la législation oppressive de l'Empire romain chrétien. Mais dans certains pays, et non des moindres, comme l'Espagne omeyyade ou post-omeyyade, du VIIIe au XIe siècle, les maîtres musulmans accordent un statut beaucoup favorable : les Juifs sont considérés comme des auxiliaires, voire des associés.

En Eretz-Israël, l'irruption de l'islam est nettement défavorable aux Juifs. Sans être spécialement maltraités, ces derniers régressent à nouveau sur le plan démographique, du seul fait d'un afflux de colons arabes. À Jérusalem, les conquérants édifient un monument superbe sur le site du Temple, le Sanctuaire du Rocher : ce n'est pas une mosquée (en dépit du second nom de « mosquée d'Omar » qu'on lui donne souvent), mais elle n'en symbolise pas moins une mainmise spirituelle et matérielle. La langue hébraïque, qui semble avoir été encore parlée dans certaines localités de Galilée au Xe siècle, s'efface au profit de l'arabe, tout comme le judéo-araméen, beaucoup plus répandu. L'un dans l'autre, les projets d'indépendance du pays juif, qui avaient retrouvé tant d'actualité entre la fin du IIIe siècle et le début du VIIe, ne peuvent que l'estomper.

Au XIe siècle, le calife fatimide Hakim, qui règne sur l'Égypte et le Levant, persécute à la fois les sunnites, les chiites dissidents, les chrétiens et les Juifs : ces derniers s'enfuient en grand nombre. En 1099, les croisés massacrent les musulmans et les Juifs de Palestine, notamment à Jérusalem, où leurs chevaux « pataugent dans le sang ». Ils tolèrent ensuite une petite communauté juive dans leur « royaume d'outre-Mer », mais réduite à une condition de semi-servage. Saladin, qui reconquiert Jérusalem en 1187, y encourage la réinstallation des Juifs, sans doute pour y consolider une majorité non chrétienne. Mais au milieu du XIIIe siècle, les Mongols ravagent le Moyen-Orient :

50 à 90 % de la population périt, toutes communautés confondues, soit dans les massacres, soit de faim ou de maladie. En 1250, ils anéantissent Bagdad, la capitale des califes abbassides, et du même coup l'antique judaïsme babylonien. En 1258, ils envahissent et dévastent la Syrie et la Palestine. Les Mamelouks d'Égypte, qui les repoussent à Aïn Jalout, en 1260, ne sont pas très favorables aux Juifs. En outre, ils procèdent à une désertification systématique de la côte méditerranéenne, afin d'empêcher le débarquement éventuel de nouveaux Croisés : ce qui ruine l'économie de l'ensemble de la Palestine, et pousse les derniers habitants à émigrer. Le pays prend à cette époque l'aspect largement lunaire qui restera le sien jusqu'à la fin du XIXe siècle.

Les Ottomans se substituent aux Mamelouks en 1517. Pendant quelques décennies, ils tentent de remettre la Palestine en valeur, notamment en y réimplantant une population urbaine et rurale : Libanais, Syriens, Égyptiens, Bédouins de Transjordanie (qui, sédentarisés, formeront le gros de la population villageoise dans le Haut-Pays), mais aussi Juifs d'Égypte ou d'Espagne, qui reconstituent des communautés à Jérusalem, à Hébron et dans les bourgades galiléennes de Safed et Tibériade. La communauté de Safed rétablit même, pour la première fois depuis l'Académie de Yavné et le Sanhédrin de Galilée, la primauté spirituelle d'Eretz-Israël sur l'ensemble du monde juif. L'Espagnol Yossef Karo y rédige le *Shulkhan Arukh*, le code ultime de la loi religieuse juive, immédiatement reçu par les Diasporas d'Orient et d'Occident. Yitzhak Louria, né en Égypte mais d'origine allemande, y fixe définitivement la Kabbale, c'est-à-dire la doctrine mystique du judaïsme : ses enseignements irisent le judaïsme d'Orient et nourriront, deux siècles plus tard, le hassidisme est-européen. Une pléiade de poètes, Shelomo Alkabetz, Eleazar Askari et Israël Najara, y créent une nouvelle liturgie du Shabbath, le jour de sainteté et de délices qui clôture la semaine juive.

Mais dès le XVIIe siècle, l'administration ottomane se dégrade : les pachas se rendent à demi indépendants du sultan; au lieu de gérer le Levant dans l'intérêt de l'Empire et de ses sujets, ils ne songent plus qu'à leur pouvoir ou leur enrichissement personnel. Le pays se désertifie à nouveau – la côte et les plaines de l'intérieur prennent le nom de Bilad al-Mawt, « Pays de la Mort » –, la population décline, les Juifs émigrent, à l'exception d'une poignée de saints qui vivent des aumônes collectées dans la Diaspora.

Qui peut encore croire, dans ces conditions, à une reconquête d'Eretz-Israël par des voies humaines ? Les quiétistes semblent avoir pris une revanche définitive sur les activistes. Non sans donner, d'ailleurs, une dimension nouvelle à l'Exil. Compris autrefois comme la punition des transgressions matinales et individuelles – et en même temps, bien entendu, une expiation ou purification –, il prend désormais la signification d'un *Tikkun*, d'une Réparation cosmique : « Dieu Lui-même est parti en exil avec Son Peuple. » La délivrance finale, l'ère messianique, ramènera les Juifs à leur patrie – et Dieu à Dieu.

Mais l'activisme ne fait que sommeiller : il suffit d'un rien pour qu'il revienne en force. Partout où Édom (l'Occident chrétien) ou Ismaël (l'Orient islamique) rendent à leurs Juifs respectifs, Ashkénazes et Sépharades, l'égalité civique et le droit de porter les armes, ceux-ci savent en faire usage. En Espagne musulmane ou chrétienne, jusqu'à la fin du XVe siècle, les Juifs sont ainsi ministres, administrateurs, ambassadeurs, généraux, officiers de marine. Quand d'aventure un roi veut les écouter, ils lui prêchent la Torah et le convertissent : c'est le cas du khan des Khazars aux IXe et Xe siècles et de son Empire qui s'étend de la Moskova au Caucase. Périodiquement, les Dix Tribus d'Éphraïm resurgissent, comme de somptueux mirages, à l'horizon des Diasporas : dans les principautés berbères du Maghreb et du Sahara, en Éthiopie, chez les Kurdes, en Afghanistan. Un voyageur rapporte que les populations locales y descendent des Israélites déportés par Sennachérib ou des réfugiés de Judah, qu'elles pratiquent tout ou partie de la Torah, et qu'elles se porteront, au premier appel du Roi-Messie, au secours de leurs frères asservis.

D'ailleurs, le Messie lui-même semble se révéler de temps à autre, pour s'évanouir aussitôt. À chaque fois, le peuple juif frémit, se réjouit, se prépare au Retour. Au VIIIe siècle, deux révolutionnaires juifs apparaissent en Mésopotamie, le Messie Blanc Fils de Joseph et le Messie Rouge Fils de David : ils tentent de mettre sur pied une coalition avec les musulmans kharedjites et les chrétiens, notamment les maronites, pour écraser à la fois les sunnites et les chiites. Au XIIe siècle, les Juifs du Kurdistan et d'Azerbaïdjan, qui jouissent d'un haut degré d'autonomie, croient reconnaître en l'un des leurs, David Al-Roy, le Messie Fils de Joseph. Pendant un an ou deux, celui-ci règne sur un royaume qui s'étend jusqu'au Khorassan, avant d'être assassiné. En 1525, un certain David Réuvéni négocie avec la République de Venise, le pape, l'empereur Charles Quint et le roi João III du Portugal : il affirme venir d'Arabie du Sud ou des Indes, où un roi juif a levé une immense armée. « Si l'Europe chrétienne autorise ses propres Juifs à reconquérir Eretz-Israël, explique-t-il, ce roi prendra les Turcs à revers. » Le Roi-Messie se manifestera ensuite. Charles Quint fait arrêter Réuvéni puis, après une entrevue, lui rend sa liberté. En 1530, l'étrange émissaire annonce qu'un Juif d'origine espagnole, Shelomo Molkho, est le Messie. Ce dernier prédit deux catastrophes naturelles, un tsunami à Rome et un tremblement de terre au Portugal, qui se réalisent. Cette fois, Charles Quint perd patience. Il fait arrêter et condamner à mort les deux hommes. Molkho périt sur le bûcher, en saint. Réuvéni, craignant de ne pas avoir le même courage, se suicide avant le supplice.

En 1665, un kabbaliste smyrniote, Shabtaï Zvi, se proclame Messie. La plus grande partie du monde juif se rallie à lui. Les marchands et banquiers sépharades d'Amsterdam, qui dominent alors le commerce international, suspendent leurs affaires. Les chrétiens s'interrogent : la Fin des Temps n'a-t-elle pas été annoncée dans de nombreux livres mystiques pour 1666 ? Un savant allemand, Heinrich Oldenburg, écrit à Baruch Spinoza : « Il n'est question, dans le monde entier, que du retour des Israélites dans leur pays. Si la nouvelle est confirmée, ce sera une révolution aux conséquences incalculables. » Curieusement, le sultan ottoman ne réagit pas. Jusqu'à ce qu'il apprenne que des rabbins éminents accusent Shabṭaï Zvi d'être un imposteur et de surcroît un transgresseur qui « permet les choses interdites ». Il convoque le Messie et lui dit avec aménité : « Voici mon bourreau. Je lui ai donné l'ordre de te décapiter. Si tu es ce que tu prétends être, désarme-le et règne sur le monde. Sinon, tu peux encore sauver ta vie en te convertissant à l'islam. » Shabtaï Zvi se convertit. Ses partisans les plus exaltés, affirment qu'il ne fait que « descendre au plus bas de l'impureté » pour parachever le Tikkun. Beaucoup se convertissent à sa suite. Ils formeront une secte musulmane crypto-juive, les *Dönmehs*, qui existe encore à l'aube du XXIe siècle. Les autres Juifs, désenchantés, amers, reprennent leur vie traditionnelle. Bientôt, d'autres pré-Messies ou quasi-Messies vont prendre la relève, dans le sillage du hassidisme.

Mais il y a aussi, dans un peuple juif saturé de foi, ceux qui sont las d'attendre. « Bien que le Roi-Messie tarde, je crois avec une foi parfaite en sa venue », écrit au XIIe siècle le grand Maïmonide : probablement l'un des paradoxes les fulgurants de l'histoire des religions, et en tout le seul cas connu où le retard soit érigé en catégorie théologique. Que le Messie tarde, les Juifs le savent bien, même quand ils préfèrent le martyre à l'abjuration. La chrétienté et l'islam rivalisent souvent de cruauté envers le peuple dont ils sont issus. Les lois ségrégatives, les mesures vexatoires, les humiliations, les massacres, les spoliations, les expulsions, se succèdent en Occident et en Orient, dans des termes presque identiques. Les Almohades expulsent les Juifs de l'Espagne musulmane au XIIe siècle, comme les Rois Catholiques expulseront ceux de Castille et d'Aragon en 1492. Inventée par les intégristes musulmans, la rouelle jaune est adoptée par le concile de Latran au XIIIe siècle. En regard, les privilèges accordés aux « Juifs utiles » – financiers, savants, médecins, conseillers royaux – sont bien précaires et vains. Le destin juif? Une « Vallée des Larmes », écrit un mystique allemand. Mais un poète italien du XIVe siècle, Emmanuel de Rome, ne se résout plus à pleurer. Virtuose de la langue hébraïque, il délaisse la Torah et chante les plaisirs terrestres, y compris la sexualité, dans ses *Mahbéroth* (« Cahiers »), que les rabbins veulent faire saisir mais qui circulent sous la cape. Jusqu'à ce que, dans son *Avis au Messie*, il laisse éclater sa rage et sa révolte :

Hâte-toi, Oint du Seigneur,
Pourquoi tardes-tu ?
Ils t'attendent, en pleurant amèrement :
C'est un torrent que leurs larmes.
Chaque cœur et chaque poitrine,
Ô Prince, te désire.

Et maintenant prends une corde de lin dans tes mains,
Et trace le plan de Sion, parfaitement belle.
Ses enfants, quand elle les accueillera,
Surpasseront les nations
En grâce et en bien.
Les plus arrogants
Parmi les oppresseurs
Seront les premiers à connaître
L'exil à leur tour.
Et ton règne sera affermi
À jamais.

Surgis, Notre Messie,
Fais irruption aujourd'hui même,
Caracolant sur ton destrier,
À la tête de tes chariots de guerre !
Car tous mes os ont été répandus
Sur la terre cruelle,
Aucun n'est intact.

Mais, Mon Seigneur,
Si c'est un âne blanc que tu montes
(Comme le dit l'Écriture),
Retourne dormir !
Si c'est cela qui doit advenir,
Ô Prince, Notre Messie,
Alors écoute le conseil
Que je te donne avec un cœur pur :
Ne nous révèle pas la fin des temps,
Et pose un triple sceau sur la prophétie.

Chapitre 4

Washington et Napoléon

Ce n'est pas le Roi-Messie des Juifs qui longe le Niémen jaune sur son cheval gris-blanc, mais l'Empereur des Français. Napoléon a réuni six cent mille hommes aux confins de la Russie, Français de souche, Belges, Hollandais, Allemands, Italiens, ainsi que deux cent mille chevaux. Il est nerveux. L'été 1812 est torride, la Pologne et la Lituanie, vraiment primitives. Certes, les nobles ont grande allure, dans leurs châteaux rococo, et les villes, Varsovie, Cracovie, Vilno, un charme infini, avec leurs parcs, leurs belvédères, leurs collèges jésuites, leurs femmes aux amples jupons blancs. Mais le reste : des campagnes sans routes, des villages de torchis, à demi enfoncés dans le sol, où des paysans aux petits yeux éteints triment parmi les poules et les cochons, des bois noirs où court l'auroch, des étangs infestés de moustiques. Peu de puits ; là où il y en a, une eau souillée. La moitié de la Grande Armée souffre de dysenterie. Depuis le mois de juin, les cas de typhus se multiplient. Des milliers d'hommes, le corps bouillant, la peau striée de démangeaisons, le visage bleui, encombrent les lazarets. Beaucoup meurent en quelques jours. Vingt mille chevaux ont déjà crevé. Les généraux implorent l'Empereur de remettre la marche sur Moscou au printemps suivant. Il s'y refuse.

Le seul élément d'ordre relatif, dans ce chaos, ce sont les livraisons de vivres, de linge, de bois, de chevaux, qu'assurent les Juifs. D'autres drôles, ceux-là, aux yeux des Français, avec leur barbe drue, leur chapeau rond, leurs caftans élimés, leur jargon tudesco-hébraïque, leur malice. Innombrables, omniprésents, ils se font payer comptant, en belles pièces à l'effigie du nouveau César d'Occident. Mais ce qu'ils ont promis, ils le tiennent. Là où les réquisitions ont été vaines, où le pillage n'a presque rien donné, ils trouvent le nécessaire et même le superflu. Tous les matins, ils arrivent au camp, menant les bêtes, portant les ballots, tirant la carriole, parfois suivis de commis lituaniens ployés en deux sous d'énormes faix. Sauf le samedi, bien entendu. « Quand j'aurai conquis la Russie et la Turquie, songe Napoléon, tous les Juifs du monde seront sous mon autorité. Je les décrasserai. Des Juifs du Midi de la France, d'Italie, rien à dire. Ils sont méritants. Les Allemands y viendront aussi. Et même ces Juifs polonais. »

Un matin, point de Juifs.

« Où sont-ils, demande l'Empereur.
– Sire, dans leurs synagogues, répond son aide de camp, le comte de Ségur.
– Et pourquoi faire ? Nous ne sommes pas samedi.
– Sire, c'est aujourd'hui un jour de deuil pour leur nation, le 9 du mois d'Av selon leur calendrier. Ils jeûnent et pleurent en souvenir de la destruction de Jérusalem et du Temple. »

Napoléon fixe le comte, puis les autres officiers. Il se tait un instant. Enfin, comme le rapporte Ségur dans ses *Mémoires*, il dit : « Messieurs, un peuple qui pleure encore sa patrie dix-sept siècles après sa destruction la reconstruira. »

Le 17 août 1812, trois cent mille Français et alliés atteignent Smolensk. Le 14 septembre, ils ne sont plus que quatre-vingt-dix mille à entrer dans Moscou – qu'un incendie détruit le lendemain. Le 18 octobre, l'hiver étant survenu plus vite que prévu, Napoléon ordonne la retraite. Fin novembre, quand il repasse le Niémen dans l'autre sens, c'est à peine s'il lui reste quelques milliers de fantômes, sans montures, sans canons, sans chariots, presque sans armes : ses autres troupes ont péri de maladie, de froid, de faim, noyées dans les eaux glacées de la Berezina, égorgées par les cosaques. Son régime s'écroule un an et demi plus tard, en 1814, et ne resurgit en 1815 que pour sombrer définitivement, au bout de cent jours, à la bataille de Waterloo.

Relégué à Sainte-Hélène, au milieu de l'Atlantique-Sud, Napoléon a le temps et la perspicacité, avant de mourir, de dicter son *Mémorial* à son chambellan Emmanuel de Las Cases. Il s'y donne le seul rôle qui assure sa légende : non plus général, ni Empereur, mais agent, à la fois transitoire et choisi par la Providence, d'une immense transformation historique, commencée bien avant son règne, et que rien ne pourra arrêter...

Le monde a entamé sa mue à la fin du Moyen Âge. L'Europe effectue alors une série de « bonds en avant » technologiques : artillerie et armes à feu, navigation transocéanique, horloge mécanique, imprimerie. Ainsi équipée, elle prend au XVIe siècle le contrôle du globe terrestre, l'exploite, l'intègre à sa propre économie, et ouvre un « cycle vertueux » : riche, elle acquiert sans cesse de nouveaux savoirs ; savante, elle se dote sans cesse de nouveaux outils ; outillée, elle capte ou crée de nouvelles richesses. Un « nouvel ordre des siècles » – la modernité – se met en place, dynamique, en expansion, où le niveau de vie monte, où l'espérance de vie s'accroît, où les populations se multiplient, où le bonheur des uns ne fait plus nécessairement le malheur des autres, où l'individu est la valeur suprême : héros aristocratique, juste dialoguant avec Dieu, citoyen démocratique, libre entrepreneur (« capitalisme » vient du mot latin *caput* : « tête », c'est-à-dire opérateur individuel).

Les institutions suivent. Une première vague de révolutions politiques, marquée par le protestantisme calvinien, balaie l'Europe du Nord-Ouest (Hollande, Angleterre) puis l'Amérique du Nord (États-Unis) aux XVIIe et XVIIIe siècles. Son maître mot est liberté. Une seconde vague, marquée par le catholicisme et son double, la « philosophie » utopiste athée, part de France en 1789 et engloutit, sous Napoléon, l'Europe continentale. Son maître mot est égalité. Les deux courants ne sont pas identiques. Ils se fécondent mutuellement, mais entrent également en conflit. Les révolutions « atlantiques », hollandaise et anglo-saxonnes, conduiront à la démocratie dite « libérale » ou « pluraliste », qui a fini par s'imposer, après 1945, dans l'ensemble de l'Occident : l'Amérique du Nord, l'Europe et les pays, parfois lointains, parfois de souche non européenne, qui se rattachent à l'une ou à l'autre. La Révolution française, « continentale », a conduit, en Europe puis dans le reste du monde, à la démocratie dite « totalitaire », sous ses diverses formes : jacobine, bonapartiste, bismarckienne, léniniste, mussolinienne, hitlérienne.

Le hasard ou la Providence divine place les Juifs au cœur de cette mutation. Des sept ou huit millions de Juifs ou de judaïsants du Ier siècle de l'ère chrétienne, soit 10 % environ du monde romano-iranien et 2 ou 3 % de la population mondiale, il ne reste plus, vers 1700, qu'un petit million d'âmes, soit moins de 0,1 % de la population mondiale : une régression due à l'oliganthropie du Ier millénaire et à d'autres catastrophes du même type, aux pertes subies pendant les révoltes antiromaines, aux persécutions chrétiennes et islamiques, aux conversions forcées ou volontaires. Mais selon le démographe Sergio Della Pergola, 70 % de ces Juifs quasi fossiles du début du XVIIIe siècle vivent en Europe, contre 17 % en Afrique du Nord et 13 % dans l'Empire ottoman. À mesure que l'Europe se développe, ses communautés juives reprennent vie. En nombre et en influence.

De 1700 à 1800, la population européenne ou de souche européenne globale (y compris les Européens d'Amérique) s'accroît de 30 % : de 120 à 185 millions d'habitants. Mais la population juive globale triple, passant de 1 à 3,3 millions d'âmes : la Torah magnifie la vie ; et plus leur condition est précaire, plus les Juifs attachent de prix à la famille et aux enfants. L'essentiel de cette poussée se situe en Europe : de 700 000 âmes à 2,6 millions.

Parallèlement, les élites juives européennes commencent à s'intégrer à nouveau aux élites non juives. Les financiers sépharades, fuyant les Inquisitions espagnole et portugaise, avaient été bien accueillis en Toscane, à Venise et surtout à Amsterdam dès la fin du XVIe siècle. Ils sont intimement associés à l'expansion hollandaise du XVIIe siècle. Après 1660, ils essaiment à Londres, en Allemagne du Nord, en France, en Amérique. Leur puissance est telle que le comte-duc d'Olivares, le « Richelieu » ibérique des années 1620-1640, envisage de rappeler officiellement les Juifs en Espagne, et que la première Bourse de Londres, vers 1700, leur réserve le quart des charges d'agents de change. D'autres financiers juifs – les *Hofjuden* ou « Juifs de cour » – apparaissent en Prusse, en Allemagne centrale et méridionale, dans les États des Habsbourg. Ils ne peuvent s'empêcher de méditer les versets énigmatiques où la Bible, écrite à une époque où n'existaient ni banque ni capitalisme, promet aux Enfants d'Israël : « Vous prêterez aux Nations nombreuses, mais ne leur emprunterez pas. Vous serez à leur tête et non à leur suite » (Deutéronome, XXVIII, 12-13). Les Nations non plus ne manquent pas de noter ces quelques lignes, avec bienveillance, comme Montesquieu, ou hargne, comme Voltaire.

Fidèles au judaïsme traditionnel à quelques exceptions près, les élites juives européennes des Temps modernes acquièrent également une bonne culture générale : un exemple que les Juifs moins aisés, de l'Atlantique au Dniestr, s'empressent de suivre. Les nouvelles générations, dans la seconde moitié du XVIIIe siècle, renouent avec les professions intellectuelles ou artistiques, la médecine, la pharmacie, la philosophie, les sciences pures et appliquées, souvent en autodidactes, ou à travers des filières parallèles improvisées entre Juifs. Né en 1729 à Dessau, en Saxe-Anhalt, dans une famille assez pauvre, fils d'un *sofer* ou scribe rituel, Moses Mendelsohn étudie la Bible, le Talmud et l'œuvre de Maïmonide auprès du rabbin local, les mathématiques avec un immigrant juif polonais puis le latin avec un étudiant juif en médecine. Un autre Juif instruit des choses du monde, Aaron Salomon Grumperz, lui apprend le français et l'anglais. Appelé à Berlin, nommé précepteur dans une riche famille berlinoise, Mendelsohn rencontre enfin le philosophe chrétien libéral Gotthold Ephraïm Lessing, fils de pasteur, né la même année que lui, qui le dépeint sous les traits de *Nathan le Sage*, et l'encourage à philosopher lui-même. En 1767, le petit Juif de Dessau publie son *Phédon*, qui reprend, dans l'esprit des Lumières, la problématique du dialogue platonicien du même nom : l'âme est-elle immortelle ? C'est un « livre-domino », qui peut s'insérer aussi bien dans l'héritage juif que dans une filiation humaniste ou chrétienne. L'Académie de Berlin le couronne. Frédéric II de Prusse, le roi-philosophe qui aimait les garçons et se fit enterrer avec ses chiens, accorde à l'auteur le privilège héréditaire d'habiter Berlin, qu'il ait un emploi ou non. Plus loin vers l'est, en Pologne et en Ukraine, un pharmacien juif, bon latiniste, Simhah Bunim Bonhart de Peshichkha, fonde l'une des branches les plus exigeantes du hassidisme, la future obédience de Kotzk et de Gur. Un autre rabbin hassidique, Nahman de Breslev, étudie les mathématiques, la philosophie matérialiste française, et affirme que sa « flamme brûlera » cependant jusqu'à l'arrivée du Roi-Messie. L'un et l'autre combattent déjà la modernité extrême, anomique, athée, dont les Lumières n'étaient que l'aurore : de la seule façon possible, en la respectant. Le Talmud n'a-t-il pas enjoint : « Sache vraiment répondre à l'incroyant. »

Atlantiques ou continentales, les révolutions d'Occident rendent aux Juifs leur plein droit de cité. La Hollande leur accorde dès le début du XVIIe siècle l'égalité civile et la liberté religieuse. L'Angleterre en fait autant sous Cromwell. Pendant la guerre d'Indépendance, de 1776 à 1783, la République américaine attribue tacitement l'égalité politique aux quelque deux mille Juifs qui vivent alors sur son sol : une mesure que la Constitution de 1787 et la Déclaration des Droits de 1791 ne font que confirmer. La monarchie constitutionnelle française, à la fin du règne de Louis XVI, émancipe les Juifs en 1790 et 1791. Les pays européens conquis par les armées françaises, révolutionnaires puis impériales, font de même à partir de 1796, se renient en 1814, à l'exception des Pays-Bas, et finissent par y revenir vers la moitié du XIXe siècle. En 1848, le Piémont et le Danemark accordent définitivement l'égalité civile et politique. La Prusse suit en 1850, la Norvège en 1851, le royaume italien unifié en 1860, le pays de Bade en 1862, la Suède en 1865, l'Autriche-Hongrie en 1867, la Saxe en 1868, le nouvel Empire allemand en 1871, la Suisse en 1874. L'Angleterre procède à sa façon, déroutante : un Juif est élu Lord Maire de Londres dès 1855, les Juifs sont éligibles au Parlement dès 1858, un Juif est nommé à la Chambre des lords dès 1885, mais l'égalité politique formelle n'est instituée qu'en 1890. Dans les colonies britanniques de peuplement, Canada, Afrique australe, Australie, Nouvelle-Zélande, l'égalité a été admise d'emblée.

Ces mesures s'inscrivent dans le « nouvel ordre des siècles » : peut-on tenir les Juifs à l'écart dans un monde où tout s'ouvre, refuser de reconnaître le rôle qu'ils jouent déjà de facto, leur interdire de contribuer plus largement au bien commun ? Mais tandis que les révolutions atlantiques émancipent les Juifs en tant que tels et en tant que peuple, sans autre condition ni arrière-pensée, les révolutions continentales ne veulent affranchir que des individus, et seulement dans la mesure où ils se soumettent à un projet national préalablement conçu. Rien n'est plus instructif à cet égard que de comparer les politiques juives respectives de George Washington, le fondateur des États-Unis, et de Napoléon.

En 1790, Washington – qui vient d'être élu président fédéral – se rend à Newport, dans l'État du Rhode Island. Cette ville abrite alors la principale synagogue du pays, établie par des Séphardes. Moses Seixas, le président de la communauté, lui écrit pour lui souhaiter bienvenue en des termes empreints à la fois de réminiscences bibliques et d'allusions eschatologiques : « Permettez aux Enfants de la semence d'Abraham de vous approcher avec la plus cordiale affection et estime pour votre personne et vos mérites... Nous nous remémorons avec joie ces jours où le Dieu d'Israël, qui délivra David du péril de l'épée, protégea votre front au milieu des batailles... et nous réjouissons que l'Esprit qui aida Daniel à présider aux destinées des Provinces de Babylone... réside désormais et pour toujours en vous, et vous aide à assumer les lourds devoirs de Principal Magistrat de ces États... »

Mais surtout Seixas exprime le souhait que l'égalité conférée de facto aux Juifs par la Révolution de 1776 – deux à trois mille âmes sur une population de trois millions et demi – soit définitivement inscrite dans la loi : « Privés jusqu'à présent des inestimables droits liés à la qualité de Citoyens libres, nous sommes aujourd'hui profondément reconnaissants envers le Tout-Puissant de nous trouver en face d'un Gouvernement établi par la Majesté populaire qui ne donne ni crédit aux préjugés, ni appui aux persécutions, mais au contraire accorde à tous, généreusement, la liberté de conscience et la pleine participation aux droits civiques... » Allusion à divers débats qui se déroulent alors au sein de l'Union : la qualité de citoyen est-elle réservée aux chrétiens (et aux Blancs) ou accessible à tous les habitants. Faut-il être d'abord citoyen d'un État pour être citoyen de l'Union, et si c'est le cas, un État peut-il refuser cette qualité aux personnes qui ne lui paraissent pas en être dignes ? La Déclaration des Droits, qui complète la Constitution et met fin aux équivoques sur ces points, est en cours de ratification. Tant qu'elle ne sera pas promulguée, le statut des Juifs reste relativement incertain.

Washington répond par une lettre qu'il rend publique, non sans veiller à reprendre parfois les termes mêmes de l'adresse. C'est en quelque sorte la charte qui va désormais réagir les relations entre la République américaine et le peuple juif :

Je reçois avec beaucoup de satisfaction votre adresse emplie d'expressions d'affection et d'estime, et me réjouis de l'occasion qu'elle me donne de vous assurer que je garderai toujours un souvenir reconnaissant de l'accueil que j'ai reçu à Newport de toutes les catégories de citoyens.

Rien n'adoucit plus le souvenir de jours empreints de difficulté et de danger, désormais révolus, que la conscience de l'exceptionnelle prospérité et sécurité qui leur a succédé. Si nous avons la sagesse de faire le meilleur usage possible des avantages qui nous sont aujourd'hui accordés, nous ne pouvons manquer, sous la juste administration d'un bon gouvernement, de devenir un peuple grand et heureux.

Les citoyens des États-Unis d'Amérique ont le droit de se féliciter d'avoir donné à l'humanité des exemples d'une politique ouverte et libérale : une politique digne d'imitation. Tous possèdent au même degré la liberté de conscience et les privilèges de la citoyenneté. Ce n'est désormais plus par l'effet de la tolérance, et par l'indulgence d'une classe du peuple, qu'une autre jouit de l'exercice de ses dons nationaux intrinsèques. Car heureusement, le gouvernement des États-Unis, qui ne donne aucun crédit aux préjugés, ni appui aux persécutions, se borne à demander à ceux qui vivent sous sa protection de se comporter en bons citoyens et de lui apporter en toute occasion leur soutien.

Ce serait aller contre ma franchise naturelle que de ne pas avouer le plaisir que me procurent la bonne opinion que vous avez de mon administration, et les vœux fervents que vous formez pour ma félicité. Puissent ceux des enfants de la semence d'Abraham qui résident dans ce pays continuer à mériter la bonne volonté des autres habitants et à en jouir ; en de telles conditions, que chacun d'entre eux soit assis en sécurité sous sa propre vigne et son propre figuier, et n'ait rien à craindre de personne. Que le Père de toutes les Grâces jette sur nos pas la lumière et non l'obscurité, qu'Il nous rende tous utiles ici dans nos multiples vocations, et accorde à chacun, au moment et de la façon qui conviennent, d'être éternellement heureux.

En France, l'Assemblée nationale constituante avait conféré l'égalité civile et politique aux Juifs sépharades du Midi, réputés « éclairés », dès 1790, puis aux autres Juifs en 1791. Mais d'emblée, l'un des principaux défenseurs de ces réformes, le comte Stanislas de Clermont-Tonnerre, en avait précisé les limites : « Tout accorder aux Juifs en tant qu'individus, tout leur refuser en tant que nation », c'est-à-dire en tant que communauté. En 1793 et en 1794, sous la Terreur, le judaïsme est persécuté en tant que religion, tout comme le christianisme, mais aussi en tant que groupe ethnique : Marc-Antoine Baudot, membre de la Convention et représentant du peuple aux armées, d'abord dans le Midi puis à l'armée du Rhin, envisage froidement sa « régénération guillotinière », son extermination. Sous le Directoire, les excès prennent fin, mais le statut des Juifs reste incertain. Napoléon, qui signe un concordat avec l'Église catholique en 1801, officialise le culte protestant à travers les Articles organiques de 1802, et se préoccupe même de réorganiser la franc-maçonnerie en 1804, se saisit de la question en 1806, en demandant l'avis du Conseil d'État.

Le rapporteur, le jeune comte Matthieu Molé, pas même trente ans, est extrêmement hostile aux Juifs. Le président de la section de l'Intérieur, Michel Regnault de Saint-Jean-d'Angély, juriste d'Ancien Régime, quinquagénaire, est au contraire bien disposé à leur endroit. Après quelques péripéties, ce dernier convainc l'Empereur « d'associer les Israélites à leur régénération ». Au moyen d'une Assemblée de notables, qui se réunit le 26 juillet 1806 à la salle Saint-Jean, derrière l'Hôtel de Ville de Paris (sur l'emplacement de l'actuelle rue Lobau). Cent onze délégués, choisis par les préfets, sont présents. Ils représentent les communautés juives de l'Empire français et du royaume d'Italie, un État vassal qui réunit la Lombardie, la Vénétie et l'Émilie.

L'Empereur s'est fait représenter par trois « commissaires », auditeurs au Conseil d'État : l'intraitable Molé, mais aussi Étienne-Denis Pasquier, héritier d'une grande famille de robe, fils d'un guillotiné de l'an II, plutôt libéral, et Joseph-Marie Portalis, fils de Jean-Étienne, le rédacteur du Code civil, moins hostile que Molé, sans être réellement favorable aux Juifs. Ce triumvirat pose aux notables douze questions. Elles ne portent pas sur les croyances mais sur des questions pratiques : le mariage, la citoyenneté, la fonction rabbinique, et enfin « l'usure » (très attentif aux mouvements sociaux, Napoléon tient compte des plaintes qui lui parviennent à ce sujet des départements alsaciens, qu'elles soient fondées ou non). Certaines d'entre elles ont un côté un peu surréaliste : l'Empereur fait ainsi demander si la loi religieuse interdit certaines professions, en oubliant que, jusqu'en 1791, c'est le pouvoir non juif qui écartait les Juifs de nombreux métiers « utiles », à commencer par l'agriculture...

Dans leurs réponses, les délégués font assaut de civisme, de patriotisme, de loyauté envers l'État, de soumission envers le souverain. Quand on leur demande s'ils considèrent la France comme leur patrie et sont prêts à se battre pour elle, ils s'écrient : « Jusqu'à la mort ! » Réactions des autorités impériales ? Le ministre de l'Intérieur, l'amiral d'Ancien Régime Jean-Baptiste Nompère de Champagny, fait part de sa satisfaction. Mais Molé accuse les Juifs de duplicité. Napoléon veut en avoir le cœur net. Le 23 août, il convoque une nouvelle assemblée, composée aux deux tiers de rabbins, réputés moins flexibles. Ce sera le « Grand Sanhédrin ». L'Empereur tient à ce nom et à un grand décorum : car, explique-t-il devant le Conseil d'État, les décisions que prendra cet organisme « seront placées à côté du Talmud pour être articles de foi et principes de législation religieuse ». Le rabbin que l'Empereur a placé à la tête de l'assemblée, l'Alsacien David Sintzheim, est plus que circonspect. Il parle d'une « institution que les autorités appellent Sanhédrin ». Pour autant, il jouera son rôle avec soin.

Les Juifs sont relativement peu nombreux au sein de l'Empire français proprement dit, qui s'étend de Hambourg à Rome : cent soixante-dix mille, sur une population totale de cinquante millions d'habitants. Dont quarante mille dans la France proprement dite, sur une population de vingt-sept millions. Mais les mesures décidées par l'assemblée de Paris pourraient être appliquées par la suite – si l'Empire continue à s'étendre – dans le reste de l'Europe, où vivent plusieurs centaines de milliers de Juifs, en Russie, où ils sont un million, et enfin en Orient, où ils sont près d'un million. À terme, elles pourraient donc régir le peuple juif tout entier.

Réuni le 9 février 1807, le Grand Sanhédrin ne siège qu'un mois à peine. Le temps de formuler quelques règles générales, votées à l'unanimité, et surtout d'entamer des négociations discrètes avec les commissaires du gouvernement et le ministère de l'Intérieur. Celles-ci conduisent à la rédaction de quatre décrets. Les deux premiers, favorables aux Juifs, ont été rédigés en commun par des membres du Sanhédrin et les commissaires : ils organisent le culte israélite français et lui accordent la « reconnaissance » publique, à l'instar du catholicisme, du protestantisme et de la maçonnerie. Le troisième, aussitôt qualifié de « décret infâme » par les Juifs et l'opinion libérale, est l'œuvre du seul gouvernement : il soumet les Juifs alsaciens à des mesures économiques discriminatoires, sous prétexte d'« usure », alors même qu'une loi générale vient de réglementer le prêt à intérêt. Le quatrième, de nature purement administrative, impose aux Juifs de se faire inscrire à l'état civil et de prendre des patronymes, comme les autres Français.

Les deux premiers décrets sont restés en vigueur jusqu'à la loi de séparation des Églises et de l'État de 1905 et servent toujours, depuis cette date, de référence juridique et institutionnelle au culte juif en France. En ce sens, on peut dire que le Grand Sanhédrin a bien rempli sa mission. Cette réussite tient au réalisme des uns et des autres, aux efforts mutuels en vue de concilier les réformes exigées par l'Empereur avec la loi traditionnelle, et enfin au courage des rabbins, en particulier Sintzheim, qui savent faire de nombreuses concessions sur les questions secondaires mais tiennent tête à l'Empereur sur ce qu'ils considèrent comme l'essentiel.

Le meilleur exemple du réalisme des négociateurs de 1807, c'est l'institution consistoriale. Napoléon veut créer un « clergé » juif centralisé et hiérarchisé, analogue au clergé catholique et dépendant comme celui-ci de l'État : les grands rabbins seront en quelque sorte des évêques, et les rabbins des curés. Mais les communautés juives ont d'autres habitudes : elles s'autogouvernent à travers des conseils mixtes où siègent à la fois les rabbins et les notables. En définitive, le Sanhédrin propose une solution intermédiaire : rebaptisés « consistoires » – un terme emprunté aux protestants –, les conseils sont maintenus, mais hiérarchisés, du « consistoire central » qui a autorité sur tous les Juifs de l'Empire, aux consistoires régionaux ou départementaux.

Quant au courage des rabbins, il apparaît, en particulier, à propos du mariage et de la famille. Napoléon demande au Sanhédrin de reconnaître la validité d'éventuels mariages entre Juifs et non-Juifs. L'assemblée souscrit à « la validité civile des mariages civils ». En revanche, elle rejette catégoriquement, comme contraire à la religion et à la liberté individuelle, une autre volonté de l'Empereur : l'obligation, dans chaque communauté, d'organiser un mariage mixte pour deux mariages entre Juifs. Napoléon prend conscience d'être allé trop loin, et retire cette exigence. De même, il accepte, devant les protestations des rabbins et des notables, de soumettre le « décret infâme » à une éventuelle révision au bout de dix ans (le texte sera en effet abrogé en 1818, sous la Restauration libérale).

Napoléon n'est pas antisémite. Ses sentiments personnels vis-à-vis des Juifs sont complexes : il accorde volontiers son estime aux Sépharades du Midi, d'Italie ou d'Orient, mais témoigne, notamment devant le Conseil d'État, d'un mépris hargneux envers les Ashkénazes d'Alsace, d'Allemagne ou d'Europe orientale. Le romantique, en lui, lecteur de Plutarque, d'Ossian mais aussi de la Bible, admire le « peuple immortel ». Sa réaction de 1812, devant des Juifs polonais qui jeûnent en souvenir du Temple, n'a rien de fortuit : en 1799, quand il envahissait la Terre sainte à partir de l'Égypte, il appelait déjà « tous les Juifs de l'Asie et de l'Afrique à venir se ranger sous ses drapeaux pour rétablir l'ancienne Jérusalem ». Politiquement, en revanche, son action est sans équivoque : les Juifs sont bel et bien confirmés dans leur statut de citoyens à part entière, malgré qu'en aient Molé et d'autres. Partout où il va en Europe, il leur accorde les mêmes dispositions et abolit les ghettos : à Rome en 1810, à Francfort en 1811. Et s'il traite parfois ses sujets juifs avec dureté, il se montre finalement plus patient avec eux qu'avec le chef de la religion qu'il professe officiellement : le pape Pie VII, qu'il fait emprisonner à Fontainebleau...

Mais Napoléon est le Messie armé, « l'homme à cheval » d'une Révolution continentale, à virtualité totalitaire. Si généreux qu'il soit en définitive avec les Juifs, il ne peut leur accorder la même dignité que Washington, le « Daniel » de la Révolution atlantique. Cette dichotomie va peser sur le destin du monde juif tout entier au XIXe siècle et au début du XXe siècle. À bien des égards, elle reste encore en place au début du XXIe siècle.

Chapitre 5

La voix de la tourterelle

Dehors, la neige tombait sans relâche, drue, obsédante. On n'y voyait pas à dix pas. C'était ainsi depuis le matin. Pour aller à la synagogue, les hommes avaient mis de la paille dans leurs bottes, doublé leur manteau d'une pelisse. Les plus vieux avaient dû s'appuyer sur les plus jeunes, les pères sur les fils. Quant aux jeunes filles, elles n'avaient pas eu moins de mal : elles avaient traversé le village dans l'autre sens, afin de reprendre, chez le boulanger, la marmite de chaud-lent, scellée à la mie de pain, qui avait ronronné toute la nuit dans le grand four encore chaud ; et elles étaient rentrées en prenant garde non seulement de ne pas tomber elles-mêmes, mais aussi, et surtout, de ne pas laisser choir le précieux plat, autour duquel allait tourner le repas du shabbat. Finalement, les familles s'étaient retrouvées après l'office religieux, chacune sous son toit. Chez Reb Avrom, le poêle de faïence blanche diffusait une douce chaleur. Une lampe à huile en forme d'étoile, suspendue au-dessus de la table, éclairait le repas. L'aïeul avait béni le vin – du raisin de Corinthe macéré dans de l'eau sucrée – et les nattes de pain. La grand-mère avait servi la carpe sucrée, la compote de carottes. Le fameux chaud-lent avait enfin fait son entrée, ce mets paradoxal qui permettait aux Juifs de respecter le Septième Jour en ne cuisinant pas, mais aussi de le célébrer en mangeant chaud. Autrefois, en Eretz-Israël, il se préparait chez soi, sur un four rudimentaire en argile qui mettait vingt-quatre heures à refroidir : un traité talmudique décrivait le procédé. Mais au pays d'Ashkenaz – Allemagne, Autriche, Pologne, Russie – où le Seigneur avait exilé Son peuple, il fallait confier la marmite au boulanger kasher, et parfois même à un Gentil. La grande affaire était de savoir si le chaud-lent « s'en était bien tiré ». Parfois, il avait brûlé. Parfois, ce qui était plus triste encore, il n'avait pas cuit. Sans parler des méprises : telle famille emportait le plat d'une autre. Bien sûr, elle présentait ensuite ses excuses, et un flacon de vodka en dédommagement : mais la déconvenue n'en avait pas moins été grande, car chacun voulait savourer, pendant le saint Shabbath, le goût particulier, pour ne pas dire la poésie ou la musique particulière, de la recette familiale.

Ce Shabbat-là, béni était le Nom divin, le chaud-lent s'en était remarquablement tiré. Il fumait dans le grand plat de service en porcelaine : la poitrine de bœuf caramélisée, le cou d'oie farci, le pied-de-veau confit, les pommes de terre luisantes, l'orge transparent, les haricots blancs, les os cylindriques. La grand-mère servait, d'un geste exact, accordant aux convives ce qui leur revenait en fonction de l'âge, de la dignité, du sexe. Le grand-père, édenté, ne prenait plus qu'un peu de cou farci et une cuiller d'orge. Les fils obtenaient de belles parts, remplies jusqu'au bord, les filles « choisissaient » leur morceau. Les enfants avaient droit à un peu de tout, ainsi qu'aux os, où se cachait la moelle, suc magique qui leur permettrait de grandir plus vite. Enfin, l'aïeule garnissait sa propre assiette, un peu distraitement. C'était le moment où les convives devaient la rassurer bruyamment : « Grand-mère, le chaud-lent est merveilleux... Une splendeur, Maman... » Le grand-père réclamait alors de la vodka : on lui en versait un petit verre. « Ahhhh, voilà qui est bon ! » disait-il en passant la main sur son ventre. Puis il procédait, comme chaque Shabbath, à ses interrogations, en commençant par les plus jeunes :

– David, quel passage de la Torah lit-on aujourd'hui ?

– Le péricope Bo, sur la sortie d'Égypte !

– Bravo, mon petit, que Dieu te protège ! Hannah, quelles sont les trois mitzvoth des femmes le vendredi soir ?

– Euh... euh... allumer les bougies ?

– Oui, Hannah. Et puis ?

– Euh... euh... faire les brioches ?

– Oui, ma petite, c'est ça... Et puis...

– Euh... euh... je sais pluuuus...

La petite fille s'était mise à pleurer.

– Pleure pas, pleure pas, ma colombe, lui dit la grand-mère. Viens ici que je te console.

Se tournant vers les adolescents, le grand-père changea de sujet :

– Alors les grands ? Comment ça se passe avec vous ?

Yaakov, l'aîné, étudiait encore un peu le Talmud avec Reb Schloïmé, le rabbin. Mais il avait déjà, à dix-huit ans, un métier : il travaillait avec son oncle, Reb Wolf, de Dantzig, négociant en bois. Des affaires sérieuses : acheter la marchandise en Russie blanche, la faire flotter, de rivière en rivière, jusqu'aux scieries de Lituanie, puis acheminer le produit fini, poutres ou planches, jusqu'aux ports de Prusse et de Courlande. Les marieurs lui avaient déjà présenté plusieurs jeunes filles de bonne famille. Il préférait patienter.

Yehiel, le cadet, seize ans, avait été admis à l'académie talmudique de Volojine. Nul doute qu'il ne fût promis à un destin exceptionnel. Volojine avait été fondée en 1802 par le Rav Haïm, l'un des plus grands maîtres d'Ashkenaz, lui-même disciple de l'incomparable Gaon Eliahu de Vilna, Gloire de la Torah. Jusque-là, les académies ou yéshivoth gravitaient autour d'un rabbin local, ou parfois de deux ou trois rabbins. Les élèves étaient logés et nourris dans les familles de la communauté, à tour de rôle. Au bout de quelques années, les meilleurs partaient se perfectionner auprès d'un autre maître. Quelques-uns – vraiment exceptionnels – poursuivaient leur périple et rendaient visite à des maîtres lointains, dans les pays de Sépharad, ou même en Eretz-Israël. Mais le Rav Haïm avait imposé à Volojine des méthodes nouvelles, calquées sur celles des universités des Gentils : sa yéshivah, financée par un comité d'hommes d'affaires aisés, était dirigée par une équipe de plusieurs rabbins, et recevait plusieurs dizaines d'étudiants ; les jeunes gens vivaient en internat, ce qui les soustrayait aux influences, parfois trop mondaines, des simples fidèles ; le cursus recouvrait tous les aspects de la Torah. En quelques années à peine, cette institution était devenue le centre même de la vie juive en Europe. Elle avait survécu à son fondateur, disparu pendant la terrible année 1812. Et servait déjà de modèle à des institutions analogues, comme la yéshivah de Mir, créée en 1815. Les élèves de Volojine n'épousaient que des filles de rabbins réputés, auxquels ils succédaient sans peine le moment venu : à Yehiel aussi, on avait déjà proposé de beaux partis. Somme toute, il pouvait très bien se marier avant son aîné. Ou du moins se fiancer.

Les deux garçons parlèrent de choses et d'autres, relatèrent quelques nouvelles intéressantes ou insolites, une nouvelle invention anglaise que Yaakov avait aperçue à Dantzig, les démêlés d'un des maîtres de Yehiel avec un comte polonais. Le vieux Reb Wolf, fier de ses petits-enfants, hochait la tête. Aidée de ses filles, la grand-mère servit du thé et des gâteaux. On parla un peu de politique : le tsar Alexandre venait de mourir, et l'on disait qu'une révolution avait failli écarter son frère Nicolas du trône. On prononça les grâces. Yaakov et Yehiel se retirèrent dans leur chambre : le grenier. Le froid y était tel qu'ils passèrent leur manteau. Un peu de lumière hivernale passait encore par la petite fenêtre striée de givre. Mais bientôt, il faudrait retourner à la synagogue, en dépit de la neige, pour les prières de l'après-midi et du soir.

Yehiel fouilla dans son sac : « Voilà le livre. » Il en avait déjà parlé à son frère la veille. Un petit opuscule sans reliure ni visa de la censure impériale russe : autant dire, un ouvrage de contrebande. Imprimé en petits caractères Rachi – le gothique hébreu, que seuls les érudits déchiffraient. Yaakov lut le titre : *Kol ha Tor, La Voix de la tourterelle.* Une allusion, évidemment, à un passage du Cantique des Cantiques : « Car voici que l'hiver est passé, et que la saison des pluies s'est achevée et s'en est allée. Les bourgeons sont apparus dans les campagnes, le temps des chants joyeux est arrivé et la voix de la tourterelle se fait entendre dans notre pays » (II, 11-12). Les Sages avaient toujours enseigné que ces versets annonçaient la Rédemption. L'aîné tourna les pages. Le langage était difficile, technique, alourdi d'expressions et de concepts kabbalistiques. Il était question, sans cesse, du Messie Fils de Joseph et du Messie Fils de David.

– C'est trop difficile pour moi, reconnut-il enfin. Mais toi, tu t'y retrouves ?

– Un peu, dit précipitamment le cadet. Je l'étudie avec Reb Eizik.

– Qui est-ce ?

– Mon professeur principal. Un *tsadik*, un saint. Il a connu personnellement l'auteur, Rav Hillel Shaklover, qui était un neveu, ou plutôt un petit-neveu, du Gaon de Vilna. En fait, c'est le Gaon qui a dicté le livre à Rav Hillel, de son vivant. Celui-ci n'a fait que retranscrire le texte et le mettre en ordre.

– Mais alors, pourquoi ne pas le publier au nom du Gaon ?

– Je ne sais pas très bien. Je pense que le Gaon ne voulait pas. Le sujet est trop...

– Brûlant.

– Oui, c'est cela. Brûlant. Les Gentils pourraient y voir un texte révolutionnaire. Quant aux Juifs...

– Je t'écoute.

– Tu sais bien que le Gaon était un maître de la Kabbale, mais estimait, comme les Sages d'autrefois, que l'on ne devait pas en divulguer les secrets. D'autant plus que Shabtaï Zvi, cet hérétique, avait berné le peuple en étalant des bribes de connaissance dans ces domaines. Tu sais aussi qu'il s'est opposé de façon *gevaltik*, avec force et violence, aux *Hassidim*, parce qu'ils fondent eux aussi leur système sur la Kabbale, ouvertement, explicitement. Il lui était donc très difficile de publier en son nom propre un livre à caractère kabbalistique sur des thèmes tels que la Rédemption, la Fin des Temps, le Roi-Messie.

– Oui, ça me paraît cohérent.

– D'un autre côté, il ne pouvait pas cacher entièrement ce qu'il savait.

– Explique.

– Soyons bien clair. J'essaie de te transmettre ce que Reb Eizik m'a lui-même transmis, oui ?

– Oui.

– Reb Eizik est un tsadik, moi pas. Oui ?

– Oui.

– Bon. Si j'ai bien compris les choses...

Sans même s'en rendre compte, Yehiel s'était mis à chantonner, à la façon des Sages d'Israël quand ils étudient la Torah. Et à se balancer, enivré par ses propres propos. Quitte à accélérer par moments son débit, pour enjamber plus vite des raisonnements tenus pour acquis.

– Si j'ai bien compris...

– Oui, Yehiel...

– À l'âge de vingt ans, l'an 5500 de notre calendrier, c'est-à-dire l'an 1740 des Gentils, le Gaon a eu la révélation de la Fin des Temps. Ou peut-être a-t-il eu cette révélation plus tôt, mais il n'en a parlé qu'à cet âge-là, et cette année-là...

£e pri– Oui, Yehiel...

– Tu sais que le Gaon bénéficiait de révélations d'En Haut, sur tous les sujets, oui ?

– Je le sais.

– Qu'il se plaignait parfois à Rav Haïm de Volojine, parce qu'une révélation céleste n'a pas de valeur en soi, et qu'il lui fallait ensuite suer sang et eau pour retrouver par l'étude, dans la Torah telle que nous l'avons reçue de Moïse, notre Maître, et telle que Moïse l'a transmise aux Sages d'Israël, les éléments concrets qui la validaient...

– Oui, Yehiel, je sais.

– Ayant donc reçu une révélation sur la Fin des Temps, il a sué sang et eau pour en retrouver le sens et la justification dans la Torah écrite et orale... Oui ?

– Oui.
– Ayant retrouvé tout cela, il a transmis son savoir à ses disciples... Oui ?
– Assurément.

Yaakov notait que son jeune frère sollicitait, à la fin de chaque phrase, l'approbation de son interlocuteur, en répétant un « oui » interrogatif. Là aussi, c'était l'usage de la yéshivah. La Torah ne s'enseignait pas du haut d'une chaire, mais face à face, les yeux dans les yeux : de maître à disciple, et entre deux disciples qui, ensemble, « révisaient » la leçon d'un maître commun. Il fallait s'assurer, à chaque instant, que l'attention d'autrui n'avait pas fléchi. Si ce n'était pas le cas, on reprenait. Patiemment, avec douceur. Point par point. Mot par mot.

– La première chose qui a été révélée au Gaon, c'est que la Rédemption commence en l'an 5542 de notre calendrier, c'est-à-dire l'an 1782 des Gentils... Oui ? Le Gaon a indiqué à Rav Hillel comment on peut recalculer cette date... Je passe sur tout cela, d'accord ?

Yaakov hocha la tête.

– La seconde chose, c'est qu'il y a bien deux Messies successifs, comme nos Sages l'ont toujours enseigné. D'abord le Fils de Joseph, puis le Fils de David. Le premier va établir son Royaume étape par étape, selon un processus naturel, matériel. Les Juifs vont revenir peu à peu en Eretz-Israël, avec la permission des Nations. Quand ils seront suffisamment nombreux dans le pays et à Jérusalem, le joug des Nations tombera définitivement : les Juifs auront eux aussi un roi, un État, une armée ! Les Nations seront furieuses, chercheront à enchaîner Israël à nouveau, à le détruire, mais elles ne pourront plus arriver à leurs fins. Oui ?
– Combien de Juifs faudra-t-il dans le pays ?
– Six cent mille, Yaakov. Le Gaon l'a enseigné explicitement. Tiens, voilà ce qui est écrit : « Le quorum nécessaire pour rame-

ner la Présence divine est de six cent mille Juifs... Quand ce nombre sera réuni, Samaël, le Prince du Mal, qui siège actuellement dans les murs de Jérusalem, sera vaincu... »

– Mais comment rassembler six cent mille Juifs en Eretz-Israël, Yehiel ?

– C'est aux Juifs de monter en Eretz-Israël, un à un, ou par groupes. Les Nations le permettront, ou laisseront faire... Et ces Juifs viendront d'abord du nord, parce que Samaël, le Prince du Mal, règne sur le nord, et que notre peuple est aujourd'hui exilé, en majorité, dans ses royaumes, l'Allemagne, la Russie. Ensuite, ils viendront du sud.

– Le fait est que le Gaon incitait ses disciples à s'installer en Terre sainte : notre grand-père et notre père nous l'ont souvent raconté.

– Oui, Yaakov, à partir de 5542, c'est-à-dire 1782. Deux groupes ont fini par s'installer dans le pays, après la mort du Gaon : l'un en 5558 – 1808 – et l'autre en 5560 – 1810. Ils ont acheté des terres. Le Gaon affirme, c'est marqué ici, mmm, il faut que je retrouve la page, mmm, ah ! la voici : « Nous avons désormais l'obligation de reprendre notre héritage par tous les moyens... Donc même par la force ! Oui ? Sauf en ce qui concerne le Temple... Là, nous ne sommes pas autorisés à employer la force... »

– Mais, Yehiel, j'ai toujours entendu dire que la venue du Roi-Messie serait précédée de guerres terribles, les guerres de Gog et Magog...

– Oui, Yaakov, le Gaon en parle. Ce seront en effet des épreuves effroyables. Amalek retrouvera pour la dernière fois toute sa puissance meurtrière...

– Qui est Amalek aujourd'hui, petit frère ? Les Russes ? Ce nouveau tsar, Nicolas, passe pour haïr les Juifs. Les Allemands ? Les Turcs ?

– Le Gaon explique qu'Amalek, l'ennemi absolu d'Israël, celui qui est prêt à se détruire lui-même pour détruire les Juifs, n'habite ni Édom, les pays chrétiens, ni Ismaël, les pays musulmans, mais surgit partout où Édom et Ismaël, oubliant leurs querelles, décident soudain de s'unir... Cependant, quoi qu'il en soit, Israël ne pourra plus être arraché à sa terre. Et l'heure du Messie Fils de David viendra alors.

– Quelle différence, Yehiel, entre les deux Messies ?

– Le Messie Fils de David apportera la Rédemption spirituelle. Et rendra définitive la Rédemption matérielle.

– La Rédemption spirituelle ?

– Oui, car plus la Rédemption matérielle prendra forme, plus les forces de l'impureté s'attaqueront au peuple juif.

– La tête me tourne, Yehiel, mon petit frère.

– Attends, Yaakov, mon grand frère. Je dois mentionner une chose encore. Oui ?

– Oui, Yehiel, je t'écoute.

– En l'an 5600, donc 1840, le prodige auquel fait allusion la Genèse au péricope Noé, va se réaliser. Il est écrit : « La six centième année de la vie de Noé, toutes les sources de l'abîme se sont ouvertes, et toutes les sources célestes. » Selon nos Maîtres, cela signifie qu'en 5600, les sources d'En Bas, la Science, vont jaillir comme elles ne l'ont jamais fait encore, et les sources d'En Haut, la Torah, également... Oui ?

– En 1840, et nous sommes en 1826 : donc, dans moins de quinze ans... Mais les sources d'En Bas sont déjà entrouvertes, petit frère, sinon ouvertes. Si tu avais vu les machines que l'ingénieur anglais nous a montrées à Dantzig ! Chacune fait le travail de cent hommes. Mais l'ingénieur nous a parlé également des chemins de fer. Une voiture qui avance toute seule sur des rails, et qui en tire plusieurs autres. Il y en a déjà dans son pays. Les Français vont en construire également.

– Une machine qui avance toute seule !

– Oui, Yehiel, chauffée au charbon...

– Qui peut croire cela, grand frère !

– Qui peut croire l'enseignement du Gaon, petit frère !

Dehors, la neige ne tombait plus.

CHAPITRE 6

La question juive

Entre 1825 et 1939, la modernité s'accélère. La population mondiale double, de 1,2 milliard à 2,3 milliards d'âmes. Et celle de l'Europe triple, de 190 millions d'âmes à 562 millions (dont 50 millions d'émigrants qui s'installent sur d'autres continents). Cette poussée s'explique par une conjonction sans précédent entre la natalité, qui reste élevée, et l'espérance de vie, qui se renforce, notamment pour les nouveau-nés et les enfants de moins de dix ans. Non seulement chaque couple engendre autant d'enfants qu'il le peut biologiquement, mais ces enfants atteignent le plus souvent l'âge adulte – ce qui n'était pas le cas auparavant – et procréent à leur tour. C'est seulement vers la fin du XIXe siècle que les pays européens ajustent la natalité à l'espérance de vie et s'engagent dans ce que l'on appelle la « transition démographique » : le passage d'une croissance démographique rapide à une croissance modérée, puis de celle-ci à la stabilité ou « croissance zéro », et enfin au déclin, ou « croissance négative ». Un pays européen s'est cependant engagé dans cette transition dès 1815 : la France. Sa population ne s'accroît que de 30 % pendant la période considérée, ce qui la place peu à peu, face à des voisins en expansion, dans une position de faiblesse géopolitique.

La population juive, quant à elle, quadruple : de près de quatre millions d'âmes à près de dix-sept millions. Ou peut-être même sextuple-t-elle, si l'on tient compte d'une forte déperdition, de l'ordre de 25 % au moins, due aux conversions, aux mariages mixtes et enfin à une dilution tranquille au sein de la société, là où la loi ou les mœurs le permettent.

En 1825, les deux tiers de la population juive mondiale résident dans les Empires russe et autrichien, notamment dans la « Pologne du Congrès de Vienne », rattachée à Saint-Pétersbourg, et la Pologne galicienne, rattachée à Vienne. En 1939, huit millions de Juifs vivent encore en Europe centrale ou orientale, URSS comprise, mais près de neuf millions sont désormais installés dans d'autres régions du monde : on compte 1,3 million de Juifs en Europe occidentale, Allemagne comprise, cinq millions en Amérique du Nord, cinq cent mille en Amérique du Sud, quatre cent cinquante mille en Eretz-Israël, plus d'un demi-million de Juifs en Afrique du Nord, près d'un demi-million au Proche et au Moyen-Orient, cent vingt mille en Afrique du Sud, plus de cent mille en Extrême-Orient et en Océanie.

Vers 1825, la plus grande partie des Juifs vivent dans des villes de taille moyenne ou des bourgades semi-rurales. Dès la fin du XIXe siècle, 50 % d'entre eux résident dans de très grandes villes : Varsovie, Lodz et Odessa en Russie, Vienne, Prague et Budapest en Autriche-Hongrie, Berlin en Allemagne, Paris en France, Londres en Grande-Bretagne, New York aux États-Unis. Ils y forment des communautés de plus de cent mille habitants. En 1939, deux Juifs sur trois vivent dans de grandes villes, et plusieurs communautés ont dépassé le seuil des deux cent cinquante mille âmes. À New York, on compte probablement 1,8 million de Juifs sur un total de sept millions d'habitants.

Mais « la démographie dévore la démographie » : tout accroissement d'une population agit en retour sur cette population, et provoque des contre-phénomènes régulateurs. Le big bang démographique européen du XIXe siècle et du début du XXe siècle bouleverse les sociétés, l'économie, les États, la culture, les mœurs, provoque des révolutions, des guerres, des déplacements massifs de population, volontaires ou forcés, des frictions entre communautés ou des collisions entre civilisations. Ce n'est qu'avec la stabilisation des populations, dans le dernier tiers du

XXe siècle, que l'Europe et les pays de souche ou de culture européenne connaissent à nouveau la paix intérieure et extérieure, nationale et internationale. Avant que l'implosion démographique, à partir des années 1980, ne conduise – en sens inverse – à de nouvelles crises.

À plus forte raison le big bang démographique juif entraîne-t-il son propre choc en retour : la « question juive », comme on la nomme bientôt. Ou plus précisément quatre questions étroitement liées entre elles.

1. La question économique : les « niches » professionnelles qu'occupaient jusque-là les Juifs, finance, grand négoce, gestion de domaines, commerce en gros des produits agricoles, y compris l'élevage, mais aussi colportage, artisanat, brocante, friperie, hôtellerie, fabrication d'alcools divers, ne permettent plus d'assurer un revenu suffisant; et là où les parents accumulent des capitaux, ces derniers ne suffisent plus à doter les enfants quand ceux-ci sont en âge de fonder à leur tour un foyer. Les milieux juifs les plus pauvres se prolétarisent, les classes moyennes se paupérisent. Mais le même phénomène incite les Juifs riches à plus d'audace, ceux des classes moyennes à se tourner vers des secteurs professionnels jusque-là interdits ou négligés, et les plus pauvres à tenter leur chance dans des pays lointains.

2. La question intracommunautaire : les structures traditionnelles de la société juive sont corrodées puis emportées par le surnombre des nouvelles générations. À certains égards, on peut parler d'un Mai 68 permanent de la jeunesse juive contre le judaïsme traditionnel, formaté par la Loi orale. Au début du XIXe siècle, cela se traduit par l'essor de la *Haskalah*, les « Lumières » juives, qui tentent d'opérer une synthèse entre la nouvelle rationalité occidentale et le judaïsme traditionnel, puis de la Réforme juive, qui rejette les mitzvoth en tant que telles et met en place un néojudaïsme calqué sur le protestantisme libéral.

Mais aussi par un mouvement sans précédent de conversion au christianisme, moins pour des raisons spirituelles authentiques (bien que le cas existe) que par convenance. « Je ne me suis converti au luthéranisme que pour payer mon droit d'entrée dans la société prussienne », dira le poète allemand Heinrich Heine, qui rachètera cette « trahison » en célébrant sa religion d'origine dans la plupart de ses œuvres.

Quelques décennies plus tard, le « Mai 1968 » prend la forme d'une laïcisation du judaïsme : il n'est plus question de devenir chrétien, mais de bâtir, au sein d'une civilisation occidentale qui passe pour reposer désormais sur les Lumières postchrétiennes, une « culture » juive « rationaliste », s'exprimant en hébreu (chez les adeptes de la Haskalah, issus d'un patriciat est-européen ayant reçu une bonne éducation talmudique), en allemand classique, en français ou en anglais (chez les Juifs dits « assimilés », disciples de Mendelsohn), en yiddish (l'idiome vernaculaire judéo-allemand d'Europe de l'Est), en ladino (le judéo-espagnol des réfugiés de 1492, resté vivace dans les communautés du Maroc et dans l'Empire ottoman), voire même en judéo-arabe (tant au Maghreb qu'au Machreq) ; ou bien de mettre en place un populisme socialiste yiddishophone véhiculé par le *Bund* (la branche judéo-russe de l'Internationale ouvrière) ; ou encore de ressusciter ou de ranimer le judaïsme en tant qu'ethnie (ce que tentent des épigones juifs de Johann Gottfried Herder, tels que le Triestin Samuel David Luzzato et le Bohêmien Zacharie Frankel).

Les Juifs orthodoxes, pour lesquels le judaïsme n'existe que par et dans la Torah, tentent de faire face, soit en refusant tout changement a priori, soit en cherchant à concilier le changement avec la *Halakhah*, la loi religieuse. Le Rav Moshé Sofer, dit le *Hatam Sofer*, grand rabbin de Presbourg en Hongrie au début du XIXe siècle (aujourd'hui Bratislava en Slovaquie), sera l'inspirateur des ultraorthodoxes : selon lui, les Juifs doivent maintenir intégralement et coûte que coûte leur mode de vie antérieur à la modernisation. Il va jusqu'à dire que « ce qui est nouveau est interdit par la Torah » *(« Hadash assur min ha-Torah »)* : pieux jeu de mots détournant un précepte du Talmud relatif à une céréale printanière dite *« hadash »,* donc « nouvelle », dont la consommation était en effet prohibée avant une certaine date...

La seconde approche est improvisée par d'autres rabbins à la même époque, notamment en Allemagne, en fonction des besoins de leurs communautés. Le Rav Shimshon Raphaël Hirsch, créateur d'une communauté dite de « stricte observance » à Francfort, lui donne une assise doctrinale au milieu du XIXe siècle. Citant lui aussi le Talmud, il affirme que « la Torah va de pair avec l'usage du monde » *(« Torah im Derekh Eretz »).*

3. Les migrations : les Juifs, bousculés par leur surnombre, quittent les régions ou secteurs où ils vivaient au début de la montée démographique. Ce phénomène est à la fois intranational et international : il prend aussi bien le caractère d'une migration des zones rurales ou semi-rurales traditionnelles vers les grandes villes industrielles à l'intérieur d'un État, que celui d'une émigration vers des États étrangers présentant de plus grandes opportunités économiques ou accordant une plus grande liberté religieuse ou civique. Il est souvent l'occasion d'une rupture avec le mode de vie traditionnel et d'un passage à une forme ou une autre de néojudaïsme, si bien qu'à la suite du Hatam Sofer, les ultraorthodoxes cherchent à le décourager. Mieux vaut, à leurs yeux, vivre en Europe de l'Est ou en Orient, dans un pays économiquement et politiquement arriéré, mais rester fidèle à la Torah, que de gagner des pays plus riches, plus ouverts, mais où les Juifs se détachent des mitzvoth. Et là où la migration ou l'émigration ne relève plus d'un choix mais de la nécessité, les Juifs doivent au moins veiller à reconstituer le plus vite possible, dans leur nouvel environnement, des sociétés juives analogues à celles des pays d'origine, micro-sociétés, contre-sociétés, ghettos volontaires, où l'on continuera à porter l'habit polonais, hongrois, russe, boukharien, maghrébin, et où l'on parlera toujours yiddish, ladino, judéo-arabe ou judéo-persan. Ainsi se forment des quartiers tels que la rue des Rosiers – le *Plaetzel* – à Paris, la Tempelgasse à Vienne, le Scheunenviertel à Berlin, Whitechapel à Londres et Hester Street à New York.

4. La question intercommunautaire : c'est-à-dire l'antisémitisme (le terme, plus « neutre », plus « scientifique », mais en même temps plus impitoyable qu'antijudaïsme, apparaît alors). La croissance démographique rapide d'une minorité ou l'afflux massif d'étrangers suscitent nécessairement un malaise au sein d'une société. Si une ascension sociale rapide complète cette croissance ou cet afflux, le malaise s'aggrave. Si le phénomène coïncide avec une forte instabilité sociale ou économique, ou une crise politique, ou si la communauté ascendante ou nouvelle venue était jusque-là tenue pour hors norme, à la fois sacralisée et maudite, les réactions de rejet peuvent prendre un tour intense, violent. Les Juifs entrent dans ces divers cas de figure. Un autre facteur donne à l'antisémitisme, tel qu'il se cristallise au milieu et à la fin du XIXe siècle, une ultime virulence : le paradigme spencéro-darwinien. Le philosophe et sociologue britannique Herbert Spencer expose dans *La Statique sociale* (1851) et *Les Principes de la biologie* (1864) les concepts de la « lutte pour la vie » et de la « survivance des plus aptes ». Le naturaliste britannique Charles Darwin élabore dans *L'Origine des espèces* (1859) la théorie de l'évolution, fondée sur le concept de « sélection naturelle ». Vulgarisées, simplifiées, détournées de leur contexte, amalgamées l'une à l'autre, ces doctrines semblent expliquer la supériorité grandissante, et bientôt absolue, de l'Europe et des nations de souche européenne sur le reste de l'humanité. Mais elles impliquent également que tout contact ou toute hybridation entre Européens et non-Européens est un facteur d'infection et de déclin. Or les Juifs ont été traditionnellement définis et décrits comme des « Orientaux » ou des « Asiatiques », donc des non-Européens, y compris par leurs amis et admirateurs. Mieux, ils ont souvent revendiqué eux-mêmes cette « différence » : allant, une fois émancipés et assurés d'une entière liberté religieuse, jusqu'à faire bâtir nombre de synagogues monumentales dans un style plus ou moins mauresque...

De Joseph Proudhon à Édouard Drumont, de Charles Baudelaire à T. S. Eliot, d'Alphonse Daudet aux frères Goncourt, de Louis-Auguste Blanqui à Michel Bakounine, de Charles Fourier à Jules Guesde, de Fédor Dostoïevski à Virginia Woolf, de Wagner à Tchaïkovski et Moussorgski, la moitié des philosophes et des artistes occidentaux – et parfois la meilleure moitié –parle de refouler les Juifs dans les ghettos, de les « expulser en Asie », ou de les « exterminer ». D'autres, sans aller aussi loin, n'en finissent pas de caricaturer les Juifs, de souligner leurs ridicules, ou d'insister sur leur étrangeté. Ces idées et ces propos sont si répandus, si communs, que les victimes ne cherchent bientôt plus à leur résister mais au contraire se les approprient et les intériorisent : un phénomène sur lequel Marcel Proust, d'origine juive par sa mère, revient sans cesse dans *À la recherche du temps perdu*, et que le philosophe allemand Theodor Lessing qualifie, dans un ouvrage collectif publié sous son autorité en 1930, de « haine de soi ». Karl Marx, né Juif mais baptisé dans son enfance, est l'auteur de *La Question juive*, l'un des premiers et des plus haineux pamphlets antisémites du XIXe siècle.

L'autre moitié des Occidentaux résiste à l'antisémitisme, soit par affection ou admiration pour Israël, soit par refus de principe envers toute haine. Thomas Babington Macaulay, l'historien, juriste et homme d'État britannique, est sans doute le premier, dès 1833, à formuler un tel *non possumus*, dans un discours à la Chambre des communes : « À l'enfance de la civilisation, lorsque l'Angleterre était aussi sauvage que la Nouvelle-Guinée, que les lettres et les arts étaient encore inconnus à Athènes, que des huttes de chaume s'élevaient à l'endroit où plus tard s'érigea Rome, ce peuple méprisé avait ses villes closes de murailles et des palais en bois de cèdre, son Temple splendide, sa flotte de navires marchands, ses écoles d'études sacrées, ses grands hommes d'État, ses historiens et ses poètes... Et si au cours des siècles, les descendants des sages et des guerriers ont vu les qualités de leurs pères dégénérer, pouvons-nous considérer cela comme une matière à reproche ? Ne devrions-nous pas considérer cela comme un objet de honte et de remords pour nous-mêmes, qui ne leur avons pas rendu justice ? »

Dans les années 1880, l'Allemand Friedrich Nietzsche fait de la condamnation de l'antisémitisme le critère même de l'intelligence européenne moderne : ce sera l'un des motifs, et non le moindre, de sa rupture avec Richard Wagner. Dans *Par-delà le bien et le mal*, il affirme que l'Europe doit être « reconnaissante » aux Juifs, et ajoute : « Il est évident que s'ils le voulaient – ou si on les y forçait, comme les antisémites semblent le désirer –, les Juifs pourraient, du jour au lendemain, établir leur domination... et non moins évident qu'ils ne s'y emploient pas et ne font pas le moindre plan en ce sens » (*Par-delà le bien et le mal*, fragment 251). En 1893, le Français Anatole Leroy-Beaulieu, catholique libéral mais fervent, spécialiste de la Russie, publie *Israël chez les Nations*, une enquête minutieuse sur le judaïsme moderne. Il observe : « Elles sont malades, nos sociétés contemporaines, plus malades peut-être que ne l'imagine le plus convaincu des antisémites. L'erreur de l'antisémitisme est de se méprendre sur les causes du mal et sur le siège du mal. Il n'en aperçoit, ou ne veut en apercevoir, qu'un symptôme, et ce symptôme, il le prend pour un principe morbide... Il n'est pas vrai que pour rendre la santé aux nations modernes, il suffise d'en retrancher le Sémite... Le mal est autrement grave et profond. »

Mais les idées – et les délires – ont des conséquences : le métapolitique précède le politique, le nourrit et le conditionne. À partir des années 1880, les pratiques antijuives, devenues culturellement acceptables, se généralisent dans la société civile, et les législations antisémites se multiplient. C'est d'abord le cas de la Russie des Romanov, où vit alors la moitié du peuple juif : le seul pays européen qui n'ait jamais procédé à une véritable émancipation. La montée des nouvelles judéophobies dissuade le tsar libéral Alexandre II, dans les années 1860 et 1870, d'accorder aux Juifs un édit d'égalité civique, analogue à l'abolition du servage. Ses successeurs ultraréactionnaires, Alexandre III et Nicolas II, renouent après 1881 avec les mesures discriminatoires traditionnelles (zones de résidence, *numerus clausus*) et tolèrent, ou encouragent, de nouvelles formes de persécution, à commencer par les pogroms.

Là où l'esprit libéral continental domine – dans les pays d'Europe centrale, orientale et balkanique –, une exclusion sociale se généralise au même moment, c'est-à-dire une ou deux générations seulement après l'émancipation politique officielle, et finira par déboucher sur des législations discriminatoires dans les années 1920 et 1930. Dans les pays où l'émancipation est plus ancienne et semble plus solidement établie – en France et dans les pays atlantiques –, la loyauté des Juifs envers l'État-nation est mise en doute (c'est le sens de l'affaire Dreyfus) et les mesures dites « prophylactiques », destinées à filtrer, ralentir ou suspendre l'immigration juive, sont adoptées. Aux États-Unis, en dépit de la tradition calvinienne et de l'image tutélaire de Washington, on invoque d'abord l'hygiène publique pour refouler une partie des immigrants juifs, slaves et méditerranéens (c'est la fonction d'Ellis Island, la « gare de triage » créée en 1892), puis, à partir des années 1920, le maintien d'une identité nationale « nordique », anglo-germano-scandinave, à travers un système de quotas. Des prétextes analogues, ainsi que le souci de « l'ordre public », conduisent, après 1918, à des mesures restrictives au Royaume-Uni, au Canada, en Australie, en Nouvelle-Zélande, et à une interdiction presque totale en Afrique du Sud (à partir de 1936), dans l'Empire des Indes, en Afrique orientale britannique. Il en ira de même pour les principaux pays d'Amérique latine, notamment le Mexique, le Brésil et l'Argentine.

Une odeur de meurtre commence ainsi à flotter sur l'Occident. Certes, il y a loin du fantasme au passage à l'acte, et d'une violence sporadique au génocide. Mais le pire finit par advenir : avec le caporal Adolf Hitler, artiste raté, pervers polymorphe, qui découvre, au lendemain de la Première Guerre mondiale, que celui qui voudra *vraiment* tuer les Juifs – ce qu'il appellera, dans son jargon personnel, « s'endurcir » – disposera aussitôt d'un pouvoir infini sur les âmes...

Que faire ? La première réaction des Juifs est de ne voir dans l'antisémitisme moderne que l'éternel visage d'Amalek. Les ultraorthodoxes, en particulier, considèrent, dans l'esprit du Hatam Sofer, que ce retour de haine « punit » l'erreur des rationalistes, réformés et autres « assimilés ». C'est ce qu'affirme Rav Meïr Simhah de Dvinsk, dans son livre *Meshekh Hohmah (Le Prix de la Sagesse)* : « Ils ont cru qu'Eretz-Israël se situait désormais en Allemagne, et confondu Jérusalem avec Berlin, et que pour y pénétrer, il fallait renoncer aux mitzvoth et au *Shulkhan Arukh*, le Code de la Loi juive... En définitive, les Allemands promulgueront leurs propres mitzvoth et leur propre *Shulkhan Arukh* contre les Juifs, et les observeront avec zèle... » Le seul salut, dans cette optique, serait de faire pénitence et de revenir à la Torah.

Les « assimilés », pour leur part, estiment au contraire que les Juifs ne sont pas allés assez loin dans leur alignement sur les mœurs et les valeurs de l'Occident. D'autres encore ne voient de salut que dans une Révolution universelle qui mettrait fin à toutes les inégalités et toutes les discriminations : cette utopie séduit une partie importante des communautés juives après l'affaire Dreyfus, quand la gauche socialiste française et européenne, jusque-là fort encline à l'antisémitisme, se rallie à la cause d'un Juif injustement condamné par un tribunal militaire.

Mais certains se demandent si la solution n'est pas dans l'énoncé même de la « question ». Les États modernes rejettent les Juifs : pourquoi ceux-ci ne se doteraient-ils pas de leur propre État ? En Eretz-Israël, si possible. Ou ailleurs, faute de mieux.

Chez les orthodoxes, l'enseignement du Gaon de Vilna marque toujours les esprits, notamment dans ce que l'on appelle alors la Lituanie (les Pays baltes actuels, la Biélorussie, la Russie du Nord-Ouest). Des doctrines analogues circulent chez les adversaires du Gaon, les Hassidim, devenus prépondérants en Ukraine, en Pologne, en Slovaquie. Le fondateur du mouvement, Rabbi Israël Baal Shem Tov, avait encouragé dès le milieu du XVIIIe siècle plusieurs groupes de fidèles à « monter » en Eretz-Israël : un premier noyau avait gagné Safed dès 1740, un second l'avait suivi en 1741, un troisième en 1764. Ses successeurs et héritiers – souvent qualifiés d'*Admorim* (« Seigneurs Maîtres »), ou de *Tsadikim* (« Justes ») – se comportent souvent en quasi-monarques héréditaires, s'entourent d'une cour, organisent un protocole complexe autour de leur personne : ce qui revient à « annoncer » l'arrivée prochaine du Roi-Messie, et donc le retour des Juifs en Eretz-Israël. L'un d'entre eux, Rav Israël de Sadigora, va jusqu'à imiter extérieurement le train de vie des aristocrates chrétiens : il vit dans un château, roule en carrosse, s'habille à l'anglaise, entretient de nombreux domestiques. Sa « dynastie » soutient, comme naguère le Gaon, l'immigration juive en Terre sainte.

Le Sépharade Yehudah Alkalaï, ne en 1798 dans un Sarajevo qui était encore une ville purement ottomane, élevé et éduqué chez les kabbalistes de Jérusalem, rabbin de Semlin en Serbie en 1825, puis grand rabbin de Bosnie, est le premier théoricien d'un État-nation juif. Sans doute est-il profondément marqué par l'irruption du « principe des nationalités » dans la géopolitique européenne et méditerranéenne, et tout particulièrement dans sa région d'origine, les Balkans (la Grèce est indépendante dès 1829, la Serbie autonome dès 1833). Mais il dispose également, fait rarissime chez les rabbins ou intellectuels qui débattent d'un éventuel retour des Juifs, d'une connaissance personnelle d'Eretz-Israël et d'une expérience des voyages modernes. Dès 1834, il publie un livre, *Shema Israël (Écoute, Israël)*, où il observe que « dans la mesure où l'esprit du temps exige que chaque peuple retrouve sa souveraineté et réhabilite sa langue, il exige également des Juifs de reconstituer leur centre national à Sion et de faire revivre leur langue sainte ». De même, « l'esprit du temps » autorisant désormais chacun à voyager comme il l'entend, et à embrasser la profession de son choix, rien ne s'oppose plus à ce que les Juifs se réinstallent en Terre sainte et y pratiquent l'agriculture. Une dizaine d'années plus tard, dans *Minhath Yehudah (L'Offrande de Judah),* il ne craint pas d'affirmer, en se fondant sur de nombreux textes bibliques et rabbiniques, que « la Rédemption commencera avec les efforts des Juifs eux-mêmes : ils doivent s'organiser, s'unir, se donner des chefs et quitter les pays de l'Exil ».

L'Ashkénaze Zvi Hirsch Kalischer est légèrement plus âgé qu'Alkalaï – il est né en 1795 –, et semble avoir envisagé une renaissance nationale juive en Eretz-Israël dès 1836. Mais c'est seulement en 1862 qu'il publie *Derishath Zion (La Quête de Sion),* un essai où il affirme, lui aussi, que les « débuts de la Rédemption » seront l'œuvre des hommes. Originaire de Posen (Poznan), une ville polonaise annexée par la Prusse en 1795 et largement germanisée, rabbin pendant quarante ans de la ville voisine de Thorn (Torun), Kalischer est frappé, comme Alkalaï, par la montée des nationalismes. En outre, il est très sensible aux tensions économiques, sociales et culturelles que subissent alors les communautés juives : paupérisation, assimilation. Le retour à Sion revêt donc, dans son esprit, un caractère d'urgence : il devrait permettre aux uns d'échapper à la misère, et aux autres de retrouver leur identité collective. Mais par la même occasion, il crée « les conditions de la Rédemption finale ». Disposant d'une assez large fortune personnelle, Kalischer passe les dernières années de sa vie de meeting en congrès, à travers toute l'Europe, pour défendre ses idées et « éveiller le peuple ». En 1870, il parvient à convaincre l'Alliance israélite universelle, le bras politique et éducatif de la communauté juive française, à ouvrir une école d'agriculture à Jaffa.

D'autres rabbins orthodoxes défendent des vues semblables : Eliahu Guttmacher, rabbin de Grätz et auteur de nombreux ouvrages consacrés à la Kabbale ; Nathan Friedland, un important décisionnaire polonais ; Yaakov Ettlinger, le chef de la communauté d'Altona ; Haïm David Hazan, le *haham bashi* (grand rabbin) sépharade de Jérusalem.

Les Juifs non orthodoxes, qu'ils se réclament de la Haskalah, de la Réforme ou du courant assimilationniste, ont d'abord été opposés par principe à l'idée d'un renouveau national ou d'un regroupement des Juifs dans leur ancienne patrie. Mais ils sentent peu à peu, eux aussi, que leurs réponses ne sont plus à la mesure d'une « question juive » qui ne cesse de s'aggraver. En 1862, l'Allemand Moses Hess, petit-fils de rabbin devenu journaliste socialiste, publie *Rome et Jérusalem*. Il commence par y exposer sa philosophie de l'histoire, une sorte de synthèse de Spinoza, de Herder et de Hegel : le monde, à la fois Matière et Esprit, est en constant devenir et s'élève sans cesse vers des niveaux plus hauts d'énergie et d'organisation ; l'époque moderne va donc vers le socialisme ; mais celui-ci ne peut se mettre en place qu'à travers des communautés vivantes, les nations et les ethnies. C'est ce qui justifie selon lui, au-delà du détour assimilationniste, le retour des Juifs au judaïsme, et celui du peuple d'Israël dans la terre d'Israël : « Après vingt ans d'éloignement, je suis revenu vers mon peuple », écrit Hess, avec des accents quasi religieux. « À nouveau, je partage la joie de ses fêtes et l'âpreté de ses préoccupations... Un sentiment que je croyais avoir effacé pour toujours revit en moi : la conscience de mon identité nationale, inséparablement liée à mon patrimoine ancestral, à la Terre sainte et à la Ville éternelle, où naquirent la croyance en l'unité divine de la vie et l'espoir d'une ultime fraternité entre tous les hommes. » Ce qui a suscité ce réveil, c'est le choc créé par l'antisémitisme : Hess mentionne

« l'affaire de Damas », une accusation de meurtre rituel remontant à 1840. « À l'époque, l'âme de tous les Juifs était bouleversée, et la mienne aussi. Je voulais crier. Mes émotions furent submergées par une autre compassion, celle que j'éprouvais pour les souffrances du prolétariat de l'Europe. » Hess affirme cependant que son propos n'est plus seulement désormais de prendre la défense de son peuple face aux persécutions, mais bien d'œuvrer à la « restauration d'Israël », qui assurera « le Shabbat de l'Histoire ». De cette « cause sacrée, aucun Juif, orthodoxe ou non, ne peut se désister, pas même les Juifs convertis ».

Dix à quinze ans plus tard, trois autres Juifs non orthodoxes se prononcent avec force pour la création d'un État-nation juif. Le premier, chronologiquement, est Peretz Smolenskine, un Juif russe réfugié en Autriche. Pendant presque toute sa vie, il s'est réclamé des idéaux libéraux, cosmopolites et rationalistes de la Haskalah. Mais dans les années 1870, face aux premiers pogroms russes, il change de ton : dans son journal en hébreu *Hashahar (L'Aube)*, il affirme que les Juifs doivent avant toute chose rester fidèle à leur « identité » de « nation spirituelle ». Puis, après une seconde vague de pogroms, beaucoup plus violente, entre 1881 et 1884, il prône l'émigration immédiate vers Eretz-Israël, en énumérant les nombreux points où elle serait « plus avantageuse qu'une émigration vers les États-Unis ou l'Argentine ». Il conclut sur ce constat : « Il ne nous manque plus qu'une seule chose – l'unité dans notre dessein. »

Leo Pinsker incarnait le mouvement assimilationniste russe. Riche, issu d'une famille « éclairée », il était allé dès les années 1840 au lycée impérial puis à l'université, curriculum alors rarissime chez les Juifs. Devenu médecin militaire, il s'était couvert de gloire en 1854, pendant le siège de Sébastopol, en combattant le typhus : le tsar Nicolas II, antisémite recuit, avait fait son éloge. En 1863, il avait fondé à Odessa, le « New York » de la mer Noire, l'Association pour la propagation de la culture parmi les Juifs (ORPME), dont le but était une russification complète : Pinsker souhaitait que les prières elles-mêmes fussent dites dans la langue du pays. Le pogrom qui dévaste Odessa en 1871 – et que le tsar libéral Alexandre II ne se hâte pas de réprimer – ébranle cependant ses convictions. Et ceux de 1881 achèvent de le convertir au nationalisme juif. Il convoque le bureau de l'ORPME, constate que celle-ci est désormais sans objet et en prononce la dissolution : « Il est vain de discuter des mérites respectifs de nos étudiants en vue de leur attribuer des bourses, alors que le peuple juif tout entier est attaqué. Il est vain d'assurer l'avenir de quelques individus alors que celui de millions d'hommes, de femmes et d'enfants est en péril. » Allant jusqu'au bout de sa démarche, il publie à Berlin – et diffuse clandestinement en Russie – un essai cinglant : *Autoémancipation*. Selon lui, l'antisémitisme n'est pas le résultat des préjugés, de l'intolérance, de la méchanceté humaine, mais une « maladie » de la civilisation occidentale et plus particulièrement de certaines nations, comme la Russie : « Quoi qu'il fasse... le Juif est considéré par les vivants comme un mort, par les autochtones comme un étranger, par les indigènes sédentaires comme un clochard, par les gens aisés comme un mendiant, par les pauvres gens comme un exploiteur millionnaire, par les patriotes comme un apatride, et par toutes les classes comme un concurrent qu'on redoute. » Le remède immédiat, pour les Juifs russes, consiste à émigrer, « là où ils le peuvent ». Mais le remède définitif, pour l'ensemble du peuple juif, serait d'élire un « congrès national » et d'obtenir des puissances un État indépendant, soit en Eretz-Israël, soit ailleurs.

Moshé Leib Lilienblum, Juif russe lui aussi, ex-talmudiste devenu militant de la Haskalah puis nihiliste, publie au même moment dans le journal juif russophone *Rassviet*, publié à Odessa, un article intitulé : « La question juive en général et la Palestine. » En termes froids, quasi machiavéliens ou quasi marxistes, il affirme que les pogroms « sont inévitables ». Élément étranger, les Juifs ne peuvent être tolérés qu'en remplissant certaines fonctions utiles, notamment sur le plan économique. Dès lors que la société d'accueil estime être en mesure de remplir elle-même ces fonctions, les Juifs sont rejetés. Et c'est, selon lui, ce qui arrive aux Juifs russes. La solution : « Une évacuation générale des Juifs d'Europe et leur retour dans la seule patrie que personne ne peut leur dénier, la Palestine. »

CHAPITRE 7

Suriya al-Junabiyya

Au milieu du quartier des théâtres et des cinémas, à deux pas de l'enclave chaude de Soho, Piccadilly Circus est célèbre, à Londres, pour ses enseignes lumineuses géantes et son monument : une fontaine surmontée d'un angelot aux ailes de papillon, muni d'un arc et de flèches. Rares sont les passants qui savent que cette statuette bizarre ne symbolise nullement Éros, le dieu du désir et du plaisir, comme ses attributs pourraient le laisser croire, et comme la légende locale le veut, mais l'amour chrétien. La fontaine, érigée en 1893, honore en effet Anthony Ashley Cooper, septième comte Shaftesbury, dit aussi plus simplement Lord Shaftesbury, éminent homme d'État conservateur, protestant austère et sincère, qui fit adopter les premières lois sociales britanniques dans les années 1840, y compris des mesures limitant le travail des enfants, et qui continua par la suite à militer pour l'amélioration de la condition ouvrière. Plus rares encore sont les Londoniens ou les touristes qui se rappellent de l'autre engagement moral et politique de Shaftesbury : la défense des Juifs. Le comte appartenait en effet à ce courant dit « évangélique », issu du calvinisme, selon lequel Dieu n'a jamais aboli Son alliance avec Son peuple. Exilés, abaissés, persécutés, les Juifs demeuraient « les Élus du Seigneur », comme le prouvaient, en dépit même de ces épreuves, leur vitalité et leurs talents : « La vitalité intrinsèque de la race hébraïque se réaffirme sans cesse, avec une étonnante continuité, observait-il. Tout en s'adaptant plus ou moins aux divers courants de la civilisation, le génie juif ne perd jamais ses caractères distinctifs et fait sans cesse preuve d'une admirable créativité. » À la fin des temps, Dieu rassemblerait à nouveau le peuple juif dans sa patrie. Ce Retour d'Israël précéderait celui de Jésus-Christ : le « Second Avènement ». En ce sens, le salut des chrétiens passait par celui de leurs « frères aînés dans la Révélation ».

Dès 1838, Shaftesbury obtient du Premier ministre libéral, le vicomte Palmerston, la création d'un consulat britannique à Jérusalem, dont l'une des missions sera explicitement de protéger la communauté juive locale face à « l'arbitraire des Turcs ». Deux ans plus tard, le *Times* rapporte qu'un « grand seigneur de l'opposition » mène une enquête systématique sur un éventuel « rapatriement » des Juifs en Terre sainte. Il s'agit de Shaftesbury, évidemment. Cette enquête, menée auprès des rabbins et des notables du Royaume-Uni, d'Europe continentale et de Russie, porte sur les points suivants :

« – 1. L'opinion des Juifs sur leur éventuelle restauration.
– 2. Jusqu'à quel point les Juifs sont-ils prêts à vivre en Palestine, et à y investir leur capital dans des activités agricoles.
– 3. Dans quel délai sont-ils prêts à partir.
– 4. S'ils peuvent payer leur voyage, étant entendu que leur sûreté et celle de leurs biens seraient assurées.
– 5. S'ils sont disposés à vivre sous l'autorité turque, étant entendu qu'ils disposeraient de la protection de la Grande-Bretagne, de la France, de la Russie, de la Prusse et de l'Autriche ? »

Les résultats de cette enquête semblent avoir été suffisamment éloquents – les milieux juifs traditionnels s'émerveillaient qu'on leur pose de telles questions en 1840, l'année où, selon le Saint Zohar et le Gaon de Vilna, la Rédemption devait commencer – pour que Palmerston envoie la note suivante à l'ambassadeur de Sa Majesté auprès de l'Empire ottoman :

La notion que l'heure d'un retour de leur nation en Palestine existe actuellement chez les Juifs dispersés à travers l'Europe...

Il serait manifestement de la plus grande importance pour le Sultan d'encourager les Juifs à revenir dans leur patrie et à s'y installer, dans la mesure où la prospérité que ce retour susciterait ne manquerait pas d'accroître les ressources de l'Empire... En outre, le peuple juif, s'il revenait en Palestine avec l'accord et la protection du Sultan, freinerait de façon décisive les projets néfastes que pourraient nourrir à l'avenir Méhémet-Ali ou ses successeurs... Je donne donc à Votre Excellence pour instruction de recommander fortement toute initiative encourageant les Juifs d'Europe à revenir en Palestine.

Les « projets néfastes de Méhémet-Ali » ? Tout est là, en effet. En 1840, l'Empire ottoman a failli être supplanté par un nouvel Empire islamique, centré sur l'Égypte : une province turque devenue pratiquement indépendante, que son vice-roi, un aventurier albanais nommé Mehmet Ali Pasha ou Méhémet-Ali, avait partiellement occidentalisée. Le sultan n'a préservé son trône et ses États qu'à la suite d'une intervention des quatre grandes puissances européennes, la Grande-Bretagne, la Russie, la Prusse et l'Autriche. Celles-ci sont donc bel et bien en mesure de faire valoir leurs droits ou leurs intérêts en Terre sainte. Des projets tendant à placer Jérusalem sous une tutelle internationale circulent dans les chancelleries. Pourquoi ne pas aller plus loin, et « suggérer » aux Ottomans la création, sous leur autorité, d'une nouvelle Judée ? La démarche de Shaftesbury n'aura pas de suite. Mais pour la première fois, la restauration nationale juive aura été examinée sous un angle purement politique.

Tout au long des années 1840 et au début des années 1850, Lord Shaftesbury continue à réunir des informations et des avis sur le retour éventuel des Juifs en Palestine : notamment en interrogeant les diplomates, voyageurs, ecclésiastiques et négociants britanniques qui sont de plus en plus nombreux à sillonner le Moyen-Orient. En 1853, à un moment où l'Empire ottoman, menacé cette fois par la Russie, doit à nouveau s'appuyer sur la Grande-Bretagne pour survivre, sa conviction est faite : ce retour sera d'autant plus aisé que la Palestine et l'ensemble de la

Grande Syrie, c'est-à-dire du Levant, sont « vides ». C'est ce qu'il écrit au Premier ministre de l'époque, le comte d'Aberdeen : « La Grande Syrie est une terre dépourvue de nation, qui a grand besoin d'une nation sans terre... Une telle nation existe-t-elle ? Assurément : et il s'agit tout simplement des maîtres anciens et légitimes du pays, les Juifs ! » Dans son journal intime, il revient sur cette formule : « Ces régions vastes et fertiles seront bientôt dépourvues d'un véritable souverain, sans pouvoir reconnu et valide... Ce territoire doit être assigné à quelqu'un d'autre... Nous avons d'une part un pays dépourvu de nation ; et Dieu nous envoie d'autre part une nation à qui il manque un pays. »

La plupart des témoignages littéraires ou semi-littéraires de l'époque concordent avec l'opinion de Shaftesbury : la plus grande partie du Levant et tout particulièrement la Palestine apparaissent comme des pays stériles et sous-peuplés, une « terre sans peuple ». Le Français François-René de Chateaubriand décrit ainsi la Terre sainte en 1806, dans *L'Itinéraire de Paris à Jérusalem* : « Jaffa ne présente qu'un méchant amas de maisons rassemblées en rond... Nous nous avançâmes dans la plaine du Saron, dont l'Écriture loue la beauté... Le sol n'offre de toutes parts que des chardons, des herbes sèches et flétries, entremêlées de chétives plantations... Çà et là paraissent quelques villages toujours en ruine, quelques bouquets d'oliviers et de sycomores... Nous découvrîmes Jérusalem par une ouverture des montagnes... Je croyais voir un amas de rochers brisés : l'apparition subite de cette cité des désolations au milieu d'une solitude désolée avait quelque chose d'effrayant ; c'était véritablement la reine du désert... »

Cinquante et un ans plus tard, en 1857, l'Américain Herman Melville n'observe pas autre chose : « Traversé la plaine de Saron en vue des monts Éphraïm... Contrée desséchée et désertique... Petit déjeuner près d'une mosquée en ruine... Stérilité de la Judée... Rouille blanchâtre qui envahit des portions entières du paysage – décoloré – lèpre – incrustation de malédictions... Le délabrement sans la grâce... La nudité absolue de la désolation... Jérusalem... La couleur de la ville tout entière est le gris et elle vous regarde comme l'œil gris et froid d'un vieillard froid... Aucun pays ne dissipe plus rapidement les rêves romantiques que la Palestine – en particulier Jérusalem. »

La même année, le consul britannique à Jérusalem, James Finn, écrit, dans une dépêche au comte de Clarendon, ministre des Affaires étrangères de Sa Majesté : « Le pays est vide d'habitants à un degré inimaginable ; il a besoin, avant toute chose, d'une population. » En 1867, un autre écrivain américain, Mark Twain, qualifie la Palestine de « pays imaginaire ». Il note que « la vallée de Jezréel », célébrée par la Bible, « n'existe plus » : « On ne trouve pas un seul village dans toute son étendue, sur trente miles au moins, quelle que soit la direction qu'on emprunte... Il y a bien deux ou trois campements de Bédouins, mais pas la moindre habitation permanente... On peut parcourir dix miles à cheval sans rencontrer plus de dix êtres humains ».

Un ecclésiastique anglais, le révérend Samuel Manning, renchérit en 1874, dans *Those Holy Fields* (*Ces saintes étendues*) : « Voici donc le Saron, dont la fertilité exquise et la beauté ont marqué à jamais l'esprit hébraïque. Je me demande, en la parcourant, où ses habitants ont bien pu résider autrefois. Cette plaine qui passe pour avoir été fertile et nourri une population immense n'est plus aujourd'hui qu'une solitude. Jour après jour, nous redécouvrons que l'ancienne prophétie s'est réalisée à la lettre : “ La terre est vide, en ruines et vide d'habitants. ” »

Le Français Pierre Loti, en 1895, relate encore que « la Galilée, au printemps, est ... en proie à la mélancolie de l'abandon, comme toute la Terre sainte... ». S'il est sensible, entre Gaza et Hébron, au « velours des champs d'orge » – la céréale classique des steppes et autres confins semi-désertiques –, « aux anémones rouges, aux iris violets et aux cyclamens roses », il n'en décrit pas moins la Palestine, pour l'essentiel, comme une « contrée infiniment silencieuse... toujours plus désolée et solitaire... », une « vaste et triste campagne à l'abandon, dont les ruines ne seront jamais relevées ».

Certes, Shaftesbury est l'un des principaux hommes d'État d'une Grande-Bretagne victorienne au faîte de sa puissance, qui règne sur le plus grand Empire colonial du monde : on est donc tenté, rétrospectivement, d'interpréter ses projets de retour des Juifs en Palestine comme un élément parmi d'autres d'une stratégie de conquête aux dépens des peuples non européens, et son concept d'une « terre sans peuple » comme la justification cynique d'une expropriation. De même, on peut mettre en doute la plupart des témoignages occidentaux, comme l'a fait l'universitaire américain d'origine palestinienne Edward Said, professeur de littérature à Columbia, dans un essai au vitriol paru en 1975, *L'Orientalisme*, leur prêter des présupposés idéologiques et tenter de leur opposer d'autres témoignages allant dans le sens opposé. Mais à terme, ce procès aboutit à un non-lieu. Le Levant et la Palestine font fait l'objet, depuis cent cinquante ans, et plus particulièrement au cours des cinquante dernières années, de nombreuses recherches démographiques, sociologiques ou historiques, menées aussi bien par des Proche-Orientaux que des Occidentaux. L'image qui en ressort est bien celle d'une région délabrée et à très faible densité humaine. À ceci près que la situation tend à s'améliorer après 1840 et surtout après 1880. Et que cette évolution positive, dans la seconde moitié du XIXe siècle, est liée avant tout au fort accroissement d'une population juive.

Au début du XIXe siècle, deux cent mille habitants à peine vivent entre la Méditerranée et le Jourdain. Vers 1880, trois cent mille. Soit 7 puis 10 habitants au kilomètre carré. Ce n'est pas le vide absolu, mais c'est très bas par rapport aux densités que ce pays avait pu connaître à la fin de l'Antiquité : six millions d'habitants et 214 habitants au kilomètre carré selon la projection la plus haute, celle de C. R. Condor, un million et 35 habitants selon la plus basse, celle de C. C. McCown. C'est également très bas par rapport aux densités du début du XXIe siècle : près de onze millions d'habitants, soit 392 habitants au kilomètre carré.

Cette démographie faible s'inscrit dans la dépopulation générale, tendancielle, que connaît alors le monde musulman. De nos jours, au XXe siècle et au début du XXIe siècle, l'islam fait figure de civilisation prolifique par excellence, à la fois en valeur absolue (de nombreux pays musulmans atteignent, dans les années 2000, un taux de fécondité maximal, égal ou supérieur à 7 enfants par femme) et en valeur relative (face à des pays occidentaux ou extrême-orientaux à croissance démographique faible ou nulle). Mais c'est là un phénomène récent, dû essentiellement à la diffusion d'une hygiène, d'une médecine et d'une pharmacie d'origine occidentale. Jusqu'à la fin du XIXe siècle, au contraire, le monde islamique ne cessait de stagner ou de régresser, face à un Occident ou à un Extrême-Orient en expansion.

Entre 1600 et 1900, la population globale de l'Europe et des pays de souche européenne quintuple, de 111 millions d'habitants à 512 millions. Celle de l'Asie non musulmane triple, de près de 300 millions à près de 900 millions. Mais la population islamique globale n'augmente que de 30 % environ, de 75 millions d'âmes à un peu plus de 100 millions. Le Maghreb passe de 5,5 millions en 1600 à 4,3 millions en 1700, puis 5,7 millions en 1800, et n'atteint 7 millions en 1900 qu'à la suite de l'arrivée des Français ; l'Anatolie, cœur de l'Empire ottoman, passe de 7 à 12 millions, mais cette poussée est largement le fait des minorités non musulmanes, notamment les Grecs et les Arméniens, dont le nombre double, de 2 à 4 ou 5 millions ; l'Égypte passe de 5 millions à 3,5 en 1800, pour remonter à 10 millions en 1900, en raison d'une influence européenne indirecte (sous Méhémet-Ali et ses premiers successeurs) ou directe (après la mise en place d'un protectorat britannique de fait en 1880) ; le Levant passe d'un peu plus de 2 millions vers 1600 à 2,5 millions en 1900, l'Irak de 1,2 million à 2,2 millions, l'Iran de 5 millions en 1600 à 6 millions en 1800, puis 10 millions en 1900 en raison d'un début d'occidentalisation.

Pourquoi cette double stagnation du monde islamique, tant par rapport à un Occident dopé par la modernité qu'à une Asie du Sud non musulmane ou un Extrême-Orient restés plus archaïques ? Les démographes ont avancé plusieurs facteurs, liés d'une façon ou d'une autre à la religion : la polygamie (qui retire du « marché de la reproduction » une partie importante de l'offre féminine, monopolisée par une minorité d'hommes, et conduit en outre, pour les femmes ainsi retranchées, à des opportunités de conception statistiquement plus faibles) ; l'esclavage (les esclaves ont en règle générale moins d'enfants que les personnes libres) ; des pratiques rituelles telles que les ablutions publiques et le pèlerinage (vecteurs d'épidémie) ; la résistance à des comportements prophylactiques tenus pour contraire à l'islam (notamment la quarantaine en cas d'épidémie) ; une diffusion plus lente des innovations médicales occidentales, faute de livres imprimés (permise aux non-musulmans, l'imprimerie est interdite aux musulmans entre le début du XVIe siècle et le début du XIXe, pour des considérations de pureté rituelle : les presses et les caractères doivent en effet être nettoyés, tout au long de cette période, avec des brosses dures en poils de porc ou de sanglier) ; et enfin l'instabilité politique chronique (l'islam, fondé sur une logique de « mieux disant » religieux, favorise la remise en question permanente des pouvoirs établis, donc le coup d'État et la guerre civile).

En Palestine, l'oliganthropie est aggravée par la désertification systématique de la côte, telle que les Mamelouks l'ont mise en œuvre, nous l'avons vu, entre le milieu du XIIIe siècle et le début du XVIe ; et une anarchie politique maximale.

Le Levant appartient à l'Empire ottoman. Mais celui-ci n'a rien, jusqu'aux années 1840, d'un État centralisé analogue aux monarchies européennes issues de la Renaissance. Le sultan ne gouverne réellement que les Balkans (la Roumélie ou « Turquie d'Europe ») et l'Anatolie (« Turquie d'Asie »). Ailleurs, il exerce au mieux une vague suzeraineté religieuse et militaire. Au XVIIe siècle et surtout au XVIIIe, de nombreux gouvernorats sont devenus quasi indépendants : c'est le cas des « régences » d'Alger, Tunis et Tripoli, mais aussi de l'Égypte, où les Ottomans ont en fait maintenu le régime mamelouk, du Hedjaz et du Yémen où ils se sont alliés aux dynasties locales sunnites ou chiites, en particulier les Hashemi et les Qassimi, et enfin du Levant, où ils se sont reposés à la fois sur des émirs autochtones, comme les Ma'n et les Shehab du Liban, et des podestats d'origine balkanique, comme Ahmad Pasha al-Jazzar (« le Boucher ») au Liban du Sud et au nord de la Palestine. Ces États semi-autonomes sont eux-mêmes fort précaires : pour survivre, ils doivent partager le plus clair de leurs prérogatives avec des entités plus rudimentaires encore, en particulier les confréries religieuses et les tribus bédouines. L'atomisation générale du pouvoir accroît, à tous les niveaux, l'arbitraire, l'insécurité, l'anémie économique. Elle accélère le délabrement ou l'involution économiques. Elle décourage une immigration éventuelle et encourage au contraire l'émigration.

Beshara Doumani, un historien palestino-américain, a consacré plusieurs ouvrages à son pays d'origine, notamment *Rediscovering Palestine*, une étude sur les milieux commerçants du Jabal Nablus (« Montagne de Naplouse »), la région centrale de la Cisjordanie actuelle, au XVIIIe siècle et au XIXe siècle. Son propos est de démontrer l'existence, dès cette époque, d'une société palestinienne spécifique, en dépit des « dimensions relativement réduites de la population et de l'activité économique ». Mais les faits qu'il relate ne plaident pas nécessairement dans ce sens. Voici, par exemple, comment il décrit les aléas de la situation locale dans les années 1770 : « Vers la fin de 1771, Zahir al-Omar, le potentat d'Acre, assiégea Naplouse. Cela faisait des années qu'il tentait en vain d'étendre son autorité sur cette riche cité marchande et son arrière-pays. Mais cette année-là, les choses se présentaient sous un nouveau jour. Les Mamelouks d'Égypte, ses alliés, avaient envahi la Palestine afin de marcher sur Damas... Le plus redoutable de ses ennemis, Othman Pasha, gouverneur de Damas, avait été remplacé par Mohammed Pasha Azm... Avant d'assiéger Naplouse, Zahir al-Omar avait réussi à s'emparer de Jaffa et à en expulser le gouverneur, Ahmad Tuqan... Il était prêt à administrer à ses adversaires un coup décisif... Mais quand il eut disposé ses forces autour de Naplouse, il dut faire face aux familles Nimr et Tuqan, qui avait armé de nombreux paysans... Après neuf jours d'escarmouches et une bataille rangée, Zahir al-Omar fut contraint de reconnaître que personne ne l'emportait. Il battit donc en retraite, mais non sans anéantir de nombreux villages qui avaient fourni des défenseurs à la ville. La première caravane qui quitta Naplouse pour Damas après le siège comptait, selon un témoin oculaire, une centaine de chameaux chargés de vêtements, de bobines de coton et de " bien d'autres choses ". Alors qu'elle faisait halte au caravansérail d'Uyun al-Tujjar, au nord de Jénine, elle fut pillée par les forces de Zahir al-Omar, et contrainte de les suivre à Acre, sa capitale... » Ces événements, rappelons-le, se déroulent à l'intérieur de ce qui est nominalement l'Empire ottoman. Le moins qu'on puisse dire, c'est qu'on est loin de « la paix du roi » : le minimum de paix intérieure et de sûreté des biens et des personnes qui donne sa légitimité et sa viabilité à un État. Des événements analogues se dérouleront en Palestine jusqu'à la fin des années 1830.

Réduite, chétive, la population palestinienne ne présente en outre aucune homogénéité. Linguistiquement, l'arabe sert d'idiome vernaculaire. Mais l'aristocratie militaire parle le turc ottoman. Et de nombreux groupes utilisent une seconde ou même une troisième langue, à caractère religieux, clanique ou communautaire : grec, arménien, araméen, copte, amharique, hébreu, ladino, yiddish.

Sur le plan religieux, un peu plus de 80 % des habitants passent au milieu du XIXe siècle pour être musulmans : mais ce terme recouvre aussi bien des sunnites de diverses obédiences, des chiites (en Galilée et à Naplouse) ou des druzes (en Galilée) ; un peu plus de 10 % sont chrétiens : mais là encore, cette appellation recouvre, comme dans tout l'Orient, des communautés extrêmement diverses, et souvent très hostiles les unes envers les autres, rattachées tantôt à l'orthodoxie ou à Rome, tantôt aux courants monophysites ou nestoriens, tantôt encore au protestantisme, à la suite de conversions récentes ; 5 à 7 %, enfin, sont juifs. Selon le système du *millet* (« nation »), les communautés religieuses sont également des entités administratives : outre le culte, elles gèrent l'état civil, l'enseignement, certains tribunaux, certains impôts, certaines missions de police.

La variété n'est pas moins grande en matière de lignages ou d'origines ethniques. Les fellahs, paysans sédentaires, passent pour avoir vécu dans le pays depuis la nuit des temps et des érudits verront bientôt en eux des descendants des anciens Israélites convertis au christianisme ou à l'islam, ou même les lointains héritiers des Cananéens : mais en fait, les villages les plus anciens n'ont souvent été créés ou recréés qu'au XVIe ou au XVIIe siècle, à l'époque où les Ottomans ont exercé un contrôle effectif sur la région et tenté de la repeupler, en transplantant des communautés d'autres régions de l'Empire (selon la pratique du *sürgün*, héritée des Assyriens et des Chaldéens) ou en fixant des clans bédouins venus de Transjordanie et même du plus profond de la péninsule arabique, y compris le Yémen. Cela est vrai non seulement des fellahs musulmans, majoritaires dans le pays, mais aussi des quelques communautés paysannes chrétiennes : notamment les villageois chrétiens des environs de Jérusalem, issus de tribus chrétiennes de Transjordanie.

Pour leur part, les habitants musulmans des bourgs et des villes affirment descendre des compagnons du Prophète et de manière plus générale les clans arabes qui ont conquis le Levant au VIIe siècle : c'est la variante locale d'une pieuse fiction qui a cours dans tous les milieux urbains du monde musulman, de l'Atlantique au Pacifique, du Maroc à l'Indonésie. Ainsi, le clan Nusseïbeh de Jérusalem se donne-t-il pour éponyme la Mecquoise nommée Nusseïbah qui, selon divers hadiths, plaida avec succès la cause de son sexe devant le Prophète ; et le clan Khalidi prétend-il être issu du vainqueur de la bataille du Yarmouk, Khalid ibn al-Walid. En réalité, ces familles, installées en Palestine entre le XIVe et le XVIIe siècle, sont généralement apparentées à la classe moyenne commerçante de Damas ou d'autres villes syriennes ou libanaises : dans bien des cas, ce sont d'ailleurs les « cousins » nord-levantins, beaucoup plus riches, qui détiennent réellement les terres ou le capital dont les Palestiniens n'ont que l'usufruit.

Surenchérissant dans la fiction mystico-orgueilleuse, les Husseini déclarent descendre du Prophète lui-même, par l'intermédiaire d'un certain Mohammed al-Badri, venu à Jérusalem en 1380. Chacun sait, cependant, que cette famille, d'origine soudanaise, ne s'est installée en Palestine qu'au XVIe siècle et a d'abord porté le nom d'Al-Aswad (« les Noirs »), avant de prendre son patronyme chérifien vers 1680 et de se « levantiniser » à travers une politique de *musahara* (« mariages croisés ») avec une famille sunnite de Beyrouth, les Salaam. Plus subtils, les Nashashibi, riches propriétaires fonciers des environs de Jérusalem venus au XVe siècle, préfèrent assumer leurs origines véritables, kurdes et circassiennes, suffisamment nobles en soi (Saladin, qui avait reconquis Jérusalem sur les croisés, était kurde).

Certains milieux musulmans urbains sont liés à l'Égypte : ce sont en général les familles qui, tout en pratiquant elles aussi le commerce, se consacrent aux études religieuses, à la fois par tradition et pour contrôler les fonctions de décisionnaire, juge, notaire, prédicateur ou chef de confrérie, qui constituent des leviers importants de pouvoir et d'influence – les Abu Lutf, Ibn Jamaa, Alami et Dajani de Jérusalem, les Akhrami et Khammash de Naplouse, les Taj al-Din al-Faruqi de Ramleh, les Timurtashi de Gaza. Bon nombre d'entre elles se sont fixées trop récemment en Palestine pour prétendre à une origine hégirienne. Pour consolider ou maintenir leur prestige, et donc leur position, elles envoient leurs fils, génération après génération, dans les meilleures écoles de théologie et de droit : Damas peut faire l'affaire sans doute, mais Le Caire, avec Al-Azhar, est une destination plus prisée encore. Les études coraniques supérieures durent alors, en moyenne, une quinzaine d'années : il va de soi que le jeune *alim* (« docteur ») noue des liens sur place. Au XIXe siècle, quand l'Égypte s'enrichit, se modernise et se dote d'une classe moyenne, cela conduit à des mariages et donc, là encore, à des alliances patrimoniales.

Les milieux urbains chrétiens entretiennent eux aussi la fable d'une présence très ancienne et ininterrompue en Palestine, et singulièrement à Jérusalem : ils seraient les descendants de « l'Église primitive » ou, à défaut, ceux des Croisés. En réalité, tout comme les autres habitants, ils se sont fixés dans le pays par vagues et accrétions successives, en fonction d'événements ou d'évolutions géopolitiques affectant l'ensemble du Proche-Orient ; et aucun clan ne peut prouver son implantation en deçà de l'époque mamelouke. Le groupe chrétien le plus ancien n'est d'ailleurs pas une famille, mais un ordre monastique européen, les franciscains, dont le pape Nicolas IV avait obtenu du sultan mamelouk Khalil l'installation au Saint-Sépulcre en 1292, quelques mois seulement après la chute du dernier État croisé, le royaume de Saint-Jean-d'Acre. D'autres monastères et couvents ont été créés par la suite : chaque confession chrétienne voulait disposer en quelque sorte d'une ambassade en Terre sainte. Derrière chacun de ces établissements, des laïcs se sont regroupés, par conviction ou intérêt : les grecs orthodoxes côtoient ainsi les grecs catholiques, les arméniens voisinent avec les géorgiens, les assyriens et chaldéens croisent les coptes d'Égypte et d'Abyssinie, les maronites séjournent près des latins de stricte obédience. Il n'était pas rare que telle maisonnée ou tel clan passe avec armes et bagages d'une Église en déclin à une Église en phase ascendante, sans se préoccuper de théologie. Sous les Mamelouks, les latins et les chrétiens d'Orient réunis à Rome étaient traités à la fois avec méfiance et respect. Les Ottomans avaient au contraire donné la préférence aux communautés chrétiennes traditionnelles de leur Empire : grecs et syriaques orthodoxes, arméniens. Au XVIIIe, les podestats du Levant, notamment Zahir al-Omar, favorisent les grecs catholiques.

La communauté juive de Palestine – en hébreu le *Yishuv* ou « Peuplement » – compte environ sept mille âmes en 1800, une dizaine de milliers d'âmes vers 1830. Les Sépharades sont encore majoritaires, mais la minorité ashkénaze, venue d'Europe de l'Est, se renforce rapidement. La loi ottomane interdisant en principe l'immigration de Juifs originaires de Russie ou d'Autriche, ces derniers, quand ils s'installent en Eretz-Israël, adoptent le vêtement sépharade, en particulier le caftan de soie ou de coton aux couleurs vives. Certains de leurs descendants observeront encore cette tradition au début du XXIe siècle, au moins pendant le Saint Shabbath.

Le gros du Yishuv vit alors dans les quatre « villes saintes » de l'intérieur du pays, Jérusalem, la Ville sainte par excellence, *Ir ha Qodesh*, mais aussi Hébron, où sont ensevelis les Patriarches (tant selon la Torah que la doctrine islamique), Tibériade, siège du dernier Sanhédrin, et Safed, la ville des mystiques. D'autres communautés, plus petites, parfois réduites à quelques familles seulement, existent sur la côte, notamment à Haïfa, et dans de petits villages, comme Peki'in, en Galilée. Matériellement, le sort de cette population est assez aléatoire. À Safed et en Galilée, les Juifs sont intégrés à l'économie locale : ils tissent le coton, principale production locale, cousent des vêtements, s'occupent d'orfèvrerie, se livrent au négoce dans la mesure où les Arabes, maîtres de cette activité, les y autorisent. Jusqu'au XVIIIe siècle, quelques

Le Temple de Jérusalem, d'après une gravure du XVIIe siècle. Centre de la vie nationale et religieuse des Hébreux sous les Rois, il est détruit par les Babyloniens en 587 avant l'ère chrétienne. Un second Temple, réplique du premier, est construit à l'époque perse et détruit par les Romains en l'an 70 de l'ère chrétienne. Selon la religion juive, il appartiendra au Messie de bâtir un troisième Temple, qui durera à jamais.

Le Mur Occidental ou Mur des Lamentations au début du XXe siècle. Seul vestige du Temple de Jérusalem, il est un lieu de pèlerinage et de prière. Une coutume veut que les fidèles glissent entre les pierres un billet – « kvitell » – auquel ils ont confié leurs peines et leurs espoirs. Les Juifs pieux ont toujours cherché à vivre à Jérusalem, de préférence à proximité du Mur, même dans des conditions de pauvreté et d'humiliation extrêmes.

L'office de la Pâque, célébré en plein air par des immigrants orientaux dans un nouveau quartier de Jérusalem, 1899. Depuis la fin du XIXᵉ siècle, les Juifs représentent plus de la moitié de la population de la Ville Sainte.

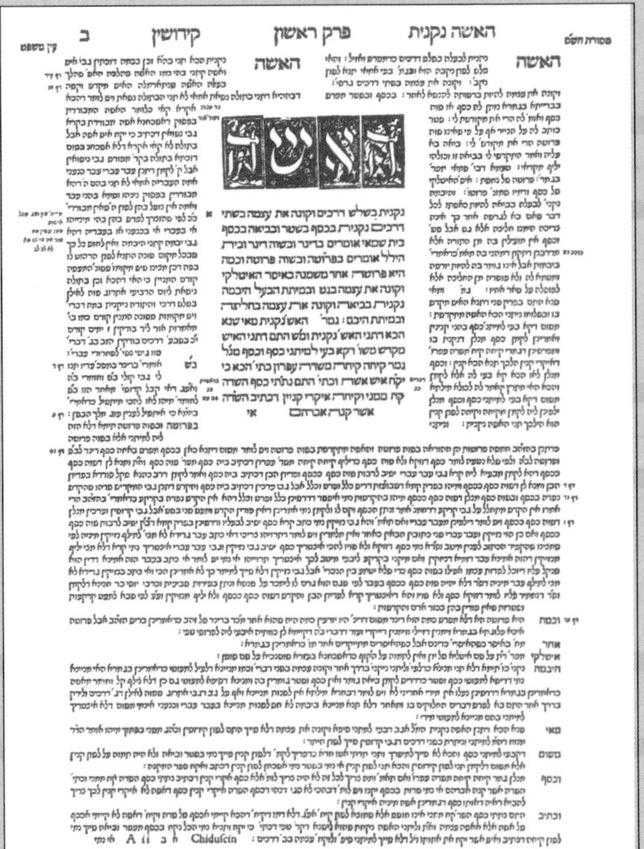

האשה נקנית פרק ראשון קידושין ב

האשה

Une page du traité talmudique Sanhedrin. Plus encore que les rites, c'est l'étude sacrée qui a maintenu l'identité juive à travers les siècles.

Les armoiries du baronet Montefiore,
premier Juif anobli en Grande-Bretagne.
© Eliana Gurfinkiel

Sir Moses Montefiore rend visite à une école de filles qu'il a fondée. Banquier richissime et ami de la reine Victoria, Montefiore fut tout au long du XIXe siècle un protecteur vigilant pour les Juifs de Terre sainte.
© Rue des Archives

Le moulin que Montefiore fit édifier dans le nouveau quartier juif de Yemin Moshé, à Jérusalem.
© Eliana Gurfinkiel

Des laboureurs juifs dans la plaine du Sharon, vers 1880. Installée dans des régions désertes et insalubres qu'elle saura mettre en valeur, cette nouvelle paysannerie sera la matrice de la nation israélienne moderne. Ci-dessous, les pères fondateurs du sionisme.
© Rue des Archives

Theodor Herzl
© Erich Lessing/Akg-images

Eliezer Ben-Yehudah
© Z. Radovan, Jérusalem

Arthur James Balfour
© Sipa

Le Rav Kook
© Akg-images

Vladimir Jabotinsky
© Z. Radovan, Jérusalem

Haim Weizmann
© Rue des Archives

L'étoile jaune, que tous les Juifs devaient porter sous le régime nazi.

Les victimes du pogrome de Kichinev, en Bessarabie russe, en 1903.

Arrivée d'un convoi de Juifs hongrois à Auschwitz, en 1944. La plupart de ces hommes, femmes et enfants seront gazés et incinérés dans les heures qui suivent.

Le drapeau israélien.
La justification première du sionisme est d'offrir un refuge à un peuple menacé de mort.

L'odyssée de l'*Exodus*, en 1947. Affrété en France par l'Agence juive, un paquebot panaméen conduit 4500 rescapés de la Shoah vers la Palestine. La Royal Navy l'arraisonne en pleine mer et transfère les passagers sur trois bateaux-prison, en vue de les renvoyer en Europe. Les passagers ayant refusé de débarquer en France (photo ci-dessus), ils sont finalement internés dans des camps près de Hambourg, au cœur de la zone d'occupation britannique en Allemagne. Cette affaire achève de discréditer le régime mandataire britannique en Palestine et contribue au vote par l'Onu, le 29 novembre 1947, d'une résolution prescrivant le partage du pays en deux États.

hommes d'affaires ont même été assez prospères pour exercer comme des fonctions semi-officielles auprès des gouverneurs et podestats ottomans : régisseurs, collecteurs d'impôts, banquiers. Les communautés de Jérusalem et d'Hébron vivent le plus souvent dans le dénuement : au point que les rabbins locaux les plus éminents sont contraints de partir régulièrement à Damas, à Constantinople ou en Europe, pour y collecter des subsides. Elles s'entassent dans des ghettos exigus, étouffants : s'il n'est pas formellement interdit aux Juifs de s'installer ailleurs, notamment en secteur musulman, ils courent néanmoins, en le faisant, le risque d'être maltraités à la première occasion. En 1842, un visiteur américain, le peintre William H. Bartlett, décrit ainsi le quartier juif de Jérusalem : « Le voyageur qui a eu, dans un premier temps, le courage d'inhaler l'air chargé d'infection qui stagne dans ces ruelles closes, et d'affronter ces senteurs putrides, n'a bientôt plus qu'un désir, s'en aller au plus vite, quels que soient ses sentiments de commisération envers la misère et la dégradation sociale de leurs malheureux occupants. » Les Juifs, qui forment alors près de la moitié de la population de Jérusalem intra-muros – sept mille habitants environ sur seize mille – sont consignés sur 20 % environ de la superficie.

Muhamad Muslih, autre historien américano-palestinien de premier plan, observe dans *The Origins of Palestinian nationalism*, qu'au XIXe siècle, la Palestine n'existe pas, en tant que pays ou entité sociopolitique, dans la conscience ou les « représentations » de ses habitants arabophones musulmans ou chrétiens. Le terme *Filastin* (dérivé du latin *Palaestina*) est parfois employé, mais ne revêt qu'une signification géographique ou littéraire très vague. L'appellation la plus couramment employée est celle de Terre sainte, *al-Ard al-Muqadasa*. On parle également, en termes strictement géographiques, de *Sham al-Janubi* ou de *Surya al-Janubiya*, c'est-à-dire de Syrie du Sud. Les loyautés locales vont d'abord au clan familial, puis au groupe religieux. Les musulmans ne respectent le Sultan qu'en tant que défenseur ou garant de la suprématie musulmane : ils seraient prêts à se rallier à n'importe quel autre souverain capable de jouer un tel rôle. Les chrétiens rêvent au contraire d'une revanche historique sur l'islam : la guerre d'indépendance grecque, de 1821 à 1830, puis, les années suivantes, l'autonomie de la Serbie et des principautés roumaines, montrent que c'est chose possible. Mais chaque confession se méfie des autres : les grecs orthodoxes songent à une restauration pure et simple de l'Empire byzantin, les arméniens à la reconstitution d'une Grande Arménie, du Caucase à la Méditerranée, les latins à un protectorat français. L'idée d'une « nation arabe » ou d'une « nation syrienne », dont la Terre sainte serait une subdivision, par opposition à une « nation turque » qui l'opprimerait, apparaît pendant le conflit entre le sultan et Méhémet-Ali : pendant neuf ans, de 1831 à 1840, l'Égypte occupe le Levant (*Bilad al-Sham*) et lui impose une administration relativement centralisée ; elle se renforce ensuite, sous l'influence des Européens, au fur et à mesure sur les élites qui commencent à fréquenter des écoles modernes. Nul sentiment, en revanche, d'une nation spécifiquement palestinienne. Les vice-royautés et autres principautés autonomes locales ont été trop précaires pour marquer les imaginations collectives. Doumani note qu'en 1799, al-Jazzar, qui a succédé à al-Omar à la tête du gouvernorat de Sidon et d'Acre, réussit à fédérer les musulmans contre l'incursion française, mais que les poèmes et chroniques composés à cette occasion ne le mentionnent guère, passent pratiquement sous silence le sultan ottoman et n'emploient jamais le terme de Palestine : il n'y est question que de la Communauté islamique en général et des petites fidélités de voisinage, centrées autour d'une ville ou d'un canton.

La seule communauté qui conçoit clairement la Terre sainte comme un pays, une entité politique, un État en puissance, ce sont les Juifs. Eretz-Israël n'a jamais quitté leur cœur, ni leur esprit. Ils en connaissent les frontières. Telles que la Bible les définit : Genèse, XV, 18-19 ; Exode, XXIII, 31 ; Nombres, I, 6-7 ; Nombres, XIII, 17-22 ; Deutéronome, XXXIV, 1-4 ; Josué,

XI, 16-17 ; Ézéchiel, XLVII, 15-20. Telle que le Talmud, plus pointilleux, les a redéfinies pour les temps présents, antérieurs à l'avènement du Messie. Jérusalem n'est pas tant pour eux une Ville sainte qu'une capitale. Soumis aujourd'hui, puisque Dieu l'a voulu, ils savent que la souveraineté leur reviendra demain, quand Dieu voudra. Et Dieu le veut. « La voix de l'Éternel brise les cèdres », dit le psaume XXIX. Elle brise et recompose l'ordre du monde et la hiérarchie des puissants.

Chapitre 8

Le moulin de Montefiore

– Sir Moses, au nom de la Télévision du Paradis, merci de nous accorder cette interview.

– C'est moi qui suis honoré.

– Sir Moses, quel âge avez-vous ?

– Au Paradis, on n'a plus d'âge.

– Pardon, Sir Moses, je me suis mal expliqué. Quel âge aviez-vous quand vous nous avez rejoints ? Votre âge pour l'éternité, en quelque sorte...

– Je suis né à Livourne, en Italie, en l'an 5545 de l'ère hébraïque, ou 1784 selon le comput des chrétiens. Les anges du Seigneur m'ont définitivement ravi au monde d'En Bas à Londres, en Angleterre, l'an 5644 de l'ère hébraïque, ou 1885 de l'ère chrétienne. J'ai donc vécu près de cent ans.

– Vous ne vouliez pas quitter le monde d'En Bas ?

– Aucune âme ne le désire, vous le savez bien. Pas plus la mienne qu'une autre. Les anges sont venus me chercher à plusieurs reprises, munis du décret divin m'enjoignant de les suivre. Je refusais. Et chose rare, ils finissaient par repartir sans moi. Sauf la dernière fois, bien sûr.

– Chose rare, en effet. Quel argument leur opposiez-vous ?

– Je leur demandais qui, moi parti, s'occuperait des Juifs d'Eretz-Israël, de Russie, de Roumanie. Ils ne savaient que répondre. Une voix céleste leur enjoignait alors de me laisser, une fois encore.

– Et la dernière fois ?

– Le Saint, Béni soit-Il, m'a envoyé un carrosse de lumière. Je ne voulais toujours pas partir. Il m'a dit alors à l'oreille, dans un murmure : « La Rédemption a commencé. Je vais bientôt libérer le peuple juif. Ta place est désormais près de Moi. Viens ! » Je suis monté dans le carrosse.

– Parlez-nous de votre enfance, de votre jeunesse.

– Mes parents, Italiens d'origine sépharade, s'étaient installés à Londres en 1758. En ce temps, les Anglais cherchaient à attirer quelques Juifs chez eux. Par superstition, en quelque sorte : l'Espagne avait décliné en chassant ses Juifs, la Hollande et l'Italie du Nord, en les accueillant, étaient montées en puissance ; il fallait donc, pour qu'Albion grandît à son tour, qu'elle eût sa propre communauté. C'est surtout Venise et Livourne qui fournissaient des émigrants : les Ricardo, les Disraeli, les Cohen, les Sebag, et enfin, notre famille, les Montefiore. Beaucoup d'entre eux abandonnèrent le judaïsme dans leur nouveau pays. Les pères étaient encore fidèles à la Torah, les fils ne pratiquaient plus, les petits-fils embrassaient la foi anglicane. Nous autres, Montefiore, appartenions au milieu le plus conservateur. Nos armoiries, reçues jadis en Espagne, conservées en Italie, portaient un lion, symbole de zèle religieux, un cèdre, allusion au Temple, et des collines, rappel des montagnes de Judah. Nous ne pouvions trahir un tel héritage.

– Vos parents étaient retournés en Italie lors de votre propre naissance ?

– Pour quelques mois seulement. Ils sont vite rentrés à Londres, où j'ai grandi. Mes sept frères et sœurs sont nés à Londres. Nous habitions à Vauxhall, au centre de la ville. Près de la Bourse, des banques et des synagogues. Nous respections le Shabbath, les fêtes, les lois alimentaires, même si nous étions moins stricts que les Juifs du continent. J'ai reçu une double éducation : anglaise et hébraïque. Je lisais dans le texte la Bible, le Talmud, Maïmonide.

– Vous êtes devenu très riche.

– Je n'avais guère le choix. Les Juifs n'avaient alors que deux droits en Angleterre, garder leur religion et faire fortune. Le reste nous était encore interdit. Il est vrai que tous n'y parvenaient pas. Mon frère Abraham fit faillite, par exemple. Je suis devenu agent de change à vingt ans, après un apprentissage chez des marchands de thé chrétiens, Johnson et McCulloch. Je me suis tourné vers les assurances, l'éclairage au gaz, ce genre de choses. Mon mariage m'a beaucoup aidé : par ma femme Judith, aussi belle que bonne, je suis devenu un proche parent de Nathan Meyer Rothschild, puis son associé.

– Dès 1824, à l'âge de quarante ans, vous avez pris votre retraite.

– Disons que j'étais assez riche pour surveiller le travail des autres. Et me consacrer au bien public.

– Vous avez milité pour l'abolition de l'esclavage.

– En effet.

– Ne soyez pas modeste ! Nous sommes au Paradis, que diable... Oh ! pardon...

– Le Parlement anglais voulait bien abolir cette institution immorale. Mais cela allait à l'encontre du droit de propriété. Il fallait dédommager les esclavagistes, et cela coûtait cher.

– Et donc ?

– Nathan Meyer Rothschild et moi avons avancé une partie de la somme, sur nos fonds privés. De nombreux chrétiens aisés nous ont imités. Les propriétaires ayant été dédommagés rubis sur l'ongle, l'esclavage a été aboli en 1837 dans toutes les possessions de la Couronne.

– C'est à ce moment que vous avez rencontré la reine Victoria.

– Je l'avais connue quand elle n'était encore qu'une toute petite fille, nièce du roi Guillaume IV. En 1828, sa mère, la princesse de Kent, souscrivit une assurance en son nom auprès de ma compagnie. Je rendis une visite de courtoisie. Par une inspiration subite, j'apportai une poupée pour la demoiselle, qui devait avoir neuf ans. Cela ne se faisait pas vraiment. Mais... n'ayant pas d'enfants moi-même, j'avais eu envie de faire ce cadeau. Victoria était ravie. En 1835, devenue une jeune fille et l'héritière du trône (quatre héritiers mieux placés étaient morts), elle se souvenait de moi et me marqua de l'amitié. Si bien que je lui fis un second cadeau. À cette époque, elle était assez malheureuse, dédaignée par le roi, chapitrée par sa mère et l'ambitieux Sir John Conroy, le bon ami de cette dernière, qui se voyait déjà régent du Royaume. Judith et moi offrîmes à Victoria la clé de notre maison de Ramsgate, et surtout du parc, où elle pouvait s'isoler à sa guise. En 1837, elle monta enfin sur le trône. À dix-huit ans seulement... Ce ne furent que bals, fêtes et flirts. Le Premier ministre, le vicomte Melbourne, vint me trouver : « Je passe, Montefiore, pour être en quelque sorte le père adoptif de Sa Majesté, mais elle ne m'écoute guère sur le sujet du mariage. On m'a rapporté qu'elle vous regarde comme une sorte de vague oncle adoptif : vous aurez peut-être de l'influence sur elle. Je m'arrangerai pour qu'elle vous voie. Arrangez-vous pour lui dire qu'Albert de Saxe-Cobourg est un homme estimable. » J'obéis. La reine, sur mon insistance, revit Albert, qu'elle avait entrevu naguère. Cette fois, elle en tomba amoureuse. Et l'épousa. Melbourne, ravi, me fit savoir que Sa Majesté me regardait comme l'agent de son bonheur. Je lui avais donc fait un troisième cadeau, plus précieux encore que les précédents.

– Victoria vous témoigna immédiatement sa reconnaissance.

– Oui, en m'anoblissant. C'était là un geste sans précédent. Les Juifs ne disposaient alors en Angleterre que de droits civils. Ils étaient encore exclus du Parlement, de l'armée, des universités, de presque toutes les fonctions publiques, et bien sûr de l'aristocratie. Mais Victoria fit de moi un chevalier puis un baronet. Le fait que j'aie été élu, entre-temps, *Sheriff* de Londres, lui servit de prétexte.

– Qu'avez-vous ressenti, quand la reine vous a adoubé ?

– Cela s'est passé au Guildhall, le siège de la Cité de Londres. Je me suis agenouillé devant Sa Majesté. Elle a posé le plat de son épée sur mon épaule puis a prononcé la formule traditionnelle : « Levez-vous, Sir Moses ! » Un tumulte d'émotion a traversé mon cœur et mon âme. J'ai levé les yeux : les armes de ma famille avaient été déployées, avec celles des autres gentilshommes de la Cité. J'y avais ajouté deux bannières portant, en lettres hébraïques, le nom de Jérusalem. Rentré chez moi, j'ai noté ceci dans mon journal intime : « Puisse l'honneur que me confère aujourd'hui notre très gracieuse reine n'être que le signe avant-coureur d'un âge faste pour tous les Juifs. Bien que je sois conscient de mon indignité, je demande au Tout-Puissant de me conduire et de me guider dans le bon chemin et de m'aider à observer et maintenir Sa Sainte Loi. »

– Dieu a exaucé votre prière, Sir Moses.

– En dépit de mon indignité... Pendant un an, j'ai dû me consacrer entièrement à mes fonctions de *Sheriff*. Ce qui impliquait un nombre infini de réceptions, de dîners d'apparat (où je ne mangeais pas grand-chose) et d'autres cérémonies de ce genre. Je voyais sans cesse la reine, les princes, les ducs, le primat de Cantorbéry, les évêques d'Angleterre. Quand ce fut fini, Judith et moi sommes partis pour Eretz-Israël.

– Votre second voyage.

– Oui. Nous y étions allés une première fois en 1827. La route, de Jaffa à Jérusalem, avait été assez... romantique. Çà et là, nous avions aperçu des citronniers, des grenadiers, des orangers, des figuiers. Mais Jérusalem nous avait brisé le cœur. Un amoncellement de ruines. Je m'attendais à chaque pas de voir surgir entre deux murs effondrés le renard dont parle Rabbi Akiva, dans le Talmud...

– Vous fréquentez beaucoup Rabbi Akiva, maintenant que vous êtes au Paradis ?

– Chut ! Vous savez bien que la Télévision céleste n'est pas autorisée à aborder certains sujets...

– Oh ! pardon...

– En fait de renards, nous vîmes beaucoup de chats efflanqués, à tête triangulaire, des chats comme on en voit dans la statuaire égyptienne...

– Vous aviez visité, cette année-là, la mosquée d'Omar ?

– Oui. Ce qui avait fait scandale, pendant un jour ou deux, dans la communauté juive : l'usage est en effet de ne pas marcher sur l'emplacement du Saint des Saints. J'avais fait savoir que j'avais agi de bonne foi, en me fondant sur Maïmonide, qui est d'un avis différent. On m'avait pardonné. Depuis, je n'ai plus jamais gravi le Mont du Temple.

– La condition des Juifs vous avait attristé, en 1827 ?

– Leur misère matérielle, leur entassement dans quelques venelles obscures et malpropres, les vexations et les persécutions que leur infligeaient les musulmans et les chrétiens... Vous savez l'importance que les ablutions rituelles revêtent pour les Juifs pratiquants : les musulmans s'étaient réservé le privilège d'aller puiser de l'eau et de la vendre. Judith et moi avions distribué des aumônes à nos frères, des présents aux autorités. Mais nous nous étions sentis bien impuissants face aux besoins des uns et à la dureté des autres.

– Ce premier voyage avait renforcé votre foi religieuse ?

– La Terre d'Israël, Jérusalem, le pays de nos pères et de nos mères, qui sans cesse revenaient dans nos prières, nos espoirs et nos désespoirs, avaient pris un autre relief. Et nous y avions rencontré d'autres Juifs, nos frères et nos sœurs, qui enduraient tout pour y habiter. Judith et moi avons alors pris la décision d'être plus profondément Juifs, nous aussi. Nous avions été jusque-là des conservateurs, attachés aux traditions ; nous fûmes dorénavant des orthodoxes, attachés à la Torah vivante.

– Comment s'est passé votre second voyage, en 1838 ?

– Bien des choses avaient changé en douze ans. L'Europe et particulièrement l'Angleterre pesaient désormais d'un grand poids en Orient. Lord Palmerston, le ministre des Affaires étrangères, enjoignit personnellement aux ambassadeurs et consuls britanniques de Paris, Florence, Rome, Malte, Alexandrie et Constantinople, ainsi qu'au commandant de la flotte britannique en Méditerranée, de se mettre à notre disposition. Les Turcs et les Égyptiens, qui étaient quasiment en guerre, savaient qu'ils devaient nous respecter. C'était l'action de la Providence, car le sort de nos frères de Terre sainte n'avait cessé par ailleurs de se dégrader, chaque puissance ismaélite se vengeant sur eux de ne pouvoir abattre l'autre. En fait, quand nous arrivâmes dans le Levant, la peste faisait rage, emportant quarante personnes par jour ; les musulmans et les chrétiens d'Orient accusaient les Juifs de la propager, ce qui fournissait un prétexte pour les vendre en esclavage, par familles entières.

Moins de deux ans plus tard, à Damas, on allait les accuser de meurtre rituel.

– Vous avez débarqué à Sidon ?

– Oui, l'Amirauté britannique jugeait que c'était plus sûr. Nous descendîmes à dos de mule vers Eretz-Israël. Les Juifs accouraient à notre rencontre. Les Égyptiens, alors maîtres du pays, nous rendaient les honneurs. Nous distribuions les secours, les présents, comme en 1827. Mais cette fois, nous arborions le drapeau anglais et notre bannière de baronet. L'honneur que Victoria nous avait fait devait au moins servir à intimider les ennemis d'Israël. Les musulmans et les chrétiens pauvres, dans leur simplicité, admiraient surtout que nous bravassions la peste. Des chefs arabes organisaient des fêtes pour nous : danses, courses de chevaux, pétarades. Les foules criaient : « Les voici ! Notre bonheur est arrivé ! » L'un des chefs offrit à Judith de faire le tour de son harem. Elle déclina cette offre, par respect pour les dames qui y étaient recluses.

– Et à Jérusalem ?

– Toutes les communautés venaient à nous. Juifs, chrétiens, musulmans. Nous donnions à tous. J'intervins auprès du pacha égyptien pour que les paysans arabes fussent libérés de leurs dettes, de leurs impôts : quelle que fût la somme due, je la payais. Il me fit observer que ces paysans étaient des serfs héréditaires. Eh ! quoi, j'avais contribué à l'affranchissement des esclaves africains, je pouvais bien faire de même pour les Enfants d'Ismaël ! Je montais dans l'heure un plan financier pour les affranchir, moyennant un versement annuel à l'État représentant le double des sommes dues par ces malheureux. En fait, plus je considérais le pays, plus il m'apparaissait que derrière sa misère, la richesse pointait. Si arriérés que fussent les fellahs, si abandonné que fût le pays, ils savaient prendre soin des oliviers et de la vigne, cultiver çà et là, sur d'étroites terrasses aménagées au flanc des collines, du blé, de l'orge, des lentilles. Nul doute qu'avec un peu de travail et de méthode Eretz-Israël ne redevînt un opulent jardin. De nombreux Juifs me dirent qu'ils voulaient cultiver le sol, eux aussi. Seules les lois oppressives les en empêchaient. J'entrevis qu'avec l'aide de l'Europe et de ceux qui, parmi les Juifs européens, avaient reçu de Dieu, comme moi, quelque aisance, Israël et Ismaël pouvaient, ensemble, faire refleurir ce qui n'était plus qu'un désert. Le retour du premier devait être une bénédiction pour le second.

– Après 1838, vous êtes souvent retourné en Terre sainte ?

– En 1849, 1855, 1857, 1866. Toujours avec Judith. Et la dernière fois, en 1875, sans elle, hélas...

– Mais quel âge aviez-vous en 1875, Sir Moses ?

– Quatre-vingt-onze ans. Eh, il fallait bien que je tinsse à distance les anges du Seigneur, qui sans cesse venaient me convoquer...

– Le pays changeait, mais votre générosité ne diminuait pas.

– Le pays changeait, parce que le monde entier changeait. Les Juifs affluaient, les Arabes prospéraient. Quant à ma générosité... Dieu m'a remis Sa richesse en dépôt, je l'ai fait fructifier en bon banquier. Mais Dieu ne compte pas comme les humains. Gagner de l'argent, pour Lui, c'est le remettre à celui qui en a besoin. J'ai suivi ses instructions. Parfois, d'ailleurs, l'argent du Seigneur me parvenait par des voies surprenantes. Il y avait en Amérique un Juif sépharade très riche, plus riche que moi, Judah Touro. On ne sait rien de lui, sauf qu'il était orthodoxe et sans enfants, lui aussi. Il distribua toute sa fortune à des fins de charité, pour les Juifs et les Gentils. Il me confia dans son testament une somme destinée à la création d'un quartier salubre pour les Juifs de Jérusalem, à l'extérieur des murailles. J'exécutai sa volonté. Et, ne voulant pas être en reste, créai un second quartier à proximité, sur mes propres deniers.

– L'emplacement que vous avez choisi est magnifique, juste en face du mont Sion...

– Oui, il n'y a que la vallée du Hinnom à traverser, *Gey Hinnom*, la géhenne, l'Enfer...

– Que voulez-vous dire ?

– Que ce n'était toujours pas facile à un Juif, même respecté, d'acheter un lopin de terre à Jérusalem en 1855. J'ai cru revivre une scène célèbre de la Bible : le marchandage entre Abraham et Efron le Hittite, à propos de la caverne de Makhpelah.

– Vraiment ?

– Notre père Abraham voulait acquérir cette caverne, à proximité d'Hébron, pour y ensevelir notre mère Sarah, qui venait de mourir. Selon la Genèse (XXIII, 1-20), Efron, le propriétaire, rétorque qu'il est prêt à *offrir* ce lieu. Abraham insiste, sollicite l'appui du « peuple du pays », c'est-à-dire des notables. Le Hittite consent enfin à une vente en bonne et due forme pour la somme de quatre cents sicles d'argent, non sans ajouter avec un grand sourire : « Une telle somme a-t-elle la moindre importance, entre deux amis ? » Or un sicle – *shekel* en hébreu, d'une racine signifiant « peser » –, c'était alors un lingot : le sens de pièce de monnaie, que ce mot revêt par la suite dans la Bible, est beaucoup plus tardif.

– Une somme extravagante.

– En effet. Mais le prix juste n'existe pas. Tout prix est un compromis entre l'offre et la demande. Si la demande est forte...

– Et vous avez dû passer par une transaction analogue, Sir Moses ?

– Je vois, en effet, un emplacement qui conviendrait tout à fait à mes projets. Un petit pont de l'époque mamelouke permet de traverser le Hinnom à cet endroit : si j'y installe des Juifs, ils peuvent gagner leur quartier de la Vieille Ville en une vingtaine de minutes seulement. Je me renseigne : la colline appartient à Ahmed Agha Dizdar, le gouverneur de Jérusalem. Voilà, ai-je pensé, qui va simplifier mes démarches. Dizdar sait qui je suis et a d'ailleurs reçu de Constantinople l'ordre de me traiter avec déférence.

– Mais le bonhomme est rusé...

– Vous avez deviné. Je lui rends visite. Il m'offre le café à la cardamome, me cajole, me complimente. Il ne vendra jamais ces terrains, dit-il, même pour « des milliers de livres sterling », parce que c'était un héritage de ses aïeux ; mais se déclare prêt à me les offrir gracieusement.

– Le langage même d'Efron.

– En vérité. Et je lui réponds comme Abraham : que son prix sera le mien, mais que je veux une vente conforme à la loi ottomane. Il se récrie, met la main sur le cœur : je me retire en prétextant une visite auprès d'ecclésiastiques protestants, et charge une personne de ma suite, Leopold Loewe, de continuer la négociation. Dizdar fait traîner les choses jusqu'au soir, puis observe soudain : « Si Sir Moses veut bien me laisser un souvenir d'une valeur de mille livres sterling, nous pouvons aller sans plus attendre chez le cadi pour dresser l'acte officiel. » Mille livres sterling valaient largement, en 1855, les quatre cents sicles de la Genèse : cette somme couvrait alors pour dix ans les dépenses d'une famille anglaise de la classe moyenne.

– Et c'est ainsi que vous avez bâti Mishkenoth Shaananim (« Les Résidences de la Sérénité ») et Yemin Moshé (« La Droite de Moïse »). De surcroît, vous avez doté ces deux villages d'un moulin.

– Oui. Il y a tant de vent à Jérusalem. Tant d'énergie. Spirituelle et matérielle. Vous savez qu'en hébreu, « esprit » et « vent », c'est le même mot. Domestiquer le vent pour servir les vivants, domestiquer l'esprit pour servir Dieu.

– Votre moulin est toujours là, Sir Moses.

– Qui l'aurait cru...

– De tous vos voyages, le plus marquant ?

– S'il ne s'agit que de Judith et de moi, 1827. Mais pour Eretz-Israël, 1838. Tout a basculé à ce moment, vous savez... Aux environs de 1840.

– Merci, Sir Moses.

– Merci de votre intérêt. Quand allez-vous diffuser cette interview ?

– Éternellement, Sir Moses. C'est la Télévision du Paradis.

– Où avais-je la tête. Pardonnez-moi, j'ai presque cent ans.

CHAPITRE 9

Les sceaux de la prophétie

Mystérieuse année 1840... Tout converge donc, cette année-là, pour « briser les sceaux de la prophétie » et ouvrir Eretz-Israël au peuple d'Israël.

Sauvé par les Européens, l'Empire ottoman dépend désormais, comme le notent Lord Shaftesbury et Sir Moses Montefiore, de leur protection. Or la première exigence des nouveaux maîtres est d'intervenir *ad libitum* en faveur des sujets non musulmans du sultan, soit par extension des « capitulations » ou privilèges d'exterritorialité concédés autrefois aux consuls européens, soit plus simplement en se faisant entendre, dès qu'ils le jugent bon, par le souverain ottoman et ses représentants. La France, traditionnellement, prend en charge les catholiques et les autres chrétiens unis à Rome. La Russie exerce son patronage sur les orthodoxes. La Grande-Bretagne se préoccupe des protestants, peu nombreux, mais aussi des Juifs. Plus tard, l'Autriche, l'Italie, l'Allemagne et les États-Unis exerceront également leur influence. À Jérusalem, les Britanniques ont été les premiers à établir un consulat. Ils seront suivis par les Prussiens en 1842, les Français et les Piémontais en 1843, les Américains en 1856 et les Russes en 1857, puis les Autrichiens, les Grecs, les Norvégiens, les Persans. À la fin du XIXe siècle, on comptera plus de consulats en Terre sainte que partout ailleurs dans l'Empire ottoman.

Pour survivre face à l'Occident, pour retrouver sa souveraineté, l'Empire ottoman doit, il le sait, s'occidentaliser, procéder à des réformes profondes : celles-là même que Méhémet-Ali a mises en place en Égypte. Dès 1826, le sultan Mahmud II s'était débarrassé du corps des janissaires, qui s'opposait à la mise en place d'une armée de type européen, analogue à la nouvelle armée égyptienne. En 1830, il proclame l'égalité civile entre ses sujets. Son successeur Abdülmecid Ier lance en 1839 le *Tanzimat* ou « Réorganisation », un programme d'européanisation progressive mais systématique des mœurs, des lois et des pratiques administratives. Mais ces dispositions auront des « effets paradoxaux » – « sérendipiques », pour reprendre un terme anglais, c'est-à-dire conduisant à l'inverse de l'effet recherché – et ne feront en fait que renforcer les non-musulmans au sein de l'Empire.

C'est le cas de la loi sur la propriété foncière, promulguée en 1858 dans le cadre du Tanzimat, qui substitue des titres individuels de propriété, fondés sur un cadastre, aux jouissances et transmissions coutumières et souvent claniques jusque-là en vigueur. Sa finalité première est de mieux asseoir l'impôt et donc d'accroître les revenus de l'État. Mais elle permet par ailleurs aux non-musulmans, tant Ottomans qu'étrangers, d'acquérir des biens fonciers sans autres limites que l'offre et la demande.

Il en va de même avec la loi des vilayets, promulguée en 1864, qui remplace définitivement les anciennes vice-royautés et principautés, de type plus ou moins féodal, par un cadre administratif bureaucratique et hiérarchisé, de type occidental : les *vilayets* ou provinces, les *sandjaks*, départements ou comtés, et les *akdiyets* ou cantons. Là encore, la principale finalité est de placer réellement l'ensemble de l'Empire sous l'autorité du sultan. Mais dans la mesure même où elle renforce l'autorité du gouvernement central ottoman, elle élargit la capacité d'intervention des puissances occidentales en faveur des non-musulmans, tant Ottomans qu'étrangers. Trop faiblement peuplée, la Palestine n'est pas érigée en vilayet de plein droit, mais divisée en trois sandjaks, Acre, Naplouse et Jérusalem, rattachés au vilayet de Beyrouth. En 1887, le sandjak de Jérusalem est transformé en *mutasariflik*, district spécial rattaché au gouvernement central ottoman de Constantinople : ce qui accroît un peu plus encore l'influence étrangère.

Un troisième facteur qui, à partir des années 1840, contribue à ouvrir, déverrouiller, Eretz-Israël : l'accélération des transports. En 1798, il avait fallu quatre mois – du 4 mai au 10 septembre – à Rabbi Nahman de Breslev, « prince » du hassidisme mais homme pauvre, pour se rendre d'Ukraine en Eretz-Israël. Il avait dû voyager en carriole et en barge jusqu'à Odessa, un nouveau port russe sur la mer Noire, emprunter un bateau à voile jusqu'à Constantinople, puis un autre de Constantinople à Haïfa. En 1827, il faut cinq mois et demi aux richissimes Moses et Judith Montefiore, du 1er mai au 17 octobre, pour effectuer un trajet comparable, de Londres à Jérusalem : calèche ou mule sur terre, voilier sur mer. Il est vrai qu'ils font halte ici et là, y compris en Égypte, où ils sont reçus pendant trois quarts d'heure par Méhémet-Ali en personne. Mais vers 1870, les plus fortunés des Européens peuvent aller en Terre sainte en moins de deux semaines. Et une décennie plus tard, vers 1880, une semaine environ suffit, tant pour les riches que les pauvres, tant à partir de la Russie ou de l'Europe occidentale : soit seize fois moins de temps qu'à la fin du siècle précédent. De Saint-Pétersbourg, Moscou ou Varsovie, on peut désormais gagner Odessa en un jour et une nuit, puis Constantinople en deux jours, et enfin traverser la Méditerranée orientale en trois jours. C'est la machine à vapeur, mise en service vers 1750 en Grande-Bretagne, qui a permis cette évolution. Ou plutôt deux de ses applications, imaginées dans les premières années du XIXe siècle, mises au point dans les années 1820, et qui ont commencé à se généraliser dans les années 1830 et 1840 : le chemin de fer, où un moteur roulant, la locomotive, entraîne un chapelet de voitures à cinquante, quatre-vingts et bientôt cent kilomètres à l'heure, sur des rails métalliques fixes ; et le navire à vapeur, ou steamer, où un autre moteur assure la progression du bâtiment en activant des roues latérales puis des hélices.

Les chrétiens sont les premiers à tirer profit de la « révolution de 1840 » : en fait, la période 1840-1948 apparaît même, à bien des égards, comme un « siècle franc », une nouvelle ère « croisée ». La population chrétienne, toutes Églises confondues, sextuple en valeur absolue, de vingt-cinq mille âmes à cent quatre-vingt mille, par croissance naturelle ou immigration. Elle double en valeur relative, de 10 à 20 % de la population globale. Le paysage lui-même se nazaréise. Protégées ou imposées par les puissances occidentales, les institutions se multiplient : églises, monastères, écoles, institutions médicales ou caritatives. Certains de ces édifices suivent encore le style levantin traditionnel, mais la plupart adoptent, sous l'influence des suzerains et bailleurs de fonds, le vocabulaire architectural européen : les Français et les Italiens prônent un classicisme de bon aloi, les Allemands penchent pour le néoroman, les Anglo-Saxons pour le gothique, tandis que les Russes imposent leur style « romantique national », mi-viking, mi-byzantin, et leurs clochers à bulbe. Telle que le dessinateur et pastelliste écossais David Roberts la découvre et la croque entre 1836 et 1839, la Terre sainte est un concentré d'Orient : rochers, palmiers, tentes bédouines ; coupoles, minarets, arcades sarrasines ; turbans, sarouals, djellabas. Soixante ans plus tard, un *skyline* préraphaélique, tout en ogives et en clochers, s'est superposé à ces images.

Les Britanniques et les Prussiens fondent ensemble un évêché protestant de Jérusalem en 1841. Le patriarcat grec orthodoxe de Jérusalem, replié à Constantinople, revient dans la Ville sainte en 1845, suivi par le patriarcat catholique latin, rétabli en 1847. À Jérusalem, toujours, la chapelle franciscaine de la Flagellation, sur la Via Dolorosa, est inaugurée en 1839, l'église du Christ, cathédrale protestante située à proximité du consulat britannique, en 1849, l'église orthodoxe russe de Marie-Madeleine, sur le mont des Oliviers, en 1886. La France et la

Russie restaurent ensemble le Saint-Sépulcre en 1868, et mettent en place un dôme métallique. La première basilique catholique du mont Thabor, en Galilée, est édifiée en 1876 sur les ruines d'une église byzantine et d'une église plus tardive, construite sous les Croisés au XIIe siècle. Elle sera accompagnée, à quelque distance, d'une église orthodoxe, puis agrandie en 1924. Une seconde cathédrale protestante, l'église du Rédempteur, est inaugurée à Jérusalem en 1898 par l'empereur d'Allemagne, Guillaume II.

Les premiers hôpitaux chrétiens datent des années 1840 : d'abord une institution protestante destinée aux Juifs, en vue de hâter leur conversion, ouverte à Jérusalem en 1844 ; puis la maison des Sœurs de Saint-Joseph, à la fois école, orphelinat et dispensaire, en 1848, le couvent et orphelinat des Sœurs de Sion, en 1857, l'hospice autrichien, en 1863.

Dans les années 1860 et 1870, les Ottomans veillant à maintenir l'ordre et à empêcher les exactions contre les non-musulmans, la Ville sainte commence à se développer hors les murs : les Allemands édifient en 1860 un orphelinat au nord de la route de Jaffa (bientôt rebaptisée, en raison de la poussée urbaine, « rue de Jaffa »), puis, au sud de cette artère, une école pour jeunes filles chrétiennes, Thalitha Kumi, en 1865 ; les Russes obtiennent en 1864 une vaste enceinte pour y bâtir des églises et une auberge de mille lits destinée aux pèlerins ; les catholiques, sous l'égide de la France, et les grecs orhodoxes, sous celle de la Russie, construisent un peu partout de nouveaux couvents et de nouvelles écoles, ainsi que des quartiers d'habitation destinés aux chrétiens locaux, tels que Bab-al-Zahra, Katamon et Abu-Tor. Pendant les deux décennies suivantes, les années 1880 et 1890, l'élan bâtisseur chrétien redouble d'intensité : en 1900, selon le géographe français Vital Cuinet, on compte dans la Ville sainte, intra ou extra-muros, 42 couvents, 28 hospices, 17 hôpitaux et 54 écoles.

Ce maillage permet aux communautés chrétiennes locales de renforcer leur identité, d'améliorer leurs conditions de vie, d'élever leur niveau éducatif et professionnel : naguère simple minorité, ils font soudain figure d'élite. Il conduit également de nombreux chrétiens vivant dans d'autres régions de l'Empire ottoman – ou d'autres pays islamiques – à s'installer en Terre sainte. Et il encourage l'afflux des chrétiens étrangers.

Un important personnel européen et américain, souvent installé à vie, gravite autour des nouvelles institutions : moines, nonnes, prêtres séculiers, pasteurs nantis de leur famille, enseignants, médecins, infirmiers, architectes, ingénieurs, artisans, mécaniciens. Les simples visiteurs sont nombreux à partir de la fin des années 1860, quand les Ottomans relient Jaffa à Jérusalem par une route carrossable, et plus nombreux encore après l'inauguration d'une ligne de chemin de fer en 1892. Mark Twain a immortalisé ce tourisme d'un type particulier dans *Innocents Abroad (Des innocents à l'étranger)*, qui se vend à trois cent mille exemplaires, un tirage que n'ont atteint, jusque-là, que certaines éditions de... la Bible. C'est le récit du premier « pèlerinage de luxe » américain en Palestine, le *Grand Holy Land Pleasure Excursion* : mot à mot, « la Grande Excursion de plaisir en Terre sainte ». Twain prétend qu'il s'ennuie, que la « partie de plaisir », compte tenu de la piété des pèlerins payants, n'est qu'une « longue procession funéraire sans cadavre ». Mais il se laisse peu à peu gagner par l'émotion. Sillonnant les mêmes lieux vingt ans plus tard, le bilieux Pierre Loti s'offusquera au contraire de la « souillure » des touristes qui vont et viennent dans des voitures luxueuses et « confortables » : « Hommes en casque de liège, femmes en casquette de loutre, avec des voiles verts... Plus encore que notre rêve oriental, notre rêve religieux en est froissé. Oh ! leur tenue, leurs cris, leurs cris sur cette terre sainte où nous arrivions, si humblement pensifs, par le vieux chemin des prophètes... »

On compte aussi, parmi les chrétiens étrangers, des colons. De nombreux Occidentaux veulent remettre le pays en valeur, par eux-mêmes ou en y attirant une main-d'œuvre appropriée. David Lynch, un géographe de la Marine américaine qui explore la Galilée et la vallée de Jourdain en 1847, estime que « cinquante Francs résolus » pourraient « révolutionner la région » ; à défaut, il propose d'installer des groupes de Noirs américains, « plus adaptés au climat ». Dans les années 1850, Clorinda Minor, une adventiste de Philadelphie, tente avec sept autres volontaires de créer une ferme modèle, près de Bethléem d'abord, puis aux environs de Jaffa; elle rebaptise le second établissement Mount Hope, « Mont Espoir ». Son but : aider les Juifs à renouer avec les travaux de la terre au fur et à mesure qu'ils reviennent chez eux. Walter Dickson, un évangélique du Massachusetts, s'installe à proximité, avec ses filles, ses gendres et quelques amis. L'expérience s'achève de façon tragique : en 1858, un groupe de maraudeurs arabes pénètre dans la ferme, tue ou assomme les hommes et viole les femmes.

Mais la même année, un groupe de piétistes wurtembergeois, plus ou moins lié à l'Église mennonite, envoie des émissaires en Palestine pour y créer le « nouveau Temple de Dieu », ouvert aux « croyants » de toutes origines : d'où le nom de « Templiers modernes » qui leur est resté. Un premier noyau de cinq personnes s'installe dans le pays en 1860. D'autres groupes suivent à partir de 1866 : ils créent, en transplantant tel quel le modèle agricole allemand, des villages aux environs de Nazareth, Haïfa et Jaffa, puis à Sarona, au nord du Tel-Aviv actuel, et à Emek Refaïm, au sud de Jérusalem. Ce dernier village sera d'ailleurs appelé tout simplement « la Colonie allemande », nom qui lui est resté après son incorporation à la Ville sainte. En 1902, le Temple fonde une vraie bourgade près de Lydda, dans la plaine côtière : elle porte le nom de Wilhelma, en l'honneur de Guillaume II (Wilhelm en allemand). Un peu plus de trente ans plus tard, à la veille de la Seconde Guerre mondiale, on compte près de deux mille colons templiers en Palestine : presque tous d'origine germanique, ils seront expulsés vers l'Australie en 1939.

Chapitre 10

Le Pays du Cerf

Mais si la « révolution de 1840 » rechristianise la Terre sainte, elle la rejudaïse de façon encore plus spectaculaire.

Au début du XIXe siècle, quelque 7 000 Juifs vivaient entre la Méditerranée et le Jourdain : soit 4 % environ d'une population locale globale estimée à 200 000 âmes environ. Ils étaient 30 000 en 1880, soit 10 % d'une population globale de 300 000 âmes. Ils allaient être 50 000 en 1900, soit 10 % à nouveau de 500 000 habitants, et 90 000 en 1914, soit 14 % de quelque 650 000 habitants. En 1939, à la veille de la Seconde Guerre mondiale, on compte 450 000 Juifs sur 1,35 million d'habitants, soit 33 % de la population totale. Et en 1948, 650 000 Juifs sur 1,7 million, soit près de 40 %.

En d'autres termes, la population juive d'Eretz-Israël a crû de près de 600 % entre 1800 et 1890, tandis que la population globale du pays, Juifs inclus, ne croissait que de 150 %. Puis de 104 % entre 1890 et 1914, contre une croissance globale de 22 % ; de 500 % entre 1914 et 1939, contre un peu plus de 100 % ; et de près de 50 % entre 1939 et 1948, contre 30 %. En moyenne, pendant le « siècle long » 1840-1948, la croissance démographique juive a été quatre fois plus forte que la croissance globale, ou cinq fois plus que la croissance non juive. En 1929, une étude réalisée sous les auspices des autorités britanniques administrant la Palestine, prévoit – sur la base des données alors disponibles – une majorité juive dans le pays dès 1950, et un ratio de deux habitants juifs pour un habitant non juif en 1970.

À Jérusalem, le phénomène est encore plus net. En 1845, la Ville sainte compte 16 410 habitants, dont 7 120 Juifs, 5 000 musulmans, 3 390 chrétiens, 800 soldats turcs et une centaine d'Européens. En d'autres termes, les Juifs disposent déjà de la majorité relative et s'approchent (avec 45 % environ de la population totale) de la majorité absolue.

Une vingtaine d'années plus tard, en 1868, les Juifs sont 9 000, sur une population totale de 18 000 habitants, les musulmans 5 000, les chrétiens 4 000 : la majorité absolue est atteinte. En 1889, la population juive passe nettement en tête : 25 000 habitants sur 40 000 (un peu plus de 55 %), contre 7 200 chrétiens et 7 000 musulmans. En 1896, 28 000 Juifs sur 45 000 habitants (environ 60 %), contre près de 9 000 chrétiens et près de 9 000 musulmans. En 1912, 45 000 Juifs sur 70 000 habitants (près de 70 %), contre 13 000 chrétiens et 12 000 musulmans. En 1944, lors du dernier recensement opéré dans la Ville sainte sous l'administration britannique, on compte 97 144 Juifs sur près de 160 000 habitants (près de 62 %), contre 30 000 chrétiens et 29 000 musulmans. Le ratio Juifs/non-Juifs est alors de presque 2 à 1 à Jérusalem, contre plus de 1 à 2 dans l'ensemble du pays.

La population de la Ville sainte, toutes communautés confondues, a donc été multipliée par dix (+ 900 %) entre les années 1840 et les années 1940, de quelque 16 000 habitants à quelque 160 000 habitants, Juifs compris; mais cette croissance a d'abord résulté de la montée de la population spécifiquement juive, multipliée par près de quatorze (+ 1 300 %), de quelque 7 000 âmes à près de 100 000, et ensuite seulement de la montée des populations chrétiennes, multipliées par huit (+ 700 %), et musulmanes, multipliées par six (+ 500 %).

La croissance démographique juive, tant à Jérusalem que dans le reste du pays, est due à l'immigration : l'*Aliya*, la « montée » à la fois mystique et géographique vers Eretz-Israël. Si les Ashkénazes d'Europe orientale et centrale, Russes, Polonais, Galiciens, Hongrois, Autrichiens et autres Roumains, majoritaires au sein de la Diaspora, le sont aussi parmi les *olim* ou immigrants et bientôt au sein du Yishuv, les Sépharades, Anatoliens ou Rouméliotes, Persans ou Boukhariens, Syriens ou Égyptiens, Maghrébins ou Yéménites, minoritaires en chiffres absolus, sont proportionnellement mieux représentés. Les nouveaux quartiers juifs aux noms hébreux si poétiques bâtis à Jérusalem à partir des années 1860 sont d'ailleurs souvent organisés en fonction des communautés d'origine. Mishkenoth Shaananim (« Résidences de la Sérénité »), édifié en 1860 par Moses Montefiore, accueille à la fois Ashkénazes et Sépharades : ce quartier dispose donc de deux synagogues. Mahaneh Israël (« Camp d'Israël »), fondé en 1867, est destiné en priorité aux Maghrébins. Méah Shéarim (« Cent Portes ») est créé en 1874 par cent familles lituaniennes : les descendants des disciples du Gaon de Vilna venus au début du XIXe siècle. Kfar ha Shiloah (« Village de Siloé »), fondé en 1888, est un bastion yéménite, et Batei Ungarin (« Maisons de Hongrie »), édifié en 1891, un fief magyar, transylvanien et slovaque. Le Quartier boukharien, construit en 1892, réunit les olim d'Asie centrale, et Kolel Varcha (« Séminaire de Varsovie »), créé en 1897, des érudits de Varsovie et de Pologne russe.

Ainsi en va-t-il egalement, à des titres divers, des autres cités, qu'elles soient « philanthropiques » (financées par une fondation charitable) ou « coopératives » (établies par leurs futurs résidents) : Nahalath Shivah (« Héritage des Sept », créée en 1869), Even Israel (« Pierre d'Israël », 1875), Mishkenoth Israël (« Résidences d'Israël », 1875), Batei David (« Maisons de David », 1877), Batei Yaakov (« Maisons de Jacob », 1877), Batei Nissan Bek (« Maisons de Nissan Bek », 1879), Ohel Moshé (« Tente de Moïse », 1882), Mazkereth Moshé (« Souvenir de Moïse », 1883), Batei Perlman (« Maisons de Perlman », 1883), Shaarei Moshé (« Portes de Moïse », 1885), Beith Israël

(« Maison d'Israël », 1886), Soukkoth Shalom (« Huttes de la Paix », 1887), Mahaneh Yehudah (« Camp de Judah », 1887), Beith Yossef (« Maison de Joseph », 1888), Shaarei Tzedek (« Portes de la Justice », 1890), Shevet Tzedek (« Tribu de la Justice », 1890), Zikhron Tuviah (« Souvenir de Tuviah », 1890), Shimon Ha Tzadik (« Simon le Juste », 1891), Nahalath Shimon (« Héritage de Simon », 1891), Even Yehoshuah (« Pierre de Judah », 1891), Ezrath Israël (« Aide d'Israël », 1892), Nahalath Zvi (« Héritage de Zvi », 1894), Shaama (« Village du Liège », 1900), Batei Neitin (« Maisons de Neitin », 1903), Zikhron Moshé (« Souvenir de Moïse », 1905), Shaarei Hessed (« Portes de la Merci », 1908), Nahalath Tzadok (« Héritage de Sadok », 1908), Nahalath Tzion (« Héritage de Sion », 1908), Yegia Kapaïm (« Portée de Main », 1908), Ahva (« Fraternité », 1908)... Érigées au milieu de nulle part, comportant le plus souvent des maisons à un étage, ramassées autour de cours intérieures carrées ou triangulaires, elles sont vite rattrapées par le tissu urbain, absorbées, enchâssées dans d'autres quartiers, cadenassées par de nouvelles rues et venelles. Au XXe siècle, elles formeront le substrat même de la Nouvelle Jérusalem juive, à l'ouest de la Vieille Ville. Elles subsistent presque toutes au début du XXIe siècle, intactes, rafraîchies par des jardinets, et, chose plus étonnante, sont encore habitées par les communautés fondatrices.

À la différence des chrétiens, les Juifs construisent peu de bâtiments à caractère monumental entre 1840 et 1914 : leur objet est moins d'imposer leur marque à un territoire que de se loger. Deux édifices font toutefois exception : la Grande Synagogue ashkénaze et le Palais du Messie.

En 1839, Rabbi Israël de Sadigora, l'un des dirigeants hassidiques les plus favorables au Retour en Eretz-Israël, apprend que le tsar Nicolas Ier envisage de faire bâtir une cathédrale grecque orthodoxe au cœur du quartier juif de Jérusalem, sur une parcelle restée à l'abandon depuis plus d'un siècle. Il ordonne immédiatement à l'un de ses disciples, Nissan Bek, de préempter le terrain et d'y faire construire « la plus belle synagogue du monde ». En 1843, la parcelle est acquise. Reste à trouver de nouveaux fonds pour les travaux, à engager un architecte – le choix se porte sur le plus grand architecte ottoman du moment, Nickolas Balian –, à dresser les plans, à procéder à de premiers terrassements, à obtenir tel puis tel autre permis des autorités. Ce qui prend quinze ans. Puis, en 1858, un nouveau gouverneur turc menace de retirer les autorisations accordées par ses prédécesseurs. Sujet autrichien, Bek fait appel à son souverain, François-Joseph, qui intervient auprès du sultan : les autorisations sont maintenues et la construction peut enfin commencer. Dix ans plus tard, quand François-Joseph se rend pour la première fois en Terre sainte, la coupole manque encore : les travaux ont été interrompus, faute d'argent. Allant jusqu'au bout de sa bienveillance, l'Empereur-Roi donne mille francs-or : la maçonnerie reprend, et la synagogue est enfin inaugurée en 1872, sous le nom de Tiphéreth Israël (« Splendeur d'Israël ») ; mais on l'appelle aussi la Hurva (« la Ruine »), pour rappeler un lieu de prière plus ancien, détruit dans un tremblement de terre. Pendant près de quatre-vingts ans, le premier nom semble plus approprié que le second : l'édifice aux volumes classiques, à la décoration baroque, surplombe les toits plats de la Ville sainte et rivalise avec le Saint-Sépulcre d'une part, les mosquées d'Omar et Al-Aqsa d'autre part. Mais en 1948, la Ruine l'emporte sur la Splendeur : les Jordaniens, qui viennent de s'emparer de la Vieille Ville, y font sauter le quartier juif à la dynamite, y compris la Grande Synagogue. Les Israéliens n'entreprendront sa reconstruction qu'au début du XXIe siècle.

Le Palais du Messie est l'œuvre d'un homme seul. Elisha Yehudaïoff habite Boukhara, l'un des derniers émirats turcophones indépendants au milieu d'une Asie centrale conquise par les Russes. Mais il croit, comme chacun autour de lui, que le Temps de la Rédemption a commencé et que le Roi-Messie va bientôt ramener le peuple juif dans sa patrie. Un projet se forme dans son cœur : donner au Fils de David, quand il prendra possession de Jérusalem, une résidence digne de lui. Il fait donc construire à son intention un palais à l'italienne. Situé à mi-chemin des nouveaux quartiers de Shaarei Tzedek et de Méah Shéarim, l'édifice est inauguré en 1892 – et reste vide. Vingt-cinq ans plus tard, en 1917, le général anglais Edmund Allenby, qui vient de conquérir la Ville sainte, y séjourne brièvement. L'année suivante, il y offre le Séder, ou Repas pascal, aux soldats juifs de son armée. Ce n'est pas encore l'avènement du Messie, mais peut-être un signe annonciateur. En 1920, chassé par la révolution bolchevique, Yehudaïoff gagne Jérusalem et est contraint de s'installer dans son palais : il prend soin de n'occuper que la loge du concierge. Après sa mort, en 1930, l'édifice est transformé en école. Cette activité, qui reste la sienne près d'un siècle plus tard, est digne de sa destination officielle, car si le monde n'a été créé que pour accueillir un jour le Messie, il repose en attendant, selon le Talmud, « sur le souffle des jeunes enfants qui révisent leurs leçons ».

À partir des années 1870 et 1880, l'immigration juive prend un nouveau caractère : composée presque exclusivement, jusque-là, de Juifs traditionnels, orthopraxes, elle compte également, désormais, des « modernistes » marqués par la Haskalah ou d'autres idéologies plus ou moins laïques. Les *Hovevei Tzion* (« Amants de Sion ») et le *Bilu* (« Maison de Jacob, allons et montons »), garçons et filles de vingt ans, passés par l'université russe et heurtés de plein fouet par les pogroms de 1881, créent Rishon Le Tzion (« Premier à Sion ») et Rehovoth (« Espaces »), sur la côte, puis Hadérah (« Entrée ») au nord de la plaine du Sharon et Mishmar ha Yarden (« Sentinelle du Jourdain »), sur le fleuve du même nom. Des groupes analogues les suivent : certains s'établissent à Jérusalem, à Jaffa (dont la moitié de la population est juive vers 1900), à Haïfa; d'autres créent de petites localités à vocation agricole, les *moshavoth*, en s'inspirant des précédents des évangéliques américains ou des Templiers allemands.

La carte de ces implantations mérite l'attention. La plupart d'entre elles ont été créées dans la Shéphélah, le Bas-Pays côtier, ou dans des vallées basses de Galilée et du Haut-Jourdain : en d'autres termes, sur des sols à l'abandon, pierreux ou marécageux, infestés de malaria et de parasites – le *Bilad al-Mawt.* Les vendeurs, notables locaux, chefs de tribus, patriciens de Beyrouth ou Damas, ont en effet cherché à tirer doublement parti de la demande foncière juive : en vendant de mauvaises terres le plus cher possible et en les rachetant ultérieurement le moins cher possible. Il leur semblait évident que les Juifs échoueraient : la maladie décimerait les uns, l'insécurité ferait fuir les autres, l'échec économique démoraliserait les plus tenaces. Au bout de quelques mois ou de quelques années au plus, les rares survivants revendraient donc le dixième ou le vingtième de la valeur initiale.

Le calcul n'était pas absurde. Le paludisme tue en effet quelque 20 % des immigrants juifs de l'époque 1880-1903. C'est le moment même où le médecin français Alphonse Laveran met en évidence le rôle des moustiques dans la propagation de la maladie et en déduit diverses méthodes prophylactiques : prises régulières de quinine, drainage des marais. Mais ces innovations ne seront pas mises en application en Palestine avant le milieu des années 1890. À Yessud ha Maalah, un village de Haute-Galilée, le tiers des habitants meurt de malaria en 1888 ; une famille perd douze enfants sur treize. Des désastres analogues frappent presque toutes les autres localités.

L'insécurité, non moins réelle, s'inscrit à la fois dans le contexte des razzias, rapines et autres vendettas, propre aux sociétés méditerranéennes et arabes, et dans une stratégie de résistance des paysans locaux aux réformes du Tanzimat. Les fellahs ont en effet le sentiment d'être les véritables détenteurs du sol, à travers le *mashaa*, une forme traditionnelle de propriété communale ou clanique : les propriétaires officiels, notamment les « grands cousins » de Damas ou Beyrouth, n'étant en quelque sorte que des tuteurs ou des fondés de pouvoir, chargés de l'interface avec les administrations fiscales. Dès lors, les ventes effectuées en vertu de la loi ottomane de 1858 leur apparaissent comme des abus ou des spoliations. Et ils tiennent pour parfaitement légitime de harceler les nouveaux propriétaires, Juifs ou autres, pour les faire déguerpir, surtout quand ceux-ci, soucieux de passer d'une agriculture extensive de survivance à une agriculture intensive de rapport, commencent à enclore des espaces de pacage ou de cueillette auxquels le voisinage avait accès jusque-là. Selon un rituel bien rodé, des groupes de jeunes gens procèdent d'abord à des déprédations mineures ou de simples larcins, avant de passer successivement à des vols de gros bétail ou d'outillages modernes, à des agressions contre les individus – viols ou meurtres – et enfin à des attaques frontales. Les Dickson semblent avoir été les victimes d'une des premières opérations de ce type. Les moshavoth juives subissent des centaines d'agressions entre 1886 et 1914, dont une dizaine d'assauts à grande échelle.

L'échec économique, enfin, est fréquent, en raison de l'inexpérience des olim. La plupart d'entre eux sont d'origine citadine. Ceux qui ont acquis quelques notions de la vie rurale en Europe découvrent en Palestine des conditions fort différentes. D'où une série de mésaventures, à la fois navrantes et cocasses : à Rishon Le Tzion, par exemple, les villageois juifs tentent en vain d'atteler des chameaux à leurs charrues ; en Galilée, plusieurs exploitations entreprennent de créer une industrie du parfum : mal macérées, les fleurs perdent leur arôme ; à Rehovoth, des vignes plantées dans un sol marécageux produisent un vin amer, impropre à la consommation ; à Petah Tikvah, village fondé en 1878 par un groupe de Juifs orthodoxes de Jérusalem, le bétail européen offert par le baron de Rothschild dépérit au bout de quelques semaines.

De fait, de nombreuses implantations, près d'une sur trois, sont abandonnées, au moins temporairement, ou revendues.

Mais les autres font face. Et dans ce combat – micro-bataille de quelques milliers d'hommes et de femmes au milieu des dunes jaunes, des collines dénudées, et d'une population hostile mais à peine plus nombreuse –, une nation naît. Au fur et à mesure qu'ils enterrent leurs morts dans ce sol, les olim s'y enracinent. Au fur et à mesure qu'on les attaque, ils apprennent à contre-attaquer. Un jour, l'un d'entre eux renonce, après le vol d'une génisse ou le viol d'une fille, à faire appel à la police ottomane : il préfère ramper jusqu'au campement bédouin voisin et faire justice par lui-même. Un autre monte à cheval, enveloppe sa tête d'un keffieh, passe son fusil en bandoulière, et fait lentement le tour de la moshavah, défiant et sidérant les fellahs qui l'observent, cent mètres plus loin. Délaissant, faute de numéraire, la chaude et maternelle cuisine d'Europe, les nouveaux Juifs apprennent à se nourrir, comme les Arabes, de pois chiches, de crème de sésame, de crudités et de laitages. Renonçant à des fantasmes de fermes modèles à l'européenne, ils comptent un à un les animaux qui ont survécu, les sacs de céréales, les paniers d'olives, les cruchons d'huile. Par-delà la Torah raffinée, subtile, éthique, de leurs parents, ils se réapproprient soudain le sémitisme brutal, concret, réaliste de leurs patriarches ; derrière le Talmud, l'âpre Livre des Juges et le Livre des Rois ; et derrière la Bible, un monde « où chacun fait ce qui lui semble bon », qui ressemble étrangement à celui dans lequel ils vivent. De jour en jour, ils brunissent, se redressent, durcissent. Les enfants nés dans le pays sont bientôt surnommés « figuiers de Barbarie », *sabr* en arabe, *sabra* en hébreu. Suc délicieux mais écorce épineuse.

Mais une nation, même embryonnaire, peut-elle exister sans une langue nationale ? Les Juifs n'ont jamais oublié l'hébreu. En Diaspora ou dans les quatre Communautés saintes d'Eretz-Israël, ils l'apprennent, mot à mot, caractère par caractère, en découvrant les Livres saints dès l'âge de cinq ans, en célébrant, à treize ans, la bar-mitsva, où chaque garçon lit un passage du Pentateuque dans les rouleaux de parchemin, en récitant leurs prières quotidiennes et en célébrant le Séder, en se frottant au Talmud. Un hébreu schématique, stylisé, permet aux rabbins et aux érudits de correspondre entre eux d'un pays à l'autre, aux négociants de dresser des contrats, au voyageur de trouver des amis et des hôtes partout où il aborde. Les ignorants ou les « assimilés », eux-mêmes, en savent quelques mots, quelques bribes. Mais les nouveaux Juifs des moshavoth n'ont que faire d'une langue savante ou secrète : ce qu'ils veulent, c'est *parler* une langue commune, l'employer dans leur vie quotidienne et pour les choses les plus triviales. Sans doute, la plupart d'entre eux pratiquent le yiddish, qui pourrait donc remplir ce rôle. Mais pas tous : les Sépharades ne l'entendent pas, et de nombreux Ashkénazes, passés au russe, à l'allemand, au français, à l'anglais, ne l'entendent plus. Et puis le yiddish semble traîner la Diaspora derrière lui, alors qu'il s'agit de rebâtir une patrie.

C'est alors que paraît un petit homme malingre, maigre, aux cheveux en brosse, aux lunettes ovales. Eliezer Yitzhak Perlman, né en 1858 à Lujki, en Lituanie russe. Cursus classique : yéshivah, découverte de la Haskalah, études universitaires en France. C'est à la Sorbonne qu'il se passionne pour les langues sémitiques et se fixe la mission à laquelle il se consacrera désormais : refaire de l'hébreu une langue vivante. Atteint de tuberculose, il va séjourner quelques mois à Alger en 1880, sur l'ordre de son médecin. Il y entend pour la première fois, chez les Juifs locaux, un hébreu différent de celui auquel il était habitué : l'hébreu sépharade, prononcé à l'arabe, aux sonorités plus tranchées et plus colorées. Cette langue lui paraît à la fois plus « authentique », et plus appropriée à un peuple moderne. Il décide de la substituer à l'hébreu ashkénaze. Et de l'imposer au Yishuv. Le temps de rentrer à Paris, de retrouver à Vienne sa fiancée de toujours, Devorah, de l'épouser à Constantinople, et le voici, en effet, à Jérusalem. La vieille communauté orthodoxe ashkénaze le regarde avec quelque méfiance, bien qu'il veille à observer la Loi religieuse. Les rabbins sépharades lui accordent au contraire leur appui. Perlman change de nom : il sera désormais Eliezer

Ben-Yehudah, « le fils de Judah », ou « le fils de la Judée ». Il obtient de sa femme – qui ne parlait que russe – d'apprendre l'hébreu de façon accélérée, et de ne plus employer que cette langue à la maison. Leur premier enfant, Itamar (« Il se redressera »), vite rebaptisé Benzion, « le fils de Sion », sera ainsi le premier hébréophone véritable depuis la disparition des communautés de Galilée, entre le Xe et le XIIe siècle. Au début, Ben-Yehudah croit qu'il lui suffit, pour promouvoir ses idées, de publier un journal. Celui-ci paraît en effet à partir de 1884. Titre : *Ha Zvi,* « Le Cerf ». Dans la Bible, Eretz-Israël est qualifié d'*Eretz Ha Zvi,* « Pays du Cerf » ; mais cela peut s'entendre aussi comme « le Pays de la Beauté surabondante », si l'on remonte à la racine ZV, qui signifie profusion, densité, et à la racine dérivée ZVI, qui signifie charme, séduction, élégance : le cerf zoologique n'ayant mérité son nom qu'en raison de sa grâce élancée.

14 du mois de Nissan. Printemps d'Eretz-Israël, qui ressemble à un début d'été européen. Conformément à la tradition, Eliezer et Devorah, dans leur maison exiguë de la Vieille Ville, à quelques pas du Mur du Temple, préparent le Séder. Soudain, on frappe à leur porte : non pas un visiteur, mais quarante. Un groupe du Bilu, des jeunes gens et des jeunes filles de Russie qui, à force de lire ses textes, ont résolu de suivre à la lettre ses enseignements : « Maître, nous sommes tous volontaires pour ton armée. » Le temps de se ressaisir et Eliezer leur répond : « Vous savez ce que nous disons ce soir : " Que celui qui est dans le besoin vienne célébrer la Pâque avec nous. Que celui qui a faim mange et boive. " Évidemment, nous n'avions pas prévu de recevoir une armée, mais vous êtes nos invités. » Devorah court chez ses voisines : « De jeunes gens ! De Russie, de Roumanie ! Arrivés inopinément ! » On lui donne des pains azymes, des herbes amères, une assiette de viande, une casserole de légumes, un flacon de vin. Il y aura assez de vivres. Eliezer conduit l'antique cérémonial : le récit de la servitude en Égypte et des prodiges par lesquelles l'Éternel libéra Son peuple ; la

consommation d'aliments symboliques, en souvenir du sacrifice de la Pâque, tel qu'on l'accomplissait dans le Temple ; les quatre coupes de vin, qu'on boit en s'accoudant sur le côté gauche, en « hommes et femmes libres » ; les quatre questions naïves que pose le plus jeune commensal ; la parabole des quatre fils, l'un sage et l'autre méchant, l'un simple et l'autre « qui ne sait pas interroger ». Puis l'on dîne et l'on chante. Les jeunes voix s'élèvent, glorieuses, fragiles, dans la nuit criblée d'étoiles. Le lendemain, Eliezer conduit ses invités à travers Jérusalem, de ruelle en ruelle et de colline en colline. Puis il les met en garde : « La Ville sainte n'est pas pour vous. On a beau construire sans cesse de nouveaux quartiers, la place manque ici. Et les rabbins orthodoxes exercent une surveillance trop minutieuse. Allez dans les moshavoth, les nouveaux villages juifs. Vous y trouverez du travail, un toit – et la liberté. Mais rappelez-vous : votre premier devoir de soldats juifs est de parler seulement hébreu. »

Les jeunes gens partent en effet dans la Shéphélah, en Galilée, et même dans le Néguev, au sud du pays. Ils se mélangent à d'autres olim. Ils parlent hébreu, le nouvel hébreu réorientalisé, comme Ben-Yehudah le leur a demandé. Ils lisent *Ha Zvi.* Ils militent auprès de leurs camarades, de leurs voisins, pour qu'ils entrent, eux aussi, dans « l'armée de la langue ». Mais très vite, ils constatent que des mots manquent. Les expressions, elles aussi, sont trop rares, trop vagues. Un matin, un « soldat » retourne chez le « général » : « Maître, votre journal ne suffit pas. Ce qu'il nous faut, c'est un dictionnaire. » Le savant lituanien se met à l'ouvrage. Il recherche, pour chaque mot, la racine hébraïque, les synonymes dans les autres judéolangues, tels que l'araméen, le yiddish, le ladino, les équivalents dans les autres langues sémitiques, à commencer par l'arabe, qu'il révère. Il ne produit pas seulement un vocabulaire, mais aussi une méthode pour l'enrichir sans fin. Le Yishuv se passionne pour les initiatives de Ben-Yehudah, mais aussi s'interroge. Peut-on vraiment refaire de la langue de la Révélation et des Prophètes un parler populaire ? Est-ce réaliste ? Est-ce conforme à la religion ? Et pourquoi préférer l'hébreu sépharade à l'ashkénaze, jusqu'ici plus répandu ? Les uns baisent la main de Ben-Yehudah, les autres lui jettent des pierres. Mais la langue qu'il réveille, réinvente, rajeunit, gagne les cœurs, les esprits, les usages. Vers 1900, tout le Yishuv la pratique peu ou prou. Et dans les moshavoth, elle règne sans partage. Pour les Sabras, c'est la langue maternelle. Benzion Ben-Yehudah a des milliers de petits camarades qui lui ressemblent.

Masse critique : ce terme emprunté à la physique signifie, en sociologie ou en politologie, qu'un groupe humain a atteint un seuil décisif. Virtuel, il entre dans le réel. Précaire, il devient viable. Amorphe, il prend une stature et un visage. Chaque groupe a sa propre masse critique. La nouvelle nation juive d'Eretz-Israël atteint la sienne au milieu des années 1890. Elle est désormais constituée en tant que telle – une population distincte, une terre balisée, une langue maternelle, un vouloir-vivre – et prête, en dépit de sa petite taille initiale, à absorber, à s'agréger, le reste du peuple juif. Est-ce un hasard ? En 1891, un étudiant viennois, Nathan Birnbaum, donne au Retour vers Eretz-Israël, qualifié jusque-là de *Shivath Tzion* en hébreu, une appellation plus politique, plus moderne, susceptible d'être traduite dans toutes les langues : *sionisme*. La même année, des Juifs new-yorkais inventent à l'occasion d'un défilé dans le Lower East Side une « bannière nationale juive » : calquée sur le *talith*, le châle de prière, c'est un drapeau blanc rehaussé de deux bandes bleues et d'une étoile bleue à six branches. Enfin, *Tikvatenu* (« Notre espoir »), un chant composé en 1878 par Nephtali Herz Imber sur une mélodie de Bedrich Smetana, commence à faire figure d'hymne national. Au passage, son titre change : ce sera *Hatikvah* (« L'Espoir », tout court) :

Tant qu'au fond du cœur
Vibre une âme juive,
C'est là-bas, vers les lisières de l'Orient,
Que l'œil se dirige.

Il n'est pas encore révolu, notre espoir,
Un espoir vieux de deux mille ans,
D'être un peuple libre dans notre pays,
La terre de Sion et de Jérusalem.

Que manque-t-il encore ? Cette « unité de dessein » que réclamait Peretz Smolenskine en 1884. Quelqu'un qui sache transformer les aspirations des uns et des autres en action politique. Non plus un prophète ou un « général », même génial, comme Ben-Yehudah. Mais un roi.

CHAPITRE 11

Albert et Adolphe

La voiture s'arrête devant l'église Saint-Paul. La rue Saint-Antoine, qui serpente depuis la Bastille, devient ici la rectiligne rue de Rivoli : des immeubles haussmanniens, aux étroits balcons de fonte, succèdent aux maisons mafflues du Marais. Un pan de la vieille rue François-Miron a été naguère abattu : ce qui a permis de dégager un terre-plein triangulaire, de planter quelques arbres et d'installer quelques bancs. L'été, les Juifs polonais y bavardent, ou y jouent aux dames. Ils se sentent tellement chez eux qu'ils ont rebaptisé l'endroit *Plaetzel*, « la petite place » en yiddish : l'appellation est d'ailleurs en train de s'étendre aux deux rives du quartier, de part et d'autre de la rue Saint-Antoine. Mais aujourd'hui les bancs sont vides : on est au mois de novembre et il a gelé la nuit passée. Engoncés dans leurs paletots, le chapeau melon vissé sur la tête, les hommes se hâtent. Les femmes aussi, enveloppées dans leurs châles. Les fiacres cahotent sur le dur pavé. Les omnibus se croisent. Parfois un cheval se cabre : une mère, effrayée, bat en retraite en tirant son mioche par la main. Albert Noirhomme descend, paie le cocher, puis traverse la rue, sans trop se hâter. Avec son haut-de-forme, son lourd manteau d'alpaca au col de fourrure, sa canne à pommeau d'argent, il en impose. Même dans ces venelles aussi étroites que les Thermopyles, dont les façades ci-devant rococo, ternies par le temps, disparaissent sous les réclames : au coin de la rue des Écouffes, on lit « *BOULANGERIE* » et « *CHARCUTERIE* » en beau Didot français, mais aussi, en caractères hébreux, « *EMESS KOSHER WURSHT* » (« Véritable saucisson casher »... à moins qu'il ne faille entendre : « Saucisson véritablement casher ») ; un peu plus loin, le libraire a accroché, derrière sa vitre, les manchettes de journaux russes, polonais, hongrois, roumains, grecs, arméniens. C'est là, d'ailleurs, qu'entre le visiteur. « Ah, Maître, bonjour ! », lui lance M. Weil, sans se lever pour autant. « Avez-vous retrouvé ces journaux de Palestine ? », demande Noirhomme. « Oui-da, Maître », répond M. Weil. Sur le poêle Godin, au milieu de la pièce, quelque chose fricote dans une petite marmite de cuivre. Le libraire soulève le couvercle, remue. Cela sent la volaille, l'oignon. « Je suis à vous, Maître. – Faites, mon ami, faites. » Noirhomme a souvent pensé que Weil n'appartenait pas vraiment à l'espèce humaine, qu'il était plutôt une sorte de mollusque qui, au fil des années, avait déroulé autour de lui une coquille de livres de plus en plus épaisse, de plus en plus dense, et subi en contrepartie, en vertu d'obscures lois naturelles, un lent mais constant amollissement de sa propre chair, de son visage et de ses manières. Vingt ans plus tôt, le libraire savait encore se tenir debout. Il portait la jaquette, la cravate, raccompagnait les clients jusqu'à la porte, et pour rien au monde n'eût absorbé la moindre nourriture devant des inconnus, pas même une pâtisserie. Le déclin avait commencé en 1879, l'année de la démission de Mac-Mahon, quand M. Weil, pour la première fois, s'était résigné à empiler quelques ouvrages non coupés à même le sol, faute de place sur ses étagères. L'hiver suivant, il avait acquis le poêle, et en avait rapproché le fauteuil voltaire. Il avait substitué une robe de chambre de soie, cadeau d'un fournisseur italien, à la jaquette. Puis un foulard à la cravate. Il s'était mis également à porter une large calotte de soie, ce qui était sans doute d'un usage assez fréquent non seulement chez les Juifs, mais aussi chez les archivistes et autres chartistes. Au fur et à mesure que les livres et les périodiques se multipliaient, s'entassaient, se transformaient en remblais, en piliers, en mastabas, et que l'espace diminuait dans la boutique, M. Weil s'enfonçait un peu plus profondément dans son fauteuil et se collait un peu plus contre le Godin. Les clients semblaient désormais l'importuner : une dame ayant demandé un livre de prières selon le rite portugais, avec l'excellente traduction en français de Créhange, il lui avait rétorqué que c'était « trop compliqué à chercher ». Il avait fallu que sa fille – car le libraire, dans une vie antérieure, avait été marié et avait engendré –, une grande rousse maigre, prenne le chaland en pitié et lui fournisse le petit livre relié en vert, dont quelques exemplaires sommeillaient, en effet, derrière la première pile d'ouvrages religieux, à gauche.

« Voilà le lot », dit Weil. Pour Noirhomme, tout de même, il se lève et fait quelques efforts. C'est son client le plus prestigieux, professeur à la Sorbonne, membre de l'Institut. « Je me suis procuré cela chez le seul abonné parisien, un fourreur de la rue Bergère. Vous verrez, c'est passionnant. Mais la parution a cessé : la rédaction a eu des problèmes avec les autorités turques. » Noirhomme déplie un exemplaire : *Ha Zvi*. Noirhomme murmure : « C'est donc cela... » Puis, s'adressant à M. Weil :

– Entendu, j'achète tout. Quand votre commissionnaire pourra-t-il passer ?
– Mardi, répond Weil.
– J'aurais préféré en disposer plus rapidement. Bon, je vous envoie demain l'un de mes étudiants. Vous savez, Rabinovici, le Roumain.
– Oui-da.
– En attendant, je prends quand même cet exemplaire avec moi. Vous me mettrez tout sur ma note.

La porte s'ouvre et actionne la sonnette aigrelette. Un homme de belle prestance entre. Il porte lui aussi un haut-de-forme.

– Albert ! J'étais sûr que tu passerais d'abord chez ce bon M. Weil...
– Adolphe ! Je savais que j'allais te croiser dans les parages avant notre petite soirée... À propos, quelle heure est-il ?
– Six heures, la nuit vient à peine de tomber.
– Nous ne sommes pas attendus avant sept heures ?

– Oh ! sans doute pas.
– On fait un tour ?
– Évidemment. Au revoir, M. Weil.

Les deux messieurs remontent la rue des Écouffes. Des enfants, plantés dans la rue en dépit du froid, se poussent du coude sur leur passage :

– *Eih, zeih nokh wer kumt do : tzvei rikhtike gevirim !*
– *Gevirim varshtayen yiddish oïkhet*, rétorque Adolphe Ungarer.
– *Oy, s'muz dokh sein Rothschild*, s'exclame un des enfants.

« Que vous êtes-vous dit ? » demande Noirhomme quand, un instant plus tard, ils ont atteint la rue des Rosiers. Ungarer explique : « Le gosse a lancé quelque chose dans le genre : “ Eh, zieute un peu qui passe, deux vrais rupins ! ” J'ai répondu : “ Les rupins aussi entendent le yiddish. ” Il a dit : “ Oy, ça doit être Rothschild ! ” » Noirhomme éclate de rire : « Pas tout à fait... » La rue s'incurve, les petites échoppes se resserrent ou se dilatent comme les soufflets d'un accordéon. Boucher. Poissonnier. Boulanger. Fournitures pour tailleurs. Horloger. Rétameur. Une lumiotte jaune brille, dans chaque boutique, au-dessus du comptoir. Des hommes entrent et sortent, casquette sur la tête, ballot sur l'épaule. « Regarde cet immeuble », dit soudain Ungarer : « Le premier étage est bien éclairé, n'est-ce pas ? C'est une synagogue. Elle a été ouverte sous Louis XV. Le deuxième étage ? Un restaurant. Et le troisième, là-haut ? Un hôtel. Enfin, si l'on peut dire. Ils sont à six ou sept par chambre. Juste une paillasse et un clou pour accrocher leurs frusques. Des hommes, bien entendu. Jeunes, en général. Ils ont déjà trouvé du travail quelque part. Quand ils auront gagné trois sous, ils feront venir leur femme ou leur fiancée. Quelques-uns ont le culot de s'inscrire chez toi, à la Sorbonne, ou à l'École de médecine, et de passer des doctorats tout à fait honorables. D'autres font fortune dans le commerce petit ou gros. La majorité ne sortira pas d'une condition modeste. Notre peuple. » Noirhomme, le nez en l'air, regarde. « Tu sais quoi, Adolphe ? Entrons. – Où cela, Albert ? – Allons voir la synagogue. – Adolphe, tu veux rire ? – Ai-je l'air de rire, mon cher ? »

Derrière la lourde porte cochère, une cour, évidemment. Ungarer prend l'escalier, à droite. Les marches, disjointes, craquent sous les pas. Au premier étage, l'odeur du Vieux Paris : moisi, craie, soupe au chou. Ungarer prend un couloir, un second. « C'est ici », chuchote-t-il. Les deux messieurs entrent. La pièce, haute de plafond, éclairée au pétrole, n'est pas si vaste que cela. Mais tant de Juifs s'y tiennent, serrés les uns contre les autres. « Comme des harengs dans leur tonneau », songe Noirhomme. Ils prient en silence, les yeux fermés, en se balançant d'avant en arrière, ou de droite à gauche. Comme il est dit : « Tous mes os chanteront la louange de l'Éternel. » Lévites, caftans, vestons, blouses bleues d'ouvrier, blouses noires d'employé aux écritures : les classes sont ici rassemblées et confondues. Noirhomme serre le pommeau de sa canne. Soudain, l'officiant – un homme encore jeune, à la barbe hirsute – entonne un premier *kaddish* : le magnificat. « Que le Nom de l'Éternel soit glorifié et sanctifié dans ce monde qu'Il a créé selon Sa volonté. Que Son règne vienne bientôt, de nos jours et du vivant de toute la Maison d'Israël, et dites : Amen ! » Les fidèles reprennent en chœur un verset, puis un autre. L'officiant dit des psaumes. Second kaddish, dit des orphelins. Cette fois, cinq ou six hommes accompagnent l'officiant dans sa récitation. Les mots reviennent à la mémoire de Noirhomme, qui se joint à eux. Certains, dans l'assistance, le regardent. Les autres l'ignorent. Un Juif devenu un monsieur, qui vient pourtant dire kaddish à la mémoire de ses parents, quoi de plus normal ? Ungarer est stupéfait, mais n'en laisse rien paraître – pour l'instant.

Quand ils sont ressortis dans la rue :

– Tu redeviens juif, Albert ?
– Je n'ai jamais cessé de l'être, Adolphe.

– Tout de même, dire le kaddish des orphelins. As-tu au moins une raison de le prononcer ?

– Ce n'est ni l'anniversaire du décès de mon cher père, ni celui de ma chère mère. Je le disais à ma propre mémoire, Adolphe. À celle du Juif que j'ai été, que je suis, et dont personne, bientôt, ne saura plus rien...

– Tais-toi, Albert. Je suis trop ton ami – que tu le veuilles ou non – pour accepter de telles paroles.

– Je t'en sais gré, Adolphe. Dis-moi, l'heure de la petite soirée approche. Passons par la rue des Francs-Bourgeois...

– Entendu.

Les deux hommes marchent en silence. Les becs de gaz tremblent dans l'air trop froid. Les fiacres se succèdent, au petit trot. Parfois une jeune fille passe, le nez rougi sous la voilette.

– Le lot de journaux que j'ai acheté chez Weil...

– Oui, Albert ?

– C'est l'hebdomadaire de Ben-Yehuda. Je t'en avais parlé ?

– Mais oui, l'homme qui ne veut parler qu'hébreu...

– Smolenskine m'en avait parlé, juste avant de mourir. Il avait publié deux ou trois de ses articles. J'ai eu d'autres informations depuis, notamment de la part des délégués de l'Alliance israélite universelle en Palestine.

– Refaire de l'hébreu une langue vivante !

– Les colonies agricoles ont adopté l'hébreu, elles aussi.

– Mais enfin, Albert, c'est une langue morte...

– Tu sais bien, Adolphe, que ce n'est pas mon avis. L'hébreu est resté beaucoup plus vivant que le latin, par exemple...

– Oui, ton article dans la *Revue des Deux Mondes*...

– Qui m'avait valu une lettre fort aimable de Renan.

– Je sais.

– L'éducation juive traditionnelle, telle que ces nouveaux arrivants de la rue des Rosiers l'ont encore reçue dans leurs villages de Russie voici quelques années à peine, crée une intimité avec la langue sainte que les catholiques moyens n'ont assurément pas avec la langue de l'Église.

– J'en conviens.

– De nombreux mots hébreux sont passés dans le lexique vernaculaire des Juifs d'Occident et d'Orient, aussi bien en yiddish qu'en ladino, par exemple...

– Certes.

– Je pense même que le yiddish n'est pas, comme on le pense habituellement, de l'allemand jargonné d'hébreu, mais plutôt un hébreu appauvri, où un vocabulaire technique allemand ou slave se serait peu à peu inséré, par nécessité... Enfin, Adolphe, n'importe qui sent que la syntaxe analytique du yiddish n'a rien à voir avec celle de l'allemand : la première est analytique, la seconde syntaxique...

Voici déjà l'hôtel de Lamoignon, l'un de ceux qui, dans ce Marais déchu, garde un peu de son ancien éclat. Cela tient peut-être à son échauguette insolite, presque médiévale, plus Henri IV ou Louis XIII, en tout cas, que Louis XIV, accrochée à l'angle de la rue Pavée.

– Adolphe, n'est-il pas curieux que les Juifs les plus religieux, à Paris, se soient jetés sur le Marais ?

– Albert, c'est simplement parce que ce quartier est aujourd'hui en ruine, et qu'on s'y loge pour trois fois rien...

– Tut, tut, Adolphe. Les choses ne sont pas si simples. Après tout, il y a d'autres quartiers juifs à Paris... La rue Cadet, fief des Alsaciens... La rue de la Roquette, où débarquent les Juifs ottomans, venus de Constantinople, de Smyrne, de Salonique...

– Montmartre, Belleville, où s'entassent les ouvriers socialistes échappés du *Yiddishland...*

– Et la rue Mouffetard, Adolphe, si près de chez moi... Si tu te promenais du côté de l'église Saint-Victor, mon vieux... Les Polonais en caftan qui vendent, dans un parapluie, des culottes et des corsets... Et un peu plus loin, après l'horrible Halle aux Cuirs, la rue Geoffroy-Saint-Hilaire...

– Le marché aux chevaux ?

– Si fait, mon cher Adolphe. Il faut que je t'y emmène. Tu sais que le commerce des bestiaux – bœufs, veaux, génisses, chevaux – est depuis longtemps une spécialité juive ?

– Tu parles ! Ma femme, à moitié alsacienne, descend de Cerf-Beer, qui fournissait le roi en montures de cavalerie...

– Et qui, pour ces hauts faits, fut quasiment anobli – à la veille de la Révolution, hélas. As-tu vu sa tombe, au vieux cimetière de Belleville ?

– Non. Je ne savais pas qu'il existait encore.

– Je t'y emmènerai. Le pauvre, sa pierre tombale mentionne le calendrier révolutionnaire...

– Le pauvre.

– Bref, aujourd'hui encore, les chevaux que tu vois à Paris, qu'il s'agisse de fiacres ou de percherons pour les livraisons en gros, sont l'affaire de maquignons juifs, les seuls qui connaissent vraiment le métier. Et ce sont des gens pieux, des *froums*, comme vous dites...

– Comme nous disons tous.

– Oui, Adolphe, comme nous disons tous. Mais revenons au Marais. Les plus *froums*, justement, vivent ici. Et tu sais pourquoi ?

– Allez, dis-le-moi.

– Parce que toutes les traditions vraies, secrètement, s'accordent entre elles. Pour qui sait voir, le Marais fut la gloire de la France. Les *froums* savent voir.

– Toujours royaliste, Albert ?

– Ne te moque pas de moi. J'ai depuis longtemps le sentiment, l'intuition...

– Que ?

– La dernière pierre qu'on arracha à la Bastille...

– Oui ?

– Sera la première d'une fournaise ardente où l'on précipitera un jour les Juifs.

– Tu déraisonnes.

– Puissé-je en effet me tromper.

Lamoignon a été débité en appartements, comme les autres hôtels du Marais. Mais sa magie de cape et d'épée a opéré : les occupants, en 1895, sont des personnes fort distinguées. L'écrivain à succès Daudet loue un étage entier, le chirurgien Lévinaire aussi. C'est lui qui reçoit ce soir. Avec éclat. Noirhomme et Ungarer montent le grand escalier : des extras en perruque et livrée les accueillent. D'autres les introduisent dans l'antichambre, le salon. Tout est éclairé à l'électricité, mais il y a profusion de chandelles vives.

– Ah ! Noirhomme, Noirhomme, que je suis content que vous soyez venu ! Et vous, Ungarer !
– Mon vieux Lévinaire, cela allait de soi, dit Noirhomme.
– Et comment, renchérit Ungarer.
– Il est là ?
– L'orateur ? Pas encore... Mais il sera là d'un moment à l'autre. En fait, il est à deux pas d'ici.
– Deux pas ?
– Si je vous disais...
– Quoi donc ?
– Il est chez mon voisin.
– Chez Daudet ?
– Tout à fait.
– Chez cet antisémite ?
– Noirhomme, la vie est compliquée. Je ne parlais plus à Daudet. Mais c'est lui qui m'a présenté... l'orateur.
– Un mot de plus, Lévinaire, et je m'en vais. Ce Daudet, dont il est établi que les meilleurs livres sont des plagiats, finance *La Libre Parole* de Drumont, qui a eu le front de... de...
– De vous attaquer.
– De m'attaquer en tant que Juif. Révélant que je m'appelais Schwartzmann avant 1870.
– Vous avez pris un patronyme gaulois, comme le mélomane Wolfgang, devenu Pasdeloup... Acte patriotique.
– De publier mes actes de baptême.

– D'un point de vue chrétien, c'est vous rendre hommage.
– Bref, que vient faire Daudet avec votre invité principal d'aujourd'hui ?
– Noirhomme, je vous répète que je ne parlais plus à Daudet. Mais lui, il parlait à... celui qui, ce soir, est mon invité principal, comme vous dites. Et les apparences sont qu'il lui a témoigné de la sympathie active et du soutien.
– Un antisémite sioniste !
– Quand vous aurez vu... l'invité... Vous comprendrez...

Le premier salon est bientôt empli. Une vingtaine de messieurs, cinq ou six dames. Les extras présentent des coupes de champagne. Ungarer plaisante : « Je ne savais pas que vous en buviez, Lévinaire. J'ai toujours pensé que Mme Lévinaire tenait une cuisine casher... » L'hôte : « Les rabbins de Pologne interdisent le vin des Gentils, en effet. Mais les rabbins de France le permettent. Je suis l'usage de mon pays. » Puis, soudain : « Oh ! mais voici le héros du jour... Pardonnez-moi, Messieurs... »

L'homme qui vient d'entrer est jeune : trente-cinq ans peut-être. Grand. Altier. La tête d'un prince assyrien. Un nez droit. Une barbe sombre, carrée. Des yeux noirs, un peu globuleux. « Mesdames, Messieurs, dit Lévinaire, je vous présente le Dr Theodor Herzl, docteur en droit, dramaturge, écrivain, journaliste, correspondant à Paris de la *Neue Freie Presse* de Vienne, le journal le plus influent d'Autriche-Hongrie. Le Dr Herzl parle parfaitement le français, évidemment. Ce n'est pas de la Double Monarchie qu'il va nous entretenir ce soir, ni même des relations franco-autrichiennes. Mais de la question juive. Et je suis sûr que ses propos vous toucheront. Dr Herzl, bienvenue dans ma modeste demeure. Et acceptez ce verre de vin de Champagne ! »

L'étranger lève la coupe à la hauteur de son visage, s'incline devant Mme Lévinaire et son époux, claque des talons : « Madame, Monsieur le Professeur, je suis trop honoré par votre accueil. Et je vous remercie de m'autoriser à présenter ce soir quelques-unes de mes vues. »

Un long murmure traverse l'assistance : « Bel homme, ma chère, vous ne trouvez pas ?... – Son français est remarquable en effet... – Un personnage un peu raide, tout de même, un peu trop germanique... »

Déjà Lévinaire a fait ouvrir les portes du grand salon. Un feu brûle dans la cheminée de marbre vert. Des chaises ont été disposées en arc de cercle. Les invités s'assoient. On propose à Herzl de s'installer en face d'eux, derrière une table de jeu. Il préfère rester debout.

« Mesdames, Messieurs, je suis autrichien, mais je n'en suis pas moins un Juif, comme vous, ou du moins comme la plupart d'entre vous. J'ai cru, comme vous sans doute, que la question juive, ce vestige du Moyen Âge, serait réglée au XIXe siècle. J'observe, comme vous, qu'il n'en est rien. La question juive existe. Elle se pose partout où les Juifs vivent en nombre. Et là où elle ne se présente pas, elle est importée par les immigrés juifs eux-mêmes. De par une tendance naturelle, nous allons vivre là où l'on ne nous persécute pas ; et dans cet asile, de nouvelles persécutions sont la conséquence directe de notre venue. C'est une constatation qui ne soufre pas de démenti, et demeure vraie partout, même dans les pays où le niveau de civilisation est particulièrement élevé, comme le vôtre, la France. Je ne veux pas me mêler d'une affaire bien triste, la condamnation d'un officier juif, le capitaine Dreyfus, par un tribunal militaire. À supposer que ce Dreyfus ait en effet trahi son pays, ce dont plusieurs personnes commencent à douter, fallait-il imputer sa faute à tous ses coreligionnaires et que la foule, lors de sa dégradation, criât “ Mort aux Juifs ” ? Bien sûr que non. »

Herzl s'interrompt un instant, pour juger de l'effet de ses premières paroles. L'assistance est silencieuse, extrêmement attentive. Il poursuit : « Pourquoi les Juifs sont-ils rejetés ? Ce n'est pas à mes yeux une question religieuse, ni même une question sociale, mais bien une question nationale. Dans leur majorité, les Juifs entendent rester ce qu'ils sont, transmettre à leurs enfants la foi et les idéaux qu'ils ont reçus de leurs parents. C'est là un besoin humain, et donc un droit, évident. Mais les peuples parmi lesquels nous vivons en déduisent, quand bien même nous nous comportons en patriotes, et même en patriotes exubérants, que nous leur sommes étrangers. Ne nous insurgeons pas contre cette attitude. Seule la majorité d'un pays peut décider qui y est étranger et qui n'y est pas. Simple question de force, comme tout, d'ailleurs, dans les relations entre les peuples. »

L'assistance se tait toujours. « J'en viens au projet que je veux vous soumettre. La seule façon de régler la question juive est de permettre aux Juifs qui le désirent, ou qui y sont contraints, c'est-à-dire à la majorité d'entre eux, de se regrouper dans le pays dont ils n'ont jamais cessé de rêver ou sur toute autre parcelle du globe, et d'y constituer un État souverain. Ce projet, que je ne suis pas le premier à formuler, ne me paraît nullement irréalisable. J'ai noté quelques chiffres qui vous intéresseront. On compte aujourd'hui dix millions de Juifs dans le monde, peut-être un peu plus. Supposons que la moitié seulement veuillent s'installer dans une patrie qui leur serait propre : cela ferait une population égale ou supérieure à celle de nombreux États souverains, tant en Europe qu'outre-mer. La Suède ne compte que cinq millions d'habitants, le Danemark deux millions et demi, le Portugal et les Pays-Bas cinq millions respectivement. Parmi les pays neufs, le dominion du Canada ne compte que cinq millions d'habitants, l'Argentine trois millions et demi, et l'Australie, qui formera bientôt un dominion elle aussi, un peu moins de quatre millions. »

Les visages commencent à s'animer. Cet Autrichien sait parler. Et ses idées font mouche.

« On m'objectera que les États qui existent déjà s'opposent nécessairement, au nom de leur égoïsme naturel, à la création d'un nouvel État. C'est vrai. Sauf si cette entité répond à leurs intérêts, ce qui serait le cas d'un État juif. Les nations européennes pourront en effet résoudre une question qui les taraude. Celles qui ne veulent plus des Juifs pourront organiser leur départ dans un esprit d'équité. Celles qui tolèrent les Juifs anciennement installés dans leur sein ne seront pas contraintes d'en accueillir d'autres. Dès lors qu'une partie des Juifs, fidèles à leur nationalité, pourront se regrouper dans leur propre État, l'autre partie, qui souhaite s'assimiler aux nationalités non-juives, pourra le faire en toute tranquillité d'esprit, sans avoir le sentiment de trahir, et donc aller jusqu'au bout de ses choix. Enfin, un État créé avec le concours de toutes les nations sera nécessairement neutre, comme la Suisse. S'il est établi en Palestine, comme le souhaitent la plupart des Juifs, il contribuera à l'équilibre des puissances européennes en Orient, mais aussi à des relations plus harmonieuses entre l'Orient et l'Occident. »

Le Dr Herzl, désormais sûr de lui, enchaîne : « Ces principes étant posés, comment procéder ? Je propose de créer, simultanément ou successivement, deux organisations distinctes. Appelons-les, pour la commodité du raisonnement, la Compagnie juive et la Sociéte juive. La première sera conçue sur le modèle des grandes compagnies territoriales à charte, qui ont assuré l'expansion européenne ou le développement de la civilisation depuis trois siècles : à cette reserve près qu'elle n'aura pas des buts coloniaux ou commerciaux, mais humanitaires. Constituée en société par actions, conformément au droit anglais et sous la protection du Royaume-Uni, elle aura pour mission de liquider dans des conditions saines, sans dépréciation, les biens des Juifs désireux d'émigrer, puis d'affecter le capital ainsi réuni à l'édification du pays juif. Cette opération permettra en outre de mettre fin au paupérisme au sein de notre peuple : les émigrants fortunés, une fois installés, retrouveront bien entendu leur capital propre ; mais la Compagnie, agissant comme un institut national de crédit, aura avancé entre-temps aux immigrants moins fortunés les moyens d'améliorer leur condition, de se loger de façon décente, de se perfectionner dans leurs métiers ou de fonder des entreprises coopératives. Les bénéficiaires de ce prêt le rembourseront par leur travail, et par la prospérité générale qu'ils auront ainsi déterminée. »

L'assistance fronce les sourcils, plisse les lèvres. Tout ceci est à la fois si audacieux et si simple. Utopie, bon sens ? Le Dr Herzl poursuit : « Quant à la Société juive, ce sera l'instrument politique. Elle doit être totalement séparée de la Compagnie pour que celle-ci procède dans la plus grande rigueur et qu'un scandale analogue à celui de Panama ne vienne pas ternir les aspirations d'un peuple. Reposant à la fois sur l'adhésion libre et la cooptation, la Société agira dans un premier temps auprès des hommes d'État du monde entier, des souverains, des Parlements, des Églises et autres corps religieux, et enfin des communautés juives, afin d'obtenir leur concours. Dans un second temps, elle prendra possession, avec un personnel approprié, du territoire qui sera octroyé au futur État juif. Enfin, dans un troisième temps, elle mettra en place les institutions de cet État. »

L'orateur, pour la première fois, sourit : « Si les Juifs sont d'accord sur le diagnostic et sur le remède, et s'ils veulent se donner les moyens d'appliquer celui-ci, la partie est gagnée d'avance. Sans doute faudra-t-il reprendre les idées que je viens de vous soumettre dans une sorte de manifeste – j'y travaille – et les faire ratifier par une assemblée représentative, un congrès national. Mesdames, Messieurs, nos parents ont implanté dans notre âme l'idée puissante et merveilleuse du Retour à Sion. Pour les uns, ce n'est qu'une légende, pour d'autres une prophétie... Si vous le voulez, ce ne sera pas une légende ! »

On se lève, on applaudit. Lévinaire serre longuement la main du Dr Herzl.

« Mes amis, mes amis... Je savais que les propos de notre invité ne vous laisseraient pas indifférents. Mais je suis sûr, par ailleurs, que vous souhaitez discuter avec lui. »

Herzl croise les bras. Les questions du public, ce mal nécessaire, qui permet aux conférenciers de clarifier un peu plus encore leurs idées, d'affûter leur propos... Un homme sec, chenu, un peu courbé, se lève lentement :

– Monsieur, je vous ai écouté avec beaucoup de soin. Mon nom est Bloch, Simon Bloch. Je suis dans la finance. Avez-vous fait chiffrer vos projets ?

– Un expert, le Dr Ehrlich, les a examinés. Il n'élève aucune objection.

– Le Dr Ehrlich, oui, très bien...

L'homme se rassoit. Un auditeur assis au dernier rang, un homme corpulent, lève le bras.

– Nous vous écoutons, Auguste, dit Lévinaire.

– Mon nom est Auguste de Raynal, je viens d'Aix-en-Provence. Votre exposé était passionnant, passionnant... Rarement ce projet – le sionisme, comme on commence à dire – a-t-il été mieux exprimé, avec plus de force. Mais avez-vous entendu parler de l'Allemand Hess, du Russe Pinsker, qui vous ont précédé ? Surtout de Pinsker, dont les propositions pratiques ressemblent aux vôtres ?

– Je serai franc, Monsieur : non. Je n'ai entendu parler de Pinsker qu'à la fin de l'été dernier. M. Leven, de l'Alliance israélite universelle, m'a dit en effet que ses écrits sont remarquables. Pour tout vous dire, je suis un Juif assimilé. J'ai même failli me convertir au catholicisme. Je connais mieux les opéras de Wagner que les prières de la synagogue. Je ne fais donc que découvrir les débats qui se déroulent depuis quinze ou trente ans au sein de nos communautés. Mais voyez-vous, dans mon métier, le journalisme, on dit que moins on connaît un sujet a priori, plus on va à l'essentiel. Depuis que je parle autour de moi d'un État juif et des moyens d'y parvenir, on m'écoute, on me presse d'aller plus loin, d'agir... Je suppose donc que je suis dans le vrai, comme Moïse qui avait été élevé dans le palais de

Pharaon, mais qui, lorsqu'il sortit vers son peuple, sut en être le guide. Que je ne fasse, d'une certaine façon, que retrouver les intuitions de Pinsker et d'autres auteurs me renforce dans ce sentiment.

Une jeune dame blonde, en robe rayée blanc et jaune :

– Bravo, Dr Herssel, bravo...

– Herzl, Madame, ou Mademoiselle...

– Herssel, oui, c'est bien ce que je disais. Je souscris pour mille francs à la Compagnie des Juifs...

– La Compagnie juive, Madame... ou Mademoiselle...

– La Compagnie des Juifs, oui, c'est cela... Mille francs...

– La Compagnie juive n'a pas encore été fondée...

– Mon fondé de pouvoir ira vous voir à votre hôtel, Dr Herssel...

– Merci, Mademoiselle... ou Madame...

Noirhomme :

– Vous avez failli vous convertir, avez-vous dit. Mais vous ne l'avez pas fait. Acceptez-vous des convertis dans votre Compagnie, et votre Société ?

– Quiconque veut travailler pour le bien des Juifs est le bienvenu.

– Je vous demande donc de me recevoir.

Un long murmure salue le propos de l'universitaire. Son ami Ungarer lui presse le bras. Un jeune homme roux, aux vêtements un peu trop serrés, intervient à son tour :

– Dr Herzl, j'aurais voulu vous questionner en allemand... Ma langue natale... Que je pratique avantageusement... *Besser wie auf französisch, Herr Doktor...* Mieux que le français, Monsieur le Docteur... *Aber...* Mais... Nous sommes en France ! Et nos amis sont français !

– Au fait, au fait, Éphraïm, dit Lévinaire...

– Voilà, voilà... Dr Herzl, vous avez vu nos rabbins ? Nos notables ? Qu'est-ce qu'ils disent de votre État juif ? Ils sont d'accord ?

– Monsieur, j'ai vu des rabbins, certains me soutiennent, d'autres non. Je suis en contact avec le Rabbi hassidique de

Sadigora, en Autriche. J'ai vu, voici quelques jours, le grand rabbin de France, M. Zaddoc Kahn. Il m'a longuement écouté. Il s'est déclaré patriote français et sioniste. J'ai soumis mon projet à la famille Rothschild.

Un homme aux petites lunettes, à la barbe broussailleuse, vêtu avec la négligence appuyée des gens de plume :

– Je m'appelle Bernard Lazare. Vous vous êtes comparé à Moïse. Ma question : qu'est-ce qui vous a fait sortir du palais de Pharaon ? Comment êtes-vous devenu sioniste ?

– La dégradation du capitaine Dreyfus m'a fait un grand effet, comme je le laissais entendre tout à l'heure. Elle a catalysé des sentiments et des réflexions qui étaient en moi depuis longtemps.

– Nous sortons tous un jour du palais de Pharaon, dit Lazare. Nous allons tous un jour vers notre peuple. C'est peut-être cela aussi, le sionisme.

– Mes chers amis, mes chers amis, le Dr Herzl est fatigué, et sans doute a-t-il soif. Une collation est servie à côté. Je traduis sans doute nos impressions à tous en disant à notre invité que s'il convoque un Congrès juif, ou un Congrès sioniste, nous en serons.

– Oui, oui, crie la dame en blanc et jaune, tous avec le Dr Herssel !

CHAPITRE 12

Comme un roman de Jules Verne

Il y a du Jules Verne dans Herzl. Pour la forme comme pour le fond. L'homme ressemble tour à tour à Michel Strogoff (le sens, très aristocratique, d'une mission), à Matthias Sandorf (la révolte d'un peuple), au capitaine Nemo (orgueil, misanthropie, mais aussi passion pour les innovations technologiques), à Phileas Fogg (entregent, inépuisable capacité à imaginer de nouvelles solutions dans un monde de plus en plus ouvert, « globalisé »). Ses idées politiques ou philosophiques procèdent souvent du même utopisme conquérant que *Vingt mille lieues sous les mers* ou *De la Terre à la Lune*. On pourrait republier ses œuvres, en particulier *Altneuland* (« Pays ancien et nouveau »), le roman d'anticipation qu'il termina moins de deux ans avant sa mort prématurée, avec des gravures extraites des éditions Hetzel, ou avec des œuvres de ces illustrateurs néo-verniens de la fin du XXe siècle, Schuiten et Peeters.

Herzl naît à Budapest en 1860, dans une famille juive aisée, aimante, sentimentalement attachée à ses origines, mais peu pratiquante : son père se borne à l'emmener à la synagogue à l'occasion des grandes fêtes ou à célébrer le Séder. C'est le moment où la Hongrie s'émancipe au sein de la monarchie des Habsbourg et devient un royaume autonome, associé à l'Empire d'Autriche. La plupart des Juifs hongrois soutiennent avec enthousiasme le nouveau régime, magyarisent leurs noms. Les Herzl, au contraire, se veulent autrichiens : peut-être estiment-ils qu'il vaut mieux, dès lors qu'on « s'assimile », rejoindre une grande nation, le monde germanique, plutôt qu'une petite. Cette « singularité au milieu d'une singularité », cette différence germanisante qui s'ajoute à la différence juive, va peser d'un grand poids dans la formation psychologique du jeune Benjamin Zeev, Theodor à l'état civil. L'enfant se sent « fils de roi ». L'éducation qu'il reçoit au lycée – latin, grec, classiques allemands, français, anglais, histoire, initiation aux Beaux-Arts, fréquentation de l'Opéra – nourrit ce fantasme héroïque. Mais peut-on être à la fois un Juif de Budapest et un noble allemand ? Les préjugés du temps – les pesanteurs culturelles, l'inconscient collectif – s'y opposent : à la rigueur, un Juif peut accéder à la germanité et à la noblesse en se dépouillant de son judaïsme. Mais d'autre part, comment, si l'on est né Juif, se renier ? Qu'est-ce que l'honneur aristocratique, sinon la loyauté ?

En 1878, la famille Herzl s'installe à Vienne, la capitale germanophone de la Double Monarchie. Theodor s'inscrit à la faculté de droit. La coutume veut que les étudiants adhèrent à une *Burschenschaft*, une « corporation » à la fois paramilitaire et bachique : il choisit Albia, une organisation nationaliste, pour ne pas dire d'extrême droite, où le duel à l'épée, jusqu'au premier sang versé, est de rigueur, et la balafre une distinction. Il semble y avoir été assez bien reçu : ce qui confirmerait l'étendue et la perfection de son acculturation. Mais il quitte brusquement Albia en 1883. Officiellement, c'est pour protester contre « une provocation subversive » de l'association : au cours d'une fête à la mémoire de Richard Wagner, qui venait de décéder, Albia et d'autres groupes estudiantins avaient fait acte d'allégeance à « l'empereur allemand », Guillaume II, et non à l'empereur d'Autriche, François-Joseph. D'autres raisons semblent avoir joué, cependant. Sous l'influence, précisément, de Wagner qui, à la fin de sa vie, avait fait l'antisémitisme la « nouvelle foi allemande », la bonne société commence à exclure les Juifs, y compris les plus « assimilés » : moins de cent ans après avoir commencé à les recevoir et vingt ou trente ans à peine après leur accession à la pleine citoyenneté, tant dans le nouveau

Reich allemand dominé par la Prusse que dans le vieux Reich autrichien. En quelques années à peine, toutes les *Burschenschaften* adoptent des dispositions dans ce sens, sauf quelques corporations « libérales » qui, par la force des choses, deviennent exclusivement juives. Herzl a peut-être voulu s'épargner l'humiliation d'une exclusion en s'en allant de son propre mouvement, sur un prétexte ostensiblement « loyaliste ».

Mais l'humiliation est partout. Il a obtenu un doctorat. Qu'en fera-t-il ? En dépit de la Constitution, des lois, et de la bienveillance personnelle de l'Empereur, la Double Monarchie austro-hongroise ne permet pas aux Juifs d'accéder aux fonctions publiques : quelques Juifs sont anoblis, mais ils ne paraissent pas à la Cour ; les Juifs peuvent être élus au Parlement, mais ne sauraient devenir ministres ; ils sont soumis à la conscription, mais ne peuvent prétendre à la qualité d'officiers ; ils reçoivent des diplômes universitaires, mais ne sont pas nommés professeurs ; ils composent des symphonies, mais n'accèdent pas au rang de chef d'orchestre (Gustav Mahler devra se convertir pour être nommé à la tête de l'Opéra de Vienne). Consignés à l'argent, cette chose nécessaire mais infâme, ils ne peuvent exercer que des professions commerciales ou financières, ou à la rigueur le journalisme, non moins nécessaire, non moins infâme, non moins profitable. Par une extraordinaire ironie de l'histoire, c'est l'institution du suffrage universel qui a entraîné cette involution : tant que l'Autriche-Hongrie pratiquait un suffrage censitaire, l'aristocratie et la haute bourgeoisie envoyaient au Parlement des majorités relativement libérales, favorables à l'intégration des Israélites. La démocratisation, en revanche, a favorisé la démagogie, dans les classes moyennes et inférieures. Donc l'antisémitisme : les premières ne toléraient pas que les Juifs, ces éternels réprouvés, leur fissent soudain concurrence ; et les secondes, qu'ils parvinssent à s'élever. Dans *Altneuland*, Herzl décrira ainsi – de façon explicitement autobiographique l'aliénation des élites juives de son temps, et ses conséquences :

« C'était en fait une sorte de prolétariat supérieur. Ils étaient les victimes d'une opinion qui avait eu cours trente ans plus tôt : les fils ne devaient pas être ce que les pères avaient été. Ils avaient reçu pour mission de se libérer des embarras des professions vénales et du commerce. Ils étaient donc entrés en masse dans les professions dites libérales, générant un excédent de jeunes gens doués, mais malheureux, incapables de trouver un emploi mais aussi de se contenter d'une existence triviale. Ils ne pouvaient, comme leurs camarades chrétiens, pantoufler dans la fonction publique, et perdirent bientôt toute valeur sur le marché du travail. Néanmoins, ils gardaient la notion du " rang " qu'ils devaient tenir... Les uns vécurent sur la bourse paternelle, d'autres consentirent, en épousant de riches héritières, à s'asservir à leurs beaux-pères, d'autres encore s'abaissèrent à faire fortune dans ces occupations interlopes où l'excellence des manières suppléait à l'irrégularité des desseins : spectacle curieux et triste que ces hommes qui, par mépris des " affaires ", devenaient experts en maladies honteuses et manigances troubles. Certains, enfin, dans le besoin, se firent journalistes et trafiquants d'opinion. »

Herzl se fait journaliste. « Feuilletoniste », pour être précis. Un genre propre à la presse allemande, sans rapport avec le roman-feuilleton à la française : une sorte d'essai hebdomadaire, bien écrit, enlevé, qui balise divers sujets, les uns graves, les autres légers, de la politique à la culture, de l'éthique aux mondanités, des anecdotes à l'humour. Il rencontre assez de succès pour passer à l'étape suivante : auteur de théâtre. En ces temps d'avant la radio, la télévision et Internet, c'est en quelque sorte le premier média interactif. L'auteur propose des situations, des thèses ; le public, à chaque représentation, réagit ; l'acteur, à mi-chemin, opère une sorte de synthèse à vif, en temps réel, qui ne va pas sans surprises ni renversements : une pièce passant pour « morale » plaît en définitive pour les vices qu'elle décrit, un éloge est entendu comme un réquisitoire, une dénonciation pour une apologie. Là encore, Herzl passe l'épreuve : le public se presse aux représentations, apprécie le « sérieux » des questions qu'il soulève, attend la pièce suivante. Dans ses écrits intimes et ses lettres, le jeune homme note à la fois sa fierté d'exercer un tel charisme, et sa crainte de ne pas être « véritablement profond ».

En fait, sa carrière théâtrale lui permet surtout d'opérer une sorte d'auto-analyse, de s'avouer peu à peu ses obsessions et ses phobies, et de les surmonter. Dans plusieurs de ses drames des années 1880, il se livre à une apologie excessive, presque puérile, de l'aristocratie traditionnelle, et à une critique non moins excessive et ambiguë des Juifs. Mais au fur et à mesure qu'il sacrifie à ces lieux communs, il s'en détache. Sans se départir d'un sens très vif des hiérarchies humaines, le Herzl des années 1890, de la solide trentaine, ne croit plus qu'à une nouvelle aristocratie, liée au « génie » et au travail plutôt qu'au sang, regroupée par des « affinités électives » plutôt que des règles de caste : celle que Nietzsche, au même moment, entrevoit dans des termes presque identiques. Dans *Altneuland*, le milliardaire Kingscourt (« Cour royale ») incarne ce nouveau type humain : un officier allemand issu de la noblesse traditionnelle – Königshoff de son vrai nom –, truculent et sceptique, qui, après avoir abandonné ses privilèges et ses préjugés, fait fortune aux États-Unis. Sur les Juifs, Herzl évolue plus difficilement, avec plus de lenteur, tel un brise-glace qui chercherait, entre le Groenland et l'Alaska, le mythique « passage du Nord-Ouest ». En 1885, il s'enflamme un instant pour un projet vaguement délirant : la conversion en masse des Juifs à un catholicisme entendu comme « la philosophie spirituelle de l'Europe », à cette réserve près, cependant, qu'ils seraient « dispensés de confesser la divinité de Jésus-Christ ». L'Église lui oppose, naturellement, une fin de non-recevoir. Revenu à la raison, Herzl rougit d'avoir préconisé la « capitulation » d'un peuple qui mène « depuis deux mille ans un combat héroïque pour sa foi ». La solution, il en convient, doit venir du judaïsme lui-même et être compatible avec sa « dignité ». Curieusement, il ne prête aucune attention au premier sionisme des années 1870-1880, celui du rabbin Kalischer et du baron de Rothschild, de Hess et de Pinsker, des Hovevei Tzion et du Bilu. Ses intuitions le portent plutôt vers la seconde révolution technologique et industrielle : en quelques années à peine, l'électricité a commencé à supplanter la vapeur ; et avec elle, un appareillage quasi magique est apparu, téléphone, automobile, avion, phonographe, cinéma, sous-marin. Entre 1750 et 1840, la vapeur avait changé à la fois la société européenne et les relations internationales. L'électricité, songe Herzl, aura les mêmes effets, à la puissance dix, au début du XXe siècle. Si l'homme peut voyager dans les airs, parler à distance, filmer ses actes, il pourra résoudre la question juive, d'une façon ou d'une autre.

En 1891, Herzl accepte les fonctions de correspondant parisien de la *Neue Freie Presse*, le quotidien le plus prestigieux d'Autriche-Hongrie, qu'il occupera pendant cinq ans, jusqu'en 1896. C'est là, dans cette ville devenue, au-delà de la défaite de 1870, la Ville Lumière, capitale de la technologie d'avant-garde avec Gustave Eiffel, de la médecine de pointe avec Louis Pasteur, d'une architecture non conventionnelle avec Hector Guimard, que sa réflexion se précise, se condense, se cristallise : jusqu'à cette illumination, ce « chemin de Damas », que provoque, en 1894, la dégradation publique de Dreyfus dans la cour de l'École militaire. La solution de la question juive, décide-t-il c'est le regroupement des Juifs dans un seul pays. Mais ce qui rendra ce regroupement possible, c'est l'ultramodernité de la fin du XIXe siècle et du début du XXe siècle. Il en parle autour de lui pendant de longs mois, aussi bien avec des Juifs qu'avec des non-Juifs. Il présente la restauration d'Israël comme une opération audacieuse, mais au fond pratique : quelque chose d'analogue au percement des canaux de Suez et de Panama. Tous sont sensibles à la force étrange qui l'habite. Mais rares sont ceux qui comprennent véritablement l'enchaînement de ses idées.

En quelques semaines, dans les derniers jours de 1895 et les premiers jours de 1896, Herzl s'enferme dans son appartement de la rue du Mont-Thabor, près des Tuileries, pour résumer définitivement son projet : un opuscule d'une centaine de pages. Tantôt exalté, tantôt déprimé, il peine, rature, déchire, réécrit. Quand il se sent trop fatigué, « vidé », il se précipite à l'Opéra, situé à dix minutes de marche : pour y écouter du Wagner, « la seule chose qui le réveille ». Le 18 janvier, le livre est achevé. Il trouve le titre : *L'État juif*. La première édition allemande, chez Breitenstein, est tirée début février, à trois mille exemplaires seulement. Réimpression immédiate, tant la demande est forte. Toute l'Europe écrit à Herzl. Le publiciste antisémite Hermann Bahr – l'homme qui, en 1883, avait prononcé le discours « séditieux » en faveur de l'empereur allemand à l'université de Vienne – dénonce l'essai en recourant à un argument qui, venant de lui, ne laisse pas de surprendre : « L'Europe a trop besoin des Juifs. » Herzl commente dans son journal intime, en français dans le texte : « Pas mal ! »

Mais il y a mieux : William Hechler, un pasteur anglo-indien acquis à la cause sioniste, est un ami personnel du grand-duc Frédéric Ier de Bade, prince souverain au sein du Reich allemand, gendre du premier empereur, Guillaume Ier, et oncle du troisième, Guillaume II, alors sur le trône. Il demande à ce très grand seigneur de recevoir Herzl : « En 1871, Votre Altesse Royale a été au premier rang des princes souverains quand ils ont donné la couronne d'Empire à Guillaume Ier de Prusse. Il vous reste maintenant à participer à la seconde grande fondation d'État du siècle. Car les Juifs seront une grande nation ! » Le grand-duc se demande à quoi peut ressembler un « journaliste juif viennois ». Hechler insiste. Une rencontre est organisée le 23 avril à Karlsruhe. Frédéric Ier découvre « un gentilhomme », « une personne du meilleur monde » : le détour par Albia et les infatuations nobiliaires n'auront donc pas été inutiles à Herzl. « Au commencement, j'ai cru devoir parler à voix basse, pour éviter de m'enivrer de mes propres paroles », note ce dernier dans son journal. Peu à peu, il s'enhardit. « Votre éloquence fut exceptionnelle, lui confie plus tard Hechler. Quel dommage que toute la conversation n'ait pas été sténographiée. » D'après les notes prises après coup par les trois participants, on peut cependant la reconstituer :

– Je suis prêt à user de mon influence pour vous aider, dit le grand-duc. Je ne vois qu'une objection : prôner le départ des Juifs, quand bien même ce serait pour leur donner un État, cela ressemble trop aux propos des antisémites.

– Mon mouvement sera fondé sur une libre décision de ses membres, répond Herzl. Il ne s'agit pas de contraindre les Juifs qui ont une patrie de la quitter, mais d'en donner une à ceux qui n'en ont pas.

– Cela me semble juste. Créez donc votre Société juive. J'agirai ensuite pour vous assurer le soutien de l'empereur d'Allemagne et d'autres souverains européens.

– Si Votre Altesse se prononçait sans attendre pour l'État juif et obtenait le concours d'autres souverains et gouvernements, cela faciliterait la fondation de la Société et son essor.

– Avez-vous informé la Turquie de vos projets ?

– Quelques contacts ont été pris.

– Mais dans le fond, est-ce nécessaire ? La Turquie est moribonde...

– Deux hypothèses doivent être envisagées, Votre Altesse. Ou bien la Turquie sera partagée entre les grandes puissances, et, dans ce cas, un État juif servirait de zone-tampon. Ou bien la Turquie est maintenue, et, dans ce cas, les Juifs pourraient contribuer à l'assainissement de ses finances, en échange d'un territoire de peu d'étendue et de peu de valeur.

– Il me semble que vous devriez d'abord organiser l'immigration de quelques centaines de milliers de Juifs en Palestine. Vous seriez ensuite en position de force pour négocier avec la Porte.

– J'y suis tout à fait opposé, Votre Altesse. Cela reviendrait à infiltrer illégalement les Juifs dans un territoire ottoman, puis à les pousser à la sédition. Je veux procéder au vu et au su de tout le monde, dans la légalité la plus complète.

– Vous avez raison, Dr Herzl. Vous avez raison sur tout. Puisse votre projet réussir. Ce serait une bénédiction pour tous les hommes.

« Les grandes choses n'ont pas besoin d'un fondement ferme, écrit Herzl dans son journal le 18 mai. Le secret réside dans le mouvement. Je crois à l'invention du dirigeable. Le mouvement triomphera de la pesanteur ; et ce n'est pas l'aéronef mais ses mouvements qu'il faudra diriger. » Sa vie, de ce jour, n'est plus qu'un tourbillon. Ses médecins ont décelé une faiblesse cardiaque, due au surmenage. Il passe outre. Le voici sans cesse dans un train, sur une route, sur un navire. Frédéric Ier de Bade, qui devient un ami, lui ouvre toutes les Cours d'Europe, toutes les chancelleries. Il est reçu à plusieurs reprises par Guillaume II, par ses ministres, par le pape, le roi Umberto d'Italie, le sultan Abdülhamid II. Il parle devant des banquiers, des rabbins, des foules. À Londres, l'establishment chrétien le fête, l'establishment juif le boude, le petit peuple juif de l'East End l'accueille comme le Messie. En janvier 1897, *L'État juif* est publié en français dans la *Nouvelle Revue internationale*. Daudet écrit à Herzl une lettre « charmante », et promet, quand la nouvelle Judée sera établie, d'y faire des conférences. Un congrès sioniste est prévu pour l'été, à Munich. Mais la communauté juive locale s'y oppose, par « patriotisme allemand ». Il se réunit finalement au casino municipal de Bâle, le 29 août.

Le shabbat qui précède le congrès, Herzl se rend à la synagogue locale, « par égard pour les sentiments religieux ». Selon la tradition, on invite le visiteur à lire la Torah : ce qui se réduit en fait à la prononciation d'une courte bénédiction, la lecture proprement dite étant assumée par le chantre. Herzl a appris la formule par cœur mais craint sans cesse de l'oublier : « Cela m'aura causé plus d'agitation que le congrès proprement dit. » Ce qui n'est pas peu dire. Deux cents délégués sont présents, venus de soixante-neuf pays. Lors de la séance inaugurale, ils portent l'habit et la cravate blanche, en dépit de la chaleur (ne constituent-ils pas le Premier parlement de la future nation ?). Dix-sept femmes ont été également admises, sans le droit de vote (elles l'obtiendront dès le deuxième congrès, en 1898). La salle et la tribune sont tendues de vert, couleur de l'espérance.

Dans son journal, Herzl avoue qu'il « marche sur des œufs invisibles qu'il faudra se garder de briser » : « 1. L'œuf de la *Neue Freie Presse*, que je n'ai pas le droit de compromettre, et à qui je ne dois pas donner un prétexte pour me renvoyer. 2. L'œuf des orthodoxes. 3. L'œuf des modernes. 4. L'œuf du patriotisme autrichien. 5. L'œuf de la Turquie et du sultan. 6. L'œuf du gouvernement russe, contre lequel il faudra éviter toute manifestation désagréable, tout en relevant la situation déplorable des Juifs russes. 7. L'œuf des confessions chrétiennes, à cause des Lieux saints. 8. L'œuf Edmond de Rothschild. 9. L'œuf des Hovevei Tzion de Russie. 10. L'œuf des colonies agricoles, qu'il ne faut pas risquer de priver des subsides de Rothschild, tout en considérant leurs misères. » Il ajoute : « Enfin les œufs des conflits personnels, de l'envie, de la jalousie. Je dois diriger la cause d'une façon impersonnelle – mais ne puis cependant laisser les rênes tomber de mes mains. »

En définitive, le congrès se déroule sans accroc, dans une atmosphère de ferveur générale et de grâce : « Ce fut sublime », note Herzl. La Société juive est fondée, sous le nom d'Organisation sioniste mondiale (OSM). Herzl en est élu président par acclamations. Quelques députés russes crient *Yehi ha Melekh !* (« Vive le Roi ! »). Herzl commente : « Si je voulais résumer le congrès de Bâle en une formule que je me garderais de prononcer publiquement, ce serait celle-ci : à Bâle, j'ai fondé l'État juif. Si je le disais à haute voix, il y aurait un éclat de rire général. Mais dans cinq ans, dans cinquante ans sûrement, tous l'admettront. L'essence de l'État réside dans la volonté politique du peuple, voire même dans celle d'une personnalité puissante (" L'État, c'est moi ", Louis XIV). Le territoire n'en est que l'expression concrète. Mais l'État proprement dit est toujours une abstraction... À Bâle, j'ai créé cette abstraction... Et par quels moyens infimes... »

Le « roi » repart sur les routes. Souverain désarmé et désargenté d'un État à naître, il lui faut convaincre ses sujets de le suivre. Le « syndrome de Londres » se reproduit partout : les masses juives l'acclament, les élites, effarées par ses projets d'« évacuation générale », l'ignorent. En 1897, il dote l'OSM d'un journal en allemand, *Die Welt*, dont il est le rédacteur en chef – tout en continuant à travailler pour la *Neue Freie Presse*. En 1899, il crée un fonds pour l'émigration, correspondant à la Compagnie juive de son projet initial, qui prend en 1901 le nom de Fonds national juif ou *Keren Kayemeth Leisrael* (KKL). En 1902, avec l'aide de l'homme d'affaires Zalman David Levontine, il lance une banque, l'Anglo-Palestine Company (APC). À partir de 1898, un nouveau congrès sioniste se réunit chaque année à Bâle. Entre-temps, il faut négocier avec les empereurs, les rois, les ministres, les hommes d'influence : le plus étonnant étant d'ailleurs que ces derniers ne refusent jamais une audience, comme s'ils reconnaissaient déjà l'État juif *de facto* sinon *de jure*.

Dans *Tongue of the Prophets* (« La langue des prophètes »), Robert St. John relate, avec un mélange d'humour et de commisération, les rencontres manquées de Herzl et d'Eliezer Ben-Yehudah en 1898. Le rénovateur de la langue hébraïque, venu de Palestine avec sa jeune épouse Hemda, accourt à Bâle, où le IIe Congrès sioniste est sur le point de se réunir. À peine descendu du train, le couple se rend au casino municipal : « Comment, vous n'êtes pas au courant ? lui disent les responsables de l'OSM, Herzl est reparti à Vienne hier soir ! » Eliezer et Hemda reprennent immédiatement le train pour la capitale austro-hongroise, non sans annoncer leur arrivée par un télégramme. N'ayant pas prévu ces détours et ces zigzags ferroviaires, et redoutant de se retrouver bientôt sans le sou, ils voyagent en troisième classe. Arrivés à Vienne « dans un état d'épuisement physique et mental », ils se débarbouillent le visage au buffet de la gare, puis hèlent un fiacre. Les voici bientôt à l'adresse personnelle du « roi », dans un quartier élégant et ombragé. Mme Herzl les reçoit avec un sourire triste : « Mon mari a dû partir hier soir pour la station balnéaire d'Ischl. C'est très important : il a rendez-vous avec l'empereur François-Joseph. Il est vraiment désolé de ne pas vous avoir attendus, mais il n'avait pas le choix. Il insiste pour que vous le rejoigniez là-bas. Vous le trouverez à l'hôtel des Trois-Rois. » Retour à la gare. Le train pour Ischl vient de partir. Il faut attendre le suivant. Plusieurs heures. Le trajet, à travers les Alpes autrichiennes, est idyllique mais sinueux. Plusieurs heures encore. Arrivée à Ischl, où l'empereur était tombé follement amoureux, près d'un demi-siècle plus tôt, de sa future épouse « Sissi », Élisabeth de Bavière. Aux Trois-Rois : « Vous cherchez l'homme à la grande barbe noire, n'est-ce pas ? Il vous attendait. Il est allé tout à l'heure à la gare pour vous accueillir. Voyant que vous n'étiez pas là, il est reparti pour Vienne. Il m'a chargé de vous dire qu'il était navré, et que de Vienne, il retournait immédiatement à Bâle. Il vous attend là-bas. » Les Ben-Yehudah font leurs comptes. Ils n'ont plus les moyens de repartir pour la Suisse et rentrent en Palestine.

Herzl ne connaît pas Eretz-Israël, le pays qu'il destine à son peuple. Et ne semble pas, de 1896 à 1898, trop soucieux de le connaître : les réalités du « territoire » peuvent ternir la « pure abstraction » de l'État. C'est à la requête de l'empereur allemand Guillaume II qu'il fait soudain le voyage. Celui-ci est en train de nouer une alliance étroite avec l'Empire ottoman, ou plutôt d'y établir une sorte de protectorat. A priori, une nouvelle Judée, placée sous la double autorité de Constantinople et de Berlin, s'insérerait assez bien dans ce dessein. Le Kaiser propose donc au chef sioniste de l'accompagner dans un voyage officiel qu'il effectue en Terre sainte à l'automne 1898. Le voyage en bateau, avec quelques autres personnalités de l'OSM, enchante Herzl. Premier moment de sérénité depuis longtemps, douceur de l'inactivité forcée sur une « Cosmopolis flottante » (en première classe). Bavardages avec d'éminents compagnons de navigation, notamment l'écrivain français René Bazin. Escales en Turquie : à Smyrne, Herzl relève une « saleté pittoresque », « une misère toute bariolée de rouge, jaune et bleu » ; il y observe « des Juifs,

Ashkenazim et Sepharadim, échoués là, épaves rejetées par tous les pays ». La Grèce le déçoit : « La séduction de l'Acropole ne doit sa puissance qu'à la littérature classique. » En Égypte, il note : « Alexandrie prouve qu'une administration européenne intelligente peut édifier sur la terre la plus chaude une ville habitable et confortable. » Le canal de Suez l'éblouit littéralement. Plus Jules Verne que jamais, il note dans son journal : « Cette brillante voie d'eau, qui mène à l'infini, m'a plus impressionné que l'Acropole. »

Voici enfin la Terre sainte, abordée au petit matin, par une « chaleur intolérable » : Herzl a passé la nuit sur le pont, comme beaucoup de passagers. « Dès la pointe du jour, nous épions la côte juive, mais ce n'est qu'à sept heures que nous découvrons sur notre droite deux sommets de montagne. C'est avec des sentiments divers que nous voyons poindre la terre de nos ancêtres. C'est étrange, d'ailleurs, ce mélange de sentiments que ce pays désert éveille dans le cœur de la plupart des hommes, dans celui du vieux pasteur allemand d'Afrique du Sud, dans celui du moujik russe de troisième classe, dans celui des Arabes embarqués à Constantinople, dans notre cœur de sionistes et dans celui de cette pauvre Juive, qui se rend à Jérusalem auprès de sa fille malade, et qui craint de se voir refuser l'entrer du pays, à cause de son passeport roumain... » De fait, le débarquement apparaît comme « devant être fort incommode », quand soudain Herzl aperçoit, mêlés aux gendarmes turcs, cinq policiers allemands : « Je pris à part l'un d'entre eux et lui dis que nous étions aux ordres du Kaiser. » Le sésame fait son effet : Herzl n'omet pas de confier la Juive roumaine à une journaliste française, qui la présentera comme sa domestique et lui fera ainsi passer la ligne.

Le pays, au premier abord, lui paraît pauvre, éteint, flapi. « Partout la même pauvreté, la même misère... Chaleur horrible... Routes couvertes de poussière, et fort peu de verdure... » Les campagnes arabes « respirent la pauvreté et l'abandon ». Quant aux localités juives, « si vantées » : « Lorsqu'on s'était figuré d'avance quelque chose de plus qu'une colonie indigente, on est déçu. » Les habitations des journaliers lui font pitié : « Lit de camp et dénuement. » Il s'étonne du teint gris, des « visages fanés ». Jusqu'à ce que le médecin de Rishon Le Tzion lui dise « toute la vérité » : « La fièvre. Partout sévit la fièvre. Seuls de grands travaux de drainage et d'assèchement des marais pourraient rendre le pays habitable. » Déjà, Verne se ranime en lui : « C'est aussi mon avis et cela rentre dans mes intentions. Cela coûtera des milliards, mais cela créera aussi des milliards de valeurs nouvelles. »

Herzl continue à parcourir la plaine côtière, le nouveau Yishuv né en une vingtaine d'années. Les administrateurs, salariés par le baron de Rothschild et d'autres princes de la Diaspora de plus en plus hostiles à l'OSM, ont pour instruction de l'éviter. Mais la population lui prodigue les mêmes honneurs qu'au Kaiser, qui passe par les mêmes lieux : arcs de triomphe, chars fleuris, étendards. Le 26 octobre, Herzl rencontre d'ailleurs Guillaume II à Rehovoth. Avec un bel aplomb, il a lui-même organisé l'accueil, et appris le *Deutschland über alles* aux enfants des écoles. Un nuage de poussière précède Son Auguste Majesté germanique : les cavaliers turcs, « aux visages terrifiants », puis un escadron de la Garde impériale allemande. Voici enfin le Kaiser, casqué et empanaché, sur son cheval gris, entouré de quelques dames et d'aides de camp. Herzl a donné le signal : les enfants chantent l'hymne. Lui-même se tient la tête nue, casque colonial blanc à la main, près d'une « charrue d'honneur ». L'empereur le reconnaît, s'approche de lui et lui serre la main, marque d'estime assez inhabituelle.

– Eh bien, comment ça va ?

– Merci, Votre Majesté, je fais le tour du pays. Comment s'est déroulé jusqu'ici le voyage de Votre Majesté ?

– Il fait très chaud, répond Guillaume II en clignant des yeux. Mais le pays a de l'avenir.

– Pour l'instant, il est encore malade, dit Herzl.
– Il a besoin d'eau, de beaucoup d'eau.
– Oui, Votre Majesté, et d'un système de canalisation à grande échelle.
– C'est un pays plein d'avenir, répète l'empereur.

Le souverain salue la foule et s'éloigne avec sa suite. Les enfants entonnent un autre chant patriotique allemand, *Heil Dir im Siegerkranz.*

Le même jour, Herzl se rend à Jérusalem par le train. Le 31 octobre, il écrit dans son journal : « Quand je me souviendrai de toi, Jérusalem, ce ne sera pas avec plaisir. » Les « rues malodorantes » de la Vieille Ville lui lèvent le cœur. Et jamais la déchéance des Juifs ne lui est parue plus criante que dans leur ancienne capitale : bien qu'ils forment plus de la moitié de la population, ils endurent quotidiennement le mépris des musulmans et des chrétiens. Herzl note qu'un Juif français a racheté les tombeaux des rois hasmonéens « pour les offrir à la France, tant il lui a semblé incongru que les Enfants d'Israël possèdent durablement quoi que soit dans ce pays ». Avant d'enchaîner, saisi à nouveau par son rêve éveillé de despote futuriste : « Si nous obtenons encore Jérusalem, et si je suis encore là, je la ferai nettoyer. Tout ce qui n'est pas sacré, je le ferai enlever. Je ferai ériger des maisons ouvrières hors de la ville, vider, détruire les nids de saleté, démolir les ruines profanes et transporter les bazars ailleurs. Puis, en conservant autant que possible le vieux style, construire, autour des lieux sacrés, une nouvelle ville, confortable, aérée, canalisée. » Contemplant la Ville sainte du haut d'une colline, il songe : « Que ne pourrait-on faire de ce paysage ? Une ville comme Rome, dont le mont des Oliviers serait le Janicule. »

Guillaume II le reçoit pour une longue audience sous les murs de Jérusalem. Partageant sans doute la répulsion du chef sioniste pour les ruelles de la Vieille Ville, il s'est installé en plein air, sous une tente faussement bédouine, tendue de tapis de soie et emplie de fauteuils ottomans rococo. Herzl lui réexplique longuement ses projets, à la lumière de ce que l'un et l'autre viennent de voir dans le pays. Le Kaiser se montre hésitant. En fait, il a abordé la question avec le sultan, et sait que ce dernier ne veut absolument pas entendre parler d'une Palestine sioniste, même placée sous sa souveraineté nominale. Mais d'un autre côté, l'idée de « résoudre la question juive » ne le laisse pas indifférent : « Mon cher ami, dit-il à Herzl, votre projet est empreint de générosité et de grandeur de vue. Je suis persuadé qu'il y a de la place dans ce pays pour tout le monde, Juifs, chrétiens, musulmans. Mais il faut d'abord de l'ombre et de l'eau.... De l'ombre et de l'eau... C'est peut-être le rôle des Juifs de les apporter... J'en suis sûr, en fait... Nous en reparlerons, cher ami... »

Avec les Juifs de Jérusalem, le contact n'est pas moins mitigé. Les rabbins orthodoxes qui dominent ici le Yishuv se méfiaient déjà des Hovevei Tzion et autres Biluim, trop laxistes en matière d'observance religieuse. A fortiori ne peuvent-ils suivre un Herzl qui, à leurs yeux, est avant tout un réformé et un « assimilé ». Quant aux milieux déjà acquis au sionisme, ils sont partagés entre leur admiration pour ce « roi » qui parle presque d'égal à égal avec les empereurs, et le sentiment qu'il ne mesure pas leur propre œuvre à sa juste valeur. Comme on peut s'y attendre, Herzl et Ben-Yehudah se manquent à nouveau en Eretz-Israël, même si le premier bavarde brièvement avec Benzion Ben-Yehudah, « l'enfant hébreu », qui va sur ses seize ans.

C'est seulement en 1899 que les deux hommes se rencontrent finalement, à Vienne. Le désaccord est profond : divergence de sensibilité plus encore que d'analyse. Herzl qualifie Ben-Yehudah, légèrement plus âgé que lui, de « jeune enthousiaste ». Il ne partage pas du tout sa passion pour l'hébreu :

– Laissons les Juifs s'installer dans leur pays, le mettre en valeur, s'enraciner. Au bout de quelques générations, ils décideront eux-mêmes de leur langue nationale.

– Mais la jeune génération, en Eretz-Israël, parle déjà hébreu, vous l'avez constaté !
– C'est admirable, en effet... Mais notre priorité est politique. Nous devons concentrer nos forces en vue de bâtir un État. Une fois l'État acquis, tout se mettra en place de soi-même...
– Un peuple, c'est une langue...
– La réalité, cher Ben-Yehudah, c'est qu'aujourd'hui nos rabbins emploient l'hébreu pour leurs prières et leurs discussions théologiques, et que la plus grande partie du peuple juif parle allemand, soit l'allemand pur d'Allemagne et d'Autriche, soit le jargon des pays de l'Est... C'est en allemand – en yiddish, si vous préférez – que les mères juives bercent leur enfant...

Ben-Yehudah sort brisé de cet entretien. Comme s'il avait été souffleté par le Roi-Messie en personne. Il écrit à Hemda : « La situation est désespérée. Herzl ne s'intéresse pas à l'hébreu. Il ne veut pas faire de la renaissance linguistique un point essentiel du programme sioniste. Il n'aidera pas financièrement le dictionnaire, les écoles. J'ai tenté de voir quelques riches donateurs. Ceux qui ne sont pas hostiles à Eretz-Israël réservent leur argent pour Herzl. Nous sommes seuls, totalement seuls. »

Mais Herzl aussi juge sa situation « désespérée ». Rares sont les Juifs vraiment fortunés qui apportent un soutien à l'OSM. Plus question, donc, de « racheter » la Palestine au sultan, ni même d'y financer des infrastructures importantes. Le budget du mouvement repose sur les contributions des membres, le fameux « *shekel* sioniste » qui donne le droit de vote pour l'élection, chaque année, du congrès. Les pauvres s'en acquittent, les riches n'y songent même pas. Le KKL doit reprendre à son compte les méthodes de collecte du ghetto : les petites boîtes de fer-blanc, peintes en bleu et blanc, où chaque famille met chaque jour quelques piécettes.

Pour conserver à sa famille un niveau de vie décent et couvrir une partie de ses dépenses de « chef d'État », Herzl doit travailler deux fois plus pour le quotidien viennois, dont il devient l'un des directeurs culturels. Le 30 janvier 1902, il a un malaise grave, et se représente « sa mort prochaine ». Les jours suivants, il prépare une nouvelle entrevue avec le sultan tout en écrivant un « feuilleton » sur le théâtre japonais. La rencontre avec Abdülhamid II, au palais de Yildiz, est un échec : le souverain ottoman se déclare prêt à installer « des millions de Juifs » en Macédoine, mais refuse de discuter à nouveau de la Palestine. « Rien n'avance », commente Herzl. « Je dois parler au tsar. » La Russie s'enfonce dans les pogroms. En 1903, au lendemain des atrocités de Kichinev, en Bessarabie – cinquante morts, des centaines de blessés, des milliers de maisons incendiées –, il se rend à Saint-Pétersbourg et propose aux deux hommes forts du régime, le ministre des Finances Sergueï Witte et le ministre de l'Intérieur Vyatcheslav Plehve, une sorte d'alliance : « Soutenez mon projet, je vous débarrasserai de vos Juifs, que vous accusez d'être des révolutionnaires. » Witte est un libéral relativement favorable aux Juifs, Plehve un antisémite cynique, qui a fait rédiger par ses services secrets le faux le plus célèbre de l'histoire : les *Protocoles des Sages de Sion*, présentés comme les actes secrets du premier congrès sioniste de 1897. Ils conviennent ensemble d'une déclaration en faveur du sionisme. Mais Herzl négocie déjà avec les Britanniques. Peut-on créer un État juif « provisoire » autour d'El-Arish, dans le nord-ouest du Sinaï égyptien ? En attendant que la Palestine voisine tombe comme un fruit mûr... Le secrétaire d'État aux Colonies, Joseph Chamberlain, est séduit. Mais les juristes de Whitehall font observer que l'Égypte reste en théorie une sorte de dominion ottoman, dont la Grande-Bretagne ne peut disposer à sa guise, et qu'en outre, Le Caire ne contrôle le Sinaï que de facto. Chamberlain propose alors un autre « État provisoire » : quelque part en Ouganda. Herzl, à bout de forces, accepte. Il se heurte à une fronde extrêmement violente, dirigée par la délégation russe, au VIe Congrès sioniste. « Je n'oublie pas Eretz-Israël, s'écrie-t-il. Je cherche juste un asile de nuit pour nos frères persécutés. » Le Congrès passe, de justesse, une motion autorisant une « commission d'enquête » sur l'Ouganda.

Herzl a commencé à rédiger son second livre, *Altneuland*, en 1899, et l'a achevé trois ans plus tard, en 1902. À bien des égards, c'était pour lui un exutoire que de l'écrire, une façon de contourner les difficultés du présent en rêvant de l'avenir. Mais *Altneuland* est aussi son livre le plus profond – celui où il se confesse et exprime, sans retenue, ses passions et ses aversions les plus intimes – et le plus visionnaire. La seconde partie de *L'État juif* s'apparentait déjà à un roman philosophique : il y imaginait un mélange de monarchie et de démocratie, ou une « république aristocratique », l'association du capital et du travail, un plan d'occupation des sols, une répartition des terres par tirage au sort ou aux enchères, une économie plus industrielle qu'agricole, des centres commerciaux situés en dehors des grandes agglomérations. Dans *Altneuland*, l'utopisme est partout, l'anticipation fulgurante. Mais paradoxalement, cela n'empêche pas Herzl d'y aborder des questions politiques qu'il avait préféré ignorer ou occulter dans son premier ouvrage.

Le héros du roman, Friedrich Loewenberg, près de trente ans, docteur en droit, n'attend plus rien de la vie. Juif, il sait que les carrières empreintes d'une certaine dignité lui sont fermées. Pauvre, que la belle Ernestine dont il est épris ne l'épousera pas. Il accepte, en 1903, de devenir le secrétaire particulier du mystérieux Klingscourt, qui part pour une « croisière perpétuelle » autour du monde par un vaisseau mystérieux ressemblant fort au *Nautilus*. Un jour, le yacht fait escale à Jaffa. Les deux hommes visitent la Palestine, « paysage désolé », où quelques poignées de Juifs parlent de rebâtir une patrie...

Les années passent, ou peut-être Loewenberg rêve-t-il... Nous sommes désormais en 1923. Le yacht de Klingscourt mouille à nouveau en Palestine : à Haïfa, cette fois. Mais c'est à peine si les deux voyageurs reconnaissent le pays : « De grands navires avaient jeté l'ancre tout le long du rivage, entre Acre et les contreforts du mont Carmel. Derrière cette flotte, on pouvait distinguer la noble courbe de la baie d'Haïfa... Au nord, rien n'avait vraiment changé : les coupoles et les minarets d'Acre se profilaient sur le ciel matinal... Mais au sud, des milliers de villas blanches étincelaient au milieu de jardins luxuriants... Le Carmel lui-même était couronné de bâtiments magnifiques... » Une fois débarqués, Klingscourt et Loewenberg ne sont pas au bout de leurs surprises. La Palestine entière est devenue une terre prospère, active, peuplée, fleurie. Un nouveau canal Méditerranée-mer Rouge la traverse, et a supplanté celui de Suez. Les marais ont été drainés et les fièvres ont disparu. Les fermes modèles voisinent avec les parcs industriels et les emporia. Des voitures électriques sillonnent le pays. Le vidéophone a remplacé le téléphone. À l'Opéra, on joue des drames musicaux inspirés de la Bible ou de l'histoire de la Diaspora. À Jérusalem, dégagée, restaurée, modernisée, le Temple a été reconstruit... sur le mont des Oliviers. Car la population est juive en majorité : une organisation appelée la Nouvelle Société a assuré le transfert rationnel et planifié des communautés européennes.

Pour autant, les minorités non juives, à commencer par les Arabes, jouissent de tous les droits politiques et civils. Kingscourt et Loewenberg rencontrent un certain Reschid Bey, musulman pieux – sa femme est recluse et voilée – et homme d'affaires avisé, qui leur explique combien sa communauté a bénéficié de l'arrivée des Juifs : « Nos revenus ont crû de façon considérable. Nos exportations d'oranges, en particulier, ont été multipliées par dix depuis que le pays est relié au reste du monde par de bonnes routes commerciales. » Les deux visiteurs ne se contentent pas de cette réponse : « Mais enfin, les anciens habitants de la Palestine n'ont-ils pas été ruinés par les nouveaux ? N'ont-ils pas été contraints de quitter le pays ? C'est bien sûr le sort de l'ensemble de votre communauté qui nous intéresse. Que tel ou tel individu ait gagné au change ne signifie rien... » Reschid Bey sourit : « Quelles questions ! Je vous le répète : l'arrivée des Juifs a été une bénédiction pour tous.

Évidemment, les propriétaires fonciers en ont tout particulièrement profité : ils ont pu vendre leurs terres au prix le plus favorable. Moi-même, j'ai vendu à la Nouvelle Société les domaines de ma famille... Puis les ai récupérés moyennant un bail emphytéotique ! »

Mais soudain, le récit prend un tour plus âpre. Des élections vont se dérouler au sein de la Nouvelle Société. Le parti humaniste, au pouvoir depuis le début de l'entreprise, est menacé par une opposition nationaliste, dirigée par un certain Geyer, « ancien rabbin antisioniste ». Kingscourt et Loewenberg accompagnent les dirigeants humanistes à Neudorf, une localité juive qui pourrait changer de couleur politique lors du scrutin. L'un d'entre eux, David Littwak, harangue la foule hostile : « Vous croyez que ce pays est votre œuvre ? Vous vous trompez. Neudorf n'a pas été bâti ici, dans la Palestine juive, mais ailleurs, en Angleterre, en Amérique, en France et en Allemagne... C'est là-bas que de nouvelles formes d'organisation sociale ont été expérimentées, et qu'on a fait les découvertes scientifiques qui vous permettent aujourd'hui de mener une existence heureuse... Les Juifs de Palestine sont les héritiers de ceux, Juifs ou non-Juifs, qui ont agi pour le bien de toute l'humanité... » Le discours porte : Neudorf vote humaniste.

À première vue, Herzl règle ses comptes, dans cet épisode etrange, avec tous ceux qui n'ont pas cru en lui et qui, il le pressent, n'auront plus tard aucun scrupule à s'approprier son œuvre. Le nom de « Geyer » retient également l'attention : aucune personnalité juive ou sioniste des années 1890 ou 1900 ne le porte ; mais Richard Wagner, qui est à la fois le mage de l'antisémitisme radical et le « père artistique » de Herzl, avait eu lui-même un certain Ludwig Geyer pour beau-père, et peut-être pour père biologique. L'essentiel est cependant dans l'éloge véhément de la modernité. Pour Herzl, le futurisme n'est pas seulement le moyen par lequel le sionisme va prendre forme. Il en est l'essence même.

Herzl est terrassé par une crise cardiaque à Edlach, en Autriche, le 3 juillet 1904. Il venait d'avoir quarante-quatre ans. Ses restes ont été réinhumés à Jérusalem en 1949, quelques mois après l'indépendance d'Israël, sur la colline qui porte désormais son nom. Deux de ses trois enfants reposent également près de lui, ainsi qu'un petit-fils. La plus jeune de ses filles, Trude, n'a pas de tombe : elle a été assassinée en 1944 au camp nazi de Theresienstadt.

CHAPITRE 13

Les quatre empires

« Dans la première année de Belshazzar, roi de Babylone, Daniel rêva une vision et contempla des choses dans sa tête, alors qu'il reposait sur son lit. Il consigna par écrit le rêve et en relata les éléments principaux. Daniel s'exprima ainsi : Dans la vision que je vis au milieu de la nuit, j'observais, et soudain, voici ! les quatre vents du ciel agitent la grande mer. Et quatre Bêtes énormes montent de la mer, toutes dissemblables. La première ressemble à un lion muni d'ailes d'aigle. Je m'absorbai dans ma contemplation jusqu'à ce qu'on arrachât ses plumes une à une, et la Bête disparut de la terre. Elle se dressa sur deux jambes, comme un homme, et reçut un cœur d'homme. La seconde Bête ressemblait à un ours, qui tantôt danse sur une patte, tantôt sur l'autre. Elle tenait trois pièces de viande dans sa bouche, entre ses dents. Et on lui disait : Lève-toi et dévore beaucoup de chair. Je continuais à observer, et voici ! une autre Bête apparut, semblable à un léopard, avec quatre plumes d'oiseau sur son dos. Cette Bête avait quatre têtes, et la domination lui fut accordée. Et après cela, tandis que je regardais toujours – au milieu des visions de la nuit –, voici ! une quatrième Bête, excessivement terrifiante, redoutable et forte, avec d'énormes dents de fer, qui mangeait et réduisait en miettes, et qui écrasait tout sous ses pattes. Elle était différente de toutes les Bêtes qui l'avaient précédée et elle portait dix cornes. Et pendant que j'observais ces cornes, une autre corne, petite, apparut au milieu d'elles, et trois des cornes précédentes furent arrachées pour lui faire place. Et voici ! il y avait quelque chose comme des yeux humains dans cette corne, et une bouche qui prononçait des paroles orgueilleuses. »

Ce texte mystérieux, incantatoire, grandiose, où des ombres ardentes semblent se profiler sur le mur des Temps – le début du chapitre VII du Livre de Daniel (versets 1-8) – décrit les grands Empires qui se succèdent en Orient, en Méditerranée et finalement dans l'ensemble de « l'œcumène » antique entre le VIe et le Ier siècle avant l'ère chrétienne : le griffon symboliserait Babylone, et l'ours la double monarchie mède et perse ; le léopard représenterait l'Empire d'Alexandre et la bête cornue, Rome. C'est la clé qu'il fournit lui-même un peu plus loin (VII, 17 ; X et XI). Mais de la géopolitique, il glisse bientôt à la théopolitique. L'Ancien des Jours – Dieu – monte sur Son Trône (VII, 9). Il juge la Création (VII, 10). La Bête cornue est égorgée puis livrée aux flammes (VII, 10). Les autres animaux féroces survivent « pendant une saison et un temps » (VII, 12). Et enfin « quelqu'un, pareil à un homme », le Roi-Messie, survient, enveloppé de nuées, et reçoit de Dieu « un pouvoir éternel qui ne finira plus » (VII, 14). Le même thème avait déjà été évoqué, avec non moins de force, dans les premiers chapitres du Livre : la statue rutilante de Nabuchodonosor, qu'une seule pierre abat (II, 31), le festin de Belshazzar où une Main divine écrit l'avenir sur les parois du palais royal (V, 25-28). Il revient dans les chapitres suivants, presque dans les mêmes termes : Daniel rêve à nouveau, « l'an troisième de Belshazzar » (VIII, 1), voit un autre bestiaire, béliers contre boucs ; quatre Empires, une fois encore, se succèdent, et le dernier est particulièrement puissant ; mais Dieu et Son Messie triomphent. Daniel l'avoue : ces visions le troublent. « L'an premier de Darius, fils d'Ahasverush » (IX, 1), il supplie Dieu de lui dire quand l'Exil doit finir. Sa prière est en partie exaucée : l'ange Gabriel descend auprès de lui, au moment du sacrifice de l'après-midi (IX, 21), et lui enseigne comment établir, à travers des calculs complexes, le calendrier des Empires et de leurs guerres. Mais il lui enjoint aussi « d'obscurcir ces choses et de sceller le Livre », afin que « de nombreux esprits s'évertuent » à les déchiffrer et que « la connaissance s'accroisse » (XII, 4).

C'est là assurément, de toutes les prophéties dont le texte regorge, celle qui s'est déjà réalisée, de la façon la plus complète et la plus explicite : une *self-fulfilling prophecy*, en quelque sorte... Ni les Sages, ni les moins sages n'ont pu, en effet, résister à la tentation. Les lecteurs de la Bible, Juifs ou chrétiens, rabbins ou érudits, ecclésiastiques ou laïcs, ont tous cherché, à un moment ou à un autre, à interpréter ou à décrypter ces énigmes, rédigées à la fois en hébreu et en araméen : un Isaac Newton, au XVIIe siècle, y consacre le plus clair de ses journées et de ses nuits, en marge de ses travaux de physique et de mathématiques. Ces préoccupations se retrouvent aussi, de façon assourdie, diffractée, chez les musulmans, qui n'acceptent pas le texte biblique en tant que tel, mais en retrouvent de nombreux éléments dans le Coran et les hadiths.

Selon la tradition rabbinique, le Livre de Daniel porte sur les Empires qui, d'une façon ou d'une autre, s'attaquent au peuple d'Israël : les quatre précités, mais aussi les Empires ultérieurs, du Haut Moyen Âge jusqu'au XXIe siècle – les États ou régimes les plus récents ne faisant que réincarner les plus anciens. Le Maharal de Prague, l'un des grands théologiens juifs du XVIe siècle, propose dans son livre *Ner Mitzvah* (« La Lumière de la Mitzvah ») la classification suivante : Babylone réunirait, génériquement, les États qui ne s'attaquent qu'à l'indépendance politique d'Israël, mais n'entendent ni le détruire en tant que peuple, ni le dépouiller de sa Torah ; la Perse-Médie représenterait les Empires universels ou à prétention universelle qui ne tolèreraient pas le particularisme juif ; la Grèce, les civilisations « faustiennes », dominantes en termes de spéculation abstraite ou de science, qui prétendent substituer leurs valeurs à celles de la Torah ; Rome, enfin, identifié à l'Ésaü ou Édom de la Genèse, serait l'Empire total, ou totalitaire, combinant la domination politique et militaire, l'universalisme et la science, conduit par sa nature même à broyer le peuple juif. Certains rabbins postulent une filiation réelle, historique ou biologique, entre les Empires originels et leurs avatars. La plupart s'en tiennent à une filiation spirituelle, ou symbolique : en ce sens, un État ou une nation moderne pourrait revêtir successivement les quatre identités, ou seulement l'une ou l'autre d'entre elles.

Il en va de même d'autres Empires, qu'évoquent les autres Livres de la Torah, mais dont Daniel ne parle pas : les Arabes, l'Égypte, l'Assyrie et Amalek. Les premiers, issus d'Ismaël, fils d'Abraham et de sa concubine Hagar, ont reçu une « promesse » divine de puissance et de grandeur, mais ne deviennent Empire, sous la forme de l'islam, que très tardivement, après l'avènement de Rome. Partagés entre leur respect ou leur effroi devant ces nouveaux venus, les rabbins du Moyen Âge et de la Renaissance hésitent entre plusieurs interprétations : faut-il voir en Ismaël la quatrième Bête de Daniel, dont Rome ne serait que la préfiguration, le définir au contraire comme une subdivision de Rome, le rattacher à un autre Empire, notamment la Perse, ou le considérer comme une catégorie en soi ? Leur point de vue est souvent influencé par leur expérience réelle du monde musulman. Un proverbe hébreu du XVIe siècle résume bien ces perplexités : « Les Ashkenazim – qui vivent dans les pays d'Édom – disent : " Sous Ismaël plutôt que sous Édom. " Et les Sépharadim, qui vivent au pays d'Ismaël, répondent : " Sous Édom plutôt que sous Ismaël. " »

L'Égypte, antérieure aux quatre Empires, est la terre de l'Exil primordial, un univers à la fois matriciel et létal, protecteur et meurtrier. La famine y mène Abraham, puis Jacob et ses douze fils. Joseph y exerce la vice-royauté « avec sagesse et discernement ». Israël, en gestation, y connaît un premier âge d'or. Mais « un nouveau roi, qui n'avait pas connu Joseph, se lève » sur ce pays, réduit les Hébreux en esclavage, massacre les nouveau-nés mâles. Dieu intervient en personne, sauve Israël, ouvre la mer Rouge devant lui, l'érige en peuple. Dans la littérature talmudique et rabbinique, l'Égypte finit par symboliser toutes les Diasporas. Le Retour des Juifs en Eretz-Israël, à la fin des Temps, sera un second Exode, plus prodigieux encore que le premier.

L'Assyrie, d'après les Livres historiques de la Bible, détruit le royaume hébreu du Nord, appelé tour à tour Israël, Maison de Joseph, Éphraïm ou Samarie. Mais elle renonce à conquérir le royaume du Sud, Judah, bastion de la Torah. Et si elle déporte les Nordistes, elle leur accorde, dans leurs nouveaux foyers, un statut favorable. D'autres sources bibliques (la Genèse, le Livre de Jonas) attribuent à l'Assyrie une certaine élévation spirituelle : c'est le seul pays qui ne participe pas à l'édification de la tour de Babel, première ébauche d'un Empire totalitaire. Et Ninive, sa capitale, jeûne et se repent à l'appel d'un prophète. L'un dans l'autre, elle apparaît donc comme une sorte de double ou de contrepoint de l'Égypte : un aspect différent, moins brutal et plus accueillant à court terme, mais tout aussi délétère à long terme, de la Diaspora. Ce contraste est d'ailleurs perceptible dans le nom des deux pays : l'Égypte en hébreu se dit *Mitzrayim*, de la racine TZR, qui signifie « étroit » ou « écrasé », et Assyrie, *Ashur*, de la racine ASHR, qui signifie « ferme » ou « heureux ». À la fin des temps, l'Éternel fera retentir Son « Grand Shofar », Sa Grande Corne de Bélier, pour appeler, réveiller et libérer à la fois « ceux qui sont perdus – sans trop en souffrir – au pays d'Assyrie et ceux qui sont exilés – mais conservent la foi – au pays d'Égypte » (Isaïe, XXVII, 13).

Amalek, l'Empire du Mal absolu, ne peut exister en tant que tel. Il lui faut subjuguer, parasiter, l'un des autres Empires. Le Livre d'Esther conte comment, à travers Haman le Hagaguite, grand vizir d'Ahasverush, il s'empare momentanément de la Perse. La tradition talmudique note les liens de parenté qui l'unissent à Ésaü, et donc à Rome, mais aussi à Ismaël. Et qui lui permettent, à intervalles réguliers, de prendre le contrôle de ces deux forces historiques.

Dans le monde chrétien, les prophéties de Daniel sont en partie occultées par les paroles de Jésus lui-même sur la fin des Temps (Matthieu, XXIV ; Marc, XIII ; Luc, XXI) et le Livre de l'Apocalypse, écrit dans un style assez proche. Mais elles retrouvent tout leur prestige, en raison de leur caractère politique ou géopolitique, dans les époques de troubles et de bouleversements : les invasions barbares et l'assaut islamique, le Grand Schisme catholique, la Peste noire, la guerre de Cent Ans, la chute de Constantinople, la Réforme et les guerres de Religion, les Révolutions anglaises et l'indépendance américaine, la Révolution française et les guerres napoléoniennes. Les catholiques y lisent le récit de leurs épreuves, et notamment de leurs combats avec les incroyants ou hérétiques de toute sorte. Les protestants, en particulier de culture anglo-saxonne, leurs tribulations – et leur triomphe futur. Certains chrétiens s'en tiennent à la doctrine du *Verus Israel* : quand Daniel mentionne le peuple de Dieu, il ne parlerait pas des Juifs selon la chair, désormais réprouvés, mais des seuls baptisés, qu'ils soient nés Juifs ou Gentils. La plupart, cependant, ne vont pas aussi loin et estiment que Daniel évoque *aussi* les Juifs : soit que ceux-ci n'aient jamais été dépouillés de l'élection divine, soit qu'ils doivent alors reconnaître leurs erreurs et se convertir.

Au tournant du XXe siècle, les Empires reviennent. Le siège des légations à Pékin – les « Cinquante-Cinq Jours », en juillet et août 1900 – semble encore s'inscrire dans le paradigme de la modernité : une seule « civilisation », ouverte à tous, dont les Européens ont sans doute été les créateurs mais dont ils sont aussi, au-delà de quelques querelles, les garants solidaires. Les Boxers, rebelles nationalistes, s'en prennent à tous les étrangers résidant dans la capitale chinoise, y compris les Japonais, Asiatiques ayant adopté la science et les techniques des Occidentaux. Les huit « grandes puissances » européennes ou extra-européennes (la Grande-Bretagne, la France, l'Allemagne, l'Italie, l'Autriche-Hongrie, la Russie, les États-Unis, le Japon) envoient ensemble un corps expéditionnaire de cent mille hommes, sous le commandement en chef du général allemand Alfred von Waldersee, tant pour secourir les civils retranchés dans leurs villas modern style, à un jet de pierre de la Cité interdite, que pour « libérer » les Chinois éclairés de leurs frères barbares.

Mais déjà, un autre paradigme se met en place. Il n'y est plus question de la civilisation en soi, mais de cultures hétérogènes les une aux autres, hiérarchisées et perpétuellement en conflit. L'Europe blanche prétend l'emporter sur les mondes de couleur, comme Cro-Magnon sur Neandertal, et comme l'homme sur les singes. Les nations européennes s'affrontent entre elles. Au sein de chaque nation, les classes se dévorent. Derrière les États bourgeois, voici, comme des ombres portées, les Bêtes du Livre de Daniel qui resurgissent, avec leurs crocs, leurs griffes, leurs cornes, leurs ailes tranchantes. La guerre de Mandchourie, en 1904, sert de prélude à cette surmodernité terrifiante : quatre ans seulement après avoir combattu côte à côte à Pékin, les Russes et les Japonais expérimentent, dans une steppe glacée, les duels d'artillerie lourde et les batailles de tranchées. Puis, entre 1911 et 1913, à travers les guerres de Libye et des Balkans, les Turcs sont définitivement chassés d'Afrique du Nord et d'Europe : ce qui rouvre la « question d'Orient », c'est-à-dire les projets de dépeçage de la Turquie d'Asie et des derniers États musulmans indépendants. En 1914, enfin, l'Europe tout entière bascule, avec ses vassaux et ses tributaires, dans une guerre générale, mondiale, totalitaire, puis dans la famine, la maladie et la révolution. Les Empires perdent leur sang, leur or, leur légitimité. Certains se dissolvent, d'autres se transforment. Les Juifs pieux ne s'étonnent guère : la guerre a éclaté le 1er août, c'est-à-dire le 9 Av, date fatale.

Herzl pressentait-il le retour des Bêtes quand il avait, au grand scandale de ses partisans, initié une négociation avec la Russie tsariste ? La décennie qui sépare sa mort prématurée de la guerre mondiale est, pour le sionisme et le Yishuv, quelque peu paradoxale. L'idée sioniste attire, l'OSM étend ses réseaux, la population juive d'Eretz-Israël double – IIe Aliyah, la Ire Aliyah moderne ayant été celle du XIXe siècle –, l'hébreu s'impose définitivement comme une langue vivante, notamment dans le domaine scientifique et universitaire (en 1912, les étudiants juifs l'imposent au Tekhnion, l'École polytechnique d'Haïfa, alors que ses créateurs préféraient l'allemand). La réussite du sionisme est si patente que les premiers théoriciens du nationalisme arabe ou d'un islam modernisé y voient un exemple à suivre.

C'est le cas de Muhamad Rashid Rida, un disciple syrien des grands réformateurs du XIXe siècle, Sayyid Jamal al-Din al-Afghani et Muhamad Abduh, qui s'installe en Égypte en 1897 et y publie le mensuel *Al-Manar* (« Le Phare »). Dès 1898, il écrit : « Ô vous, si complaisants vis-à-vis de vous-mêmes, ouvrez donc les yeux... et voyez ce que font les autres peuples et les autres nations. Êtes-vous donc si heureux d'apprendre que les Juifs, le plus pauvre et le plus faible de tous les peuples, que les États d'Europe ne songent qu'à expulser, maîtrisent si bien la science et la civilisation modernes qu'ils sont capables aujourd'hui de prendre possession de votre pays et de le coloniser ? » En 1902, il porte l'analyse plus loin : « Les Juifs ont su maintenir leur langue, l'hébreu, et leur religion, en dépit de leur dispersion et de leur déchéance nationale. Ils veillent à coopérer les uns avec les autres et à exceller dans les diverses disciplines scientifiques et artistiques. Ils accumulent un capital considérable, qui lui-même leur assure une influence politique de plus en plus étendue. À terme, ils peuvent devenir la nation la plus puissante de la terre. C'est d'ailleurs le but que poursuivent les sionistes en tentant d'acheter la Palestine et d'y édifier un État. » Les Arabes, conclut-il, ne pourront faire face aux Juifs qu'en les imitant, « et en se tournant, comme eux, vers les sciences pures et appliquées ».

Najib Nassar, un publiciste libanais installé en Galilée, qui se réclame à la fois, dans son journal *Al-Karmil* (« Le Carmel »), du loyalisme ottoman et du patriotisme arabe, affirme en 1911 que le seul moyen de résister au sionisme est de se doter « de chefs intègres et dévoués, comme Herzl, qui se sacrifient pour le bien commun ». Le patricien palestinien Ruhi al-Khalidi consacre au sionisme, en 1914, une étude extrêmement bien documentée, *Kitab al-Zionism aw al-Maasala al-Sahyuniyya* (« Essai sur le sionisme politique et le mouvement sionien »). Selon lui, la force des Juifs est de s'être donné d'emblée des objectifs clairs : « Leur but est d'avoir un État... Ils ont déjà leur drapeau, leur hymne... Tous les symboles et les signes extérieurs de l'existence étatique moderne... »

Certains Arabes n'hésitent pas à prôner une « alliance sémitique ». En 1908, l'autonomiste levantin Salim Nadjar avait proposé un « front commun » au sein de l'Empire ottoman : « Notre comité, étant favorable par principe à une immigration juive en Syrie et en Palestine et à une entente avec les sionistes, œuvrera au rapprochement entre le monde arabe et le monde israélite et dissipera par sa propagande orale ou par voie de presse les préjugés qui avaient cours jusqu'ici à ce sujet au sein de l'opinion arabe », tandis que les organisations juives « soutiendront de la même manière la cause arabe ». Daoud Barakat, le rédacteur en chef d'origine palestinienne du journal égyptien *Al Ahram*, écrit le 19 février 1913, dans un éditorial : « Il est absolument indispensable qu'il y ait une entente entre sionistes et Arabes... Les sionistes sont nécessaires à la région : le capital qu'ils apporteront, leurs connaissances, leur intelligence et l'esprit industrieux qui les caractérise contribueront sans aucun doute à la régénération de la région. »

Mais en même temps, le contexte international se complique. Herzl croyait pouvoir créer l'État juif avec le concours de toutes les puissances : pendant la décennie 1904-1914, alors qu'une sorte de guerre froide – la « paix armée » – s'instaure en Europe entre les Empires centraux, Allemagne, Autriche-Hongrie, Turquie, et la Triple Entente, Grande-Bretagne, France, Russie, ce souhait perd toute réalité. Il tenait pour acquis le déclin ottoman et la réduction de la Palestine à un statut de *res nullius*, de lieu vacant et sans maître : mais une révolution, en 1908, puis le désastre balkanique, quatre ans plus tard, accélèrent la transformation de la Turquie en État-nation jaloux de ses prérogatives et décidé à défendre coûte que coûte ses derniers territoires en Asie Mineure, au Levant et en Mésopotamie ; une logique qui va à l'encontre des autonomies ethniques au sein de l'Empire, qu'il s'agisse des Arméniens, des Kurdes, des Arabes ou des Juifs de Palestine. Contre leur gré, les dirigeants sionistes et le Yishuv doivent entrer dans cette nouvelle configuration.

Certains sionistes jouent le binôme Allemagne-Turquie. C'est un choix qui, à la veille de la Première Guerre mondiale, semble réaliste. L'Allemagne est alors la principale puissance économique, scientifique, technologique et militaire sur le continent européen. Par son dynamisme, elle a virtuellement annexé l'Autriche-Hongrie. Elle est en train de consolider son protectorat sur l'Empire ottoman. C'est aussi, directement ou indirectement, une grande puissance en matière de judaïsme : six cent mille Juifs en Allemagne même, deux millions dans l'Empire austro-hongrois, près de cinq cent mille dans l'Empire ottoman, trois cent mille en Roumanie, où règne un Hohenzollern cousin du Kaiser. En outre, le monde germanique exerce une grande attraction sur les six millions de Juifs de l'Empire russe, et plus particulièrement sur les deux millions de Juifs de la Pologne russe. Cela la rend attentive au sionisme, à la fois en tant que « solution » susceptible d'épancher un trop-plein démographique et comme instrument d'influence globale. Frédéric Ier de Bade est mort en 1907, trois ans après Herzl. Mais l'OSM, qui a fixé son siège à Berlin, garde ses entrées à la Cour et au gouvernement impérial.

La Turquie est a priori de plus en plus hostile au sionisme : à plusieurs reprises, les gouvernements jeunes-turcs remettent en vigueur les lois contre l'immigration juive dans le Levant. Mais il y a loin en politique entre un but stratégique global (en anglais : *policy*) et la tactique quotidienne (*politics*). On compte parmi les jeunes-turcs beaucoup de Dönmehs, de descendants des Juifs sabbatéens convertis à l'islam, qui s'accommoderaient volontiers d'un sionisme ottomanisé. En outre, les Juifs apparaissent souvent aux Ottomans comme un contrepoids utile aux séparatismes locaux, notamment le nationalisme arabe dans le Levant. Enfin, plus la Turquie se rapproche de l'Allemagne, plus elle doit tenir compte des choix et des intérêts de cette dernière.

D'autres sionistes jouent au contraire la coalition anglo-franco-russe. Il leur paraît évident qu'elle l'emporterait, en cas de crise générale, sur le bloc germanique, moins étendu, moins peuplé, sans véritable accès aux océans. La Russie reste, de loin, le premier pays de la Diaspora : et donc le « réservoir » démographique d'un éventuel État juif indépendant. L'Empire britannique compte plusieurs centaines de milliers de Juifs en son sein, tant dans le Royaume-Uni que dans les dominions et colonies d'outre-mer. Il s'adosse en outre à une autre grande puissance anglo-saxonne, les États-Unis, où s'est constituée en moins d'un demi-siècle une communauté juive de près de 2 millions d'âmes, particulièrement prospère. Qui plus est, Britanniques et Américains sont enclins, pour des raisons religieuses, à soutenir le Retour à Sion. Les initiatives sionistes avant la lettre d'un Lord Shaftesbury en Grande-Bretagne ont eu pour contrepartie en Amérique, en 1891, le *Blackstone Memorial*, une pétition en faveur d'un État juif signée par quatre cents personnalités éminentes, de l'industriel John Davison Rockefeller au banquier John Pierpont Morgan, et de l'éditeur Charles Scribner au président de la Cour suprême, Melville Weston Fuller, sans oublier William McKinley, qui allait devenir en 1897 le vingt-cinquième président des États-Unis.

En outre, une crise générale soldée par une défaite du bloc germanique entraînerait la désintégration finale de l'Empire ottoman, ou du moins le repli des Turcs sur l'Anatolie, la seule région où ils sont majoritaires. Ce qui faciliterait la création d'un État juif pleinement souverain, aux côtés d'une Grande Syrie arabe, d'une Arménie indépendante et d'un Kurdistan.

L'homme qui incarne le mieux la ligne germano-turque se nomme David Grin (« David Vert »), alias Ben Gourion (« David le Lionceau »). Né en 1886 à Plonsk, en Pologne russe, il a immigré en Eretz-Israël en 1906, à l'âge de vingt ans. C'est alors un garçon dur, jovial, jouisseur, enthousiaste, maigre et moustachu, aux yeux noirs pleins de feu et de malice. Son père, un avocat lié à la Haskalah, avait embrassé la cause des Hovevei Tzion. Lui-même, lecteur de Spinoza, Tolstoï, Nietzsche, se veut « sioniste socaliste » : la « religion du travail » lui paraît plus pure et plus noble que le judaïsme traditionnel, qu'il ne pratiquera jamais ; et les réalisations de la Ire Aliyah sont à ses yeux trop « misérables ». Il participe en 1909 à la création des premiers kibboutzim, des « communes » inspirées à la fois par les phalanstères européens du XIXe siècle et les « communautés fraternelles » hassidiques, puis de l'*Hashomer* (« La Garde »), une milice paramilitaire chargée de protéger les localités juives. Mais cela ne lui suffit pas : en 1912, il apprend le turc et s'inscrit à la faculté de droit de Constantinople avec son ami Yitzhak Ben-Zvi, qui deviendra un ethnologue distingué et le second président de l'État d'Israël. En ville, il porte une redingote élimée et un fez. Dans la chambre qu'il partage avec Ben-Zvi et quelques autres « chats sauvages », le ménage n'est jamais fait et les quelques tasses de thé ne sont jamais lavées. « Et alors ? », réplique-t-il. Ses notes sont excellentes. Ses professeurs, en découvrant qu'il est un Juif de Palestine, se lamentent : « Si seulement nous avions une jeunesse comme la vôtre ! »

En 1914, quand la guerre mondiale éclate, Ben Gourion prend bruyamment parti pour les Empires centraux. La junte militaire qui dirige alors la Turquie – Ismaïl Enver Pasha, ministre de la Défense, Mehmet Talat Pasha, ministre de l'Intérieur, et Ahmet Cemal Pasha, grand vizir – va bientôt tremper dans le massacre d'un million d'Arméniens et faire assassiner une partie des élites politiques arabes du Levant. Elle appliquerait volontiers les mêmes méthodes aux Juifs : mais ceux-ci bénéficient de la double protection de l'Allemagne et des États-Unis, puissance neutre. En Palestine, elle se contente donc d'expulser les ressortissants de pays ennemis, soit près de la moitié du Yishuv, et de placer les autres Juifs sous étroite surveillance. Ben Gourion a beau se déclarer « patriote ottoman », il est sujet russe, et donc sommé de quitter le territoire. Réfugié aux États-Unis, il n'en continue pas moins à soutenir l'Allemagne et la Turquie. C'est seulement en 1917, quand l'Amérique déclare la guerre aux Empires centraux et que l'Angleterre conquiert la Palestine qu'il change d'allégeance.

Vladimir Jabotinsky, né à Odessa en 1880, adopte la ligne antiturque. Des talents précoces semblent destiner ce garçon batailleur, au visage assez ingrat, moitié boxer, moitié bouledogue, à une carrière journalistique ou littéraire de premier plan en langue russe. Mais il se convertit au nationalisme juif après le pogrom de Kichinev, en 1903, en fondant une organisation clandestine d'autodéfense : « Juifs ! Apprenez à tirer ! », lance-t-il dans l'un de ses premiers tracts. Le sionisme lui paraît être la seule « réponse cohérente » à un antisémitisme où « les choses », c'est-à-dire les pesanteurs géopolitiques ou sociologiques, auraient encore plus de poids que « les gens », l'ignorance ou la méchanceté des individus. Comme Herzl, il croit à l'honneur, aux rapports de force, au réalisme, au rôle d'un chef charismatique. Mais, d'une autre génération, il n'est pas sensible aux scrupules humanitaires ou utopistes de l'auteur de *L'État juif*. Il pense au contraire que personne n'« offrira » une patrie à Israël sans contrepartie, et que le monde musulman sera particulièrement hostile. Le sionisme ne réussira qu'en se dotant au plus tôt d'un « mur de fer », d'une puissance militaire.

Sur l'Empire ottoman, Jabotinsky tient un raisonnement très simple : tant que ce dernier existe, tant qu'il contrôle le Levant, aucun État juif ne peut être créé. En ce sens, les événements des années 1908-1912 – la chute de la Turquie d'Europe, le renforcement de l'agitation arménienne, kurde et arabe en Turquie d'Asie, le raidissement nationaliste chez les Ottomans proprement dits, qui ne fait qu'aggraver les dissensions internes – lui semblent de bon augure. Quand éclate la Première Guerre mondiale, il hurle de joie. Le voici à Alexandrie, en Égypte, où affluent les Juifs expulsés de Palestine. Beaucoup de jeunes hommes veulent s'engager dans les forces britanniques. Joseph Trumpeldor, le seul Juif qui ait jamais obtenu le rang d'officier dans l'armée russe (et qui a perdu un bras à Port-Arthur, en 1904) les a rejoints. Avec son soutien, Jabotinsky propose aux Britanniques de créer une « Légion juive », composée de Juifs palestiniens et de volontaires européens ou américains. Ses interlocuteurs n'en sont pas là : tout au plus permettent-ils la formation d'une petite unité auxiliaire de six cent cinquante hommes, le Zion Mule Corps (« Muletiers de Sion »), qui se bat bravement à Gallipoli en 1915 – son commandant, le lieutenant-colonel John Henry Patterson, écrit que « beaucoup de ces combattants sionistes se sont révélés courageux à un degré » qu'il n'aurait « jamais soupçonné » –, mais qui, ayant refusé de participer ensuite à la répression de la rébellion irlandaise, est dissoute en 1916.

Jabotinsky renouvelle son offre en 1917, quand les Britanniques se préparent à affronter une armée germano-turque relativement puissante en Palestine. Cette fois, l'accueil est moins réservé : après trois ans de conflit en Europe et en Orient, les ressources en hommes se sont amenuisées dans les deux camps ; en outre, les Juifs palestiniens connaissent intimement le pays, comme le prouve le Nili (acronyme de *Netzah Israël Lo Yishaker*, « L'Éternel d'Israël ne faillira pas »), un réseau d'espionnage juif qui opère alors au profit des Alliés (il sera démantelé en septembre 1917, et ses membres seront torturés et exécutés). En août 1917, l'état-major britannique accepte de créer un régiment juif, qui comprendra deux, puis trois, puis finalement cinq bataillons : près de trois mille combattants au total, dont plus de 50 % de volontaires de l'Empire britannique, des États-Unis et de Russie. Quelque quatre mille Juifs palestiniens ont demandé à être enrôlés, soit 20 % de la population juive palestinienne mâle réfugiée en Égypte. Les Britanniques, qui redoutent la formation d'une « armée indigène » de qualité dans les territoires conquis, n'en ont pris qu'un peu plus d'un millier. Ce régiment intervient de façon décisive dans la bataille de Meguiddo, fin 1918, sous le commandement du général néo-zélandais E. M. C. Chaytor : la plus dure des batailles anglo-germano-turques du Levant. Trumpeldor est commandant en second. Jabotinsky, capitaine, franchit et sécurise la vallée du Jourdain : un fait d'armes qui ouvre la route de Damas aux Britanniques et qui lui vaut d'être décoré des mains mêmes de Chaytor.

Quand on parcourt la liste des combattants de la Légion juive, on a le sentiment de lire l'annuaire officiel du futur Foyer national juif en Palestine, mis en place à partir de 1922, ou de l'État d'Israël, créé trente ans plus tard, en 1948 : outre le nom de Ben Gourion, on y trouve ceux de Ben-Zvi, Levi Eshkol, Premier ministre d'Israël à la fin des années 1960, Yaakov Dori, premier chef d'état-major de l'armée israélienne, Eliezer Sukenik, l'archéologue qui authentifiera en 1947 les manuscrits de la mer Morte, Eliahu Golomb, fondateur de la Haganah, Dov Yossef, gouverneur de Jérusalem pendant la guerre d'indépendance, Berl Katznelson, idéologue de la social-démocratie israélienne, Edwin Herbert Samuel, dont le père sera le premier haut-commissaire britannique en Palestine, James Armand de Rothschild, fils du baron Edmond, de la branche française des Rothschild, qui deviendra sujet britannique, et offrira à la République israélienne, en 1957, le siège de son parlement, la Knesseth. Ben Gourion, qu'une relation complexe, faite d'abord de jalousie et de ressentiment, puis d'estime et d'admiration, liera à Jabotinsky, reconnaîtra un jour : « C'est Jabotinsky qui avait vu juste en 1914 sur la Turquie. Mon raisonnement n'était pas absurde. Mais le sien était le bon. »

Chapitre 14

Le Conseil suprême

Paris, le 25 décembre 1918. – Ma très chère Jenny. C'est aujourd'hui Noël, le premier Noël de paix en Europe et dans le monde depuis quatre ans. Le staff du président a quartier libre jusqu'à midi. J'en profite pour t'écrire. Ne m'en veux pas si je n'ai pu le faire plus tôt. Je ne veux certes pas exagérer le rôle que je joue dans les événements présents – je ne suis, finalement, qu'une sorte de drogman –, mais les sous-fifres eux-mêmes sont mobilisés jour et nuit. Je voulais t'écrire du bateau, ou en accostant à Brest, ou encore en arrivant à Paris : impossible. Nos cousins Camondo m'ont fort gentiment offert l'hospitalité dans leur hôtel particulier, sur le parc Monceau... une très belle demeure, vraiment, digne d'un roi, l'époque Louis XVI ressuscitée. Mais dont je ne profite nullement, car je dois être en permanence auprès du président. Trois nuits sur quatre, je dors dans le couloir, devant sa chambre, au fond d'un fauteuil ou sur un lit de camp. Au moins est-ce passionnant de l'accompagner et de le servir ; il est homme de cœur et homme de vision.

Nous avons quitté New York le 4 décembre, à bord du *George Washington*. C'est la première fois qu'un président des États-Unis s'éloigne du territoire national pendant l'exercice de ses fonctions, et une partie de l'opinion le critique beaucoup sur ce point : certains vont jusqu'à dire qu'il viole la Constitution. Mon ami Rudy Smith, tu sais, le Texan, m'a dit que le vrai scandale était ailleurs : Wilson a embarqué avec lui les meilleurs experts américains en matières européennes et proche-orientales, des écrivains, des professeurs d'université, des ecclésiastiques. Si bien que s'il était arrivé malheur pendant la traversée, le pays n'aurait pas seulement perdu son chef – dans une république, ça se remplace plus ou moins – mais son cerveau collectif. Grâce à Dieu, le voyage s'est bien passé. Et dès notre arrivée sur le sol français, le 13 décembre, nous avons tous compris que Wilson savait ce qu'il faisait. Tu n'imagines pas, petite sœur chérie, l'accueil que lui réserve l'Europe. Son portrait est partout, le drapeau américain, entremêlé de lauriers, flotte à chaque fenêtre. Le train qui nous conduisait à Paris, à travers une France paysanne, traditionnelle, qui n'a guère changé, je suppose, depuis la Révolution, s'arrêtait souvent, trop souvent : à chaque arrêt, fût-ce dans la plus petite gare, une foule immense était là, hommes, femmes, enfants, pour saluer Wilson, et à travers lui, la Grande Démocratie américaine et la Paix. Nous en avions tous les larmes aux yeux. Chacun sait, dans ces petites villes et ces petits villages où un garçon sur deux a été tué depuis 1914, que la guerre continuerait encore sans l'intervention des États-Unis, que la France, à terme, n'aurait pu échapper à la défaite, et que le destin de l'Allemagne, victorieuse sur un front, aurait été de succomber sur l'autre devant le communisme. Voilà qui suffirait à faire de Wilson un héros. Mais il y a le reste, bien sûr, le message de concorde universelle, de liberté pour tous les peuples, que notre président ne cesse de prodiguer : si différent des vieilles politiques, et si rafraîchissant ! Dès que l'Amérique est entrée en guerre aux côtés des Alliés, Wilson a fait savoir que ce n'était pas seulement pour punir l'Allemagne de ses violations du droit international, comme le torpillage des bateaux neutres, ni pour assurer la victoire d'un camp européen sur l'autre, mais bien pour fonder, après la victoire, une paix durable et équitable, fondée sur la libre disposition de chaque nationalité et des rapports de réciprocité entre les États : un programme qu'il a résumé en janvier 1918, voici près d'un an, dans son fameux discours des XIV Points. Sans ces promesses magnifiques, l'Allemagne et l'Autriche-Hongrie n'auraient sans doute pas fait leurs révolutions ni négocié l'armistice.

Hier soir, veille de Noël, j'ai été invité par les Lévinaire, des Juifs fort aisés mais un peu originaux, amis des Camondo, qui habitent le Marais, à côté du ghetto de la rue des Rosiers. C'est une dynastie de médecins. Le père de M. Lévinaire avait été l'un des premiers partisans de Herzl à Paris – « Herssel », comme dit son épouse, une blonde à la voix toute pointue. Ils mangent même casher, ce qui est peu fréquent dans ce milieu, mais dressent un sapin dans le salon pour « les fêtes de fin d'année », car selon l'hôtesse, « Noël n'est après tout que l'anniversaire d'un petit garçon juif ». Bien entendu, il n'a été question que de la guerre qui vient de s'achever. M. Lévinaire, qui doit approcher la cinquantaine, a dirigé une ambulance sur le front. Ce qu'il m'en a raconté fait froid dans le dos. Une, deux, voire trois générations livrées au Moloch. Leur fils aîné a été tué dès septembre 1914. Un autre a été gazé près de Verdun, et se traîne, fort diminué, dans une station thermale. La plupart des invités français étaient passés par des épreuves semblables. Le quartier même où nous nous trouvions – le vieux Paris de Balzac et de Hugo – a été éventré par l'artillerie lourde allemande voici moins d'un an. Une première bombe est tombée sur l'église Saint-Gervais, en pleine messe, tuant des dizaines de personnes. Une seconde a pulvérisé deux ou trois immeubles à cent cinquante mètres, rue des Francs-Bourgeois.

Le troisième fils Lévinaire, Jacques, est sorti intact des combats. Il m'a demandé ce que Wilson pensait du sionisme. J'ai répondu de mon mieux. Sentant que je n'étais pas hostile à « la cause », il s'est peu à peu livré. Il croit que la conférence de la paix est l'occasion ou jamais de créer un État juif en Palestine. Mais il se demande si les délégués sionistes seront à la hauteur. Je n'ai pas voulu entrer dans des détails. Un garçon à suivre, assurément.

Ma petite Jenny, *ermanika kerida*, je pense chaque jour à toi, à nos parents, à nos sœurs, aux aventures de notre famille. Je revois ce matin où j'ai quitté Constantinople pour New York avec l'oncle Mardochée. J'avais dix ans à peine, et toi, tu venais de naître. Notre père se taisait. Maman pleurait. Régine et Mélissa me réclamaient déjà des « cadeaux d'Amérique ». Tu sommeillais dans ton berceau, toute rose et fripée. Mardochée avait travaillé Père au corps. Je l'entends encore : « David, sois raisonnable ! Tu as maintenant trois filles à marier ! Laisse-moi donner une éducation américaine à ton fils. J'en ferai un banquier, ou un ambassadeur, ou les deux. Il sera assez riche pour veiller sur ses sœurs. C'est le seul moyen, tu le sais bien ! » Une fois cet argument épuisé, il passait à l'autre : « David, la Turquie est finie. Chaque année, on ampute le vieil Empire d'une nouvelle province. Tantôt c'est la Roumanie, et tantôt la Tunisie ; tantôt la Serbie et ensuite Chypre. Demain, ce sera Salonique, Damas, Bagdad. Quant au reste de l'Europe... Affaire Dreyfus en France, pogroms en Russie. Non ! L'avenir n'est plus ici, mais dans les pays neufs. Laisse-moi faire de Samuel un Américain. Tu verras, c'est de New York qu'il te soutiendra plus tard ! » Combien notre pauvre Mardochée avait raison, Dieu ait son âme, et combien nous lui devons tous. Me voici maintenant aux côtés de l'homme d'État le plus puissant de la terre, et je sais bien que tout cela fut arrangé dans le ciel pour que je puisse vous secourir à Constantinople – toi la première, ma petite sœur préférée ! Et, qui sait, être utile à notre peuple qui a bien besoin, après deux mille ans d'errance, d'un peu de repos.

Je t'embrasse,
Ton frère qui pense à toi, Samuel.

P.S. S'il y a le moindre souci à Constantinople, télégraphie-moi à la Délégation américaine, Paris. N'oublie pas que John Merrill Barclay, à la légation des États-Unis auprès de la Porte, peut aussi agir en votre faveur à n'importe quel moment.

Paris, le 23 janvier 1919. – Ma très chère Jenny, *ermanika kerida*. Ton courrier m'est bien parvenu. Je suis heureux de vous savoir en bonne santé – et sous la protection des forces britanniques. En ce qui me concerne, j'ai été atrocement malade au début de l'année : cette grippe, qu'on dit « espagnole », et qui semble avoir éclaté au moment même où la guerre s'arrêtait. Sans doute l'ai-je contractée à cette soirée de Noël dont je te parlais dans ma dernière lettre : la moitié environ des convives ont dû s'aliter les jours suivants. Grâce à Dieu, je suis tout à fait rétabli : car cette affection, quand elle se prolonge, est souvent mortelle. Un médecin de l'US Army m'a dit, de façon tout à fait confidentielle, qu'elle allait tuer plus de jeunes hommes, aussi bien chez les vainqueurs que les vaincus, que les combats des quatre dernières années. Il pense même que c'est la véritable explication de l'armistice du 11 novembre dernier, bien plus que les péripéties sur le terrain ou les révolutions qui ont emporté les Empires centraux. Les deux camps, selon lui, auraient soudain compris qu'ils risquaient, s'ils ne faisaient pas passer l'hygiène et des mesures de quarantaine avant les opérations militaires, de périr ensemble dans une pandémie universelle... Peut-être exagère-t-il, mais ce facteur a sans doute pesé dans le dénouement. Les grands événements naissent de père inconnu, dit-on. Ce qui revient à dire qu'ils ont plus d'un père.

En fait de quarantaine, on m'a consigné pendant deux semaines dans une villa de Chaville, le plus loin possible du président. C'est la règle pour tous les malades. Le colonel Edward House, le principal assistant de Wilson, qui a attrapé la grippe juste après moi, a dû s'y soumettre lui aussi. Quand je suis revenu auprès de la Délégation américaine, j'ai senti que bien des choses avaient changé. En un mot, la *Realpolitik* est de retour, et Wilson s'en accommode, dans l'espoir d'imposer ses vues au dernier moment. Il avait promis de mettre fin à la diplomatie secrète et aux arrangements occultes : il y sacrifie aujourd'hui avec la volupté du néophyte. Il affirmait que les grandes puissances ne dicteraient pas leurs conditions aux petits pays : pour accepter finalement la mise en place d'un Conseil suprême de trois membres, Amérique, Grande-Bretagne et France, aux compétences illimitées. Il avait laissé entendre qu'une Allemagne et une Autriche ralliées à la démocratie participeraient à la conférence de la paix sur un pied d'égalité avec les vainqueurs : on parle maintenant de mettre les vaincus devant le fait accompli. Il assurait que les nations nouvelles, encore dépourvues d'État, seraient entendues dans un esprit d'équité : en fait, leur sort est déjà tranché quand leurs délégations se présentent à Paris. L'essentiel, à ses yeux, c'est la Société des Nations. Il est persuadé que si celle-ci est établie, les imperfections de la conférence de la paix pourront être corrigées par des procédures d'arbitrage. Le tout, à ses yeux, est donc d'accorder assez aux Britanniques et aux Français, pour que ceux-ci ne puissent refuser d'adhérer à la Société et de s'y soumettre.

Rudy Smith, qui travaille maintenant au secrétariat du président, est au cœur de toutes les rumeurs. Il me dit que Wilson entend être rentré aux États-Unis d'ici mai ou juin au plus tard. Ce qui ne laisse que peu de temps pour traiter chaque dossier, et rend la méthode diplomatique traditionnelle inévitable. En outre, le président se sent en communion avec ses deux partenaires du Conseil suprême, le Français Georges Clemenceau et le Britannique David Lloyd George. Le premier est le plus américain des Français : il a vécu quatre ans aux États-Unis dans sa jeunesse, et s'y est même marié ; il parle anglais couramment ; il est protestant par sa mère. Aucun autre dirigeant français ne peut lui être comparé à cet égard. Le second est le plus américain des Britanniques : non pas Anglais mais Gallois, non pas membre de l'establishment mais tribun populiste, non pas anglican mais baptiste. Une telle proximité d'esprit entre Anglo-Saxons ne se retrouvera pas non plus.

Je t'embrasse, ma petite sœur chérie. Prends bien soin de nos parents et de nos sœurs.
Ton frère, Samuel.

Paris, le 10 février 1919. – Ma très chère Jenny. Le jeune Jacques Lévinaire, démobilisé, est devenu l'un des émissaires de l'Exécutif sioniste en France. Il a donc appris que j'étais moi-même l'un des « contacts » de l'Exécutif auprès de l'administration américaine. Nous nous voyons assez souvent, en vue de préparer la comparution du Dr Haïm Weizmann, le président de l'Organisation sioniste mondiale, devant le Conseil suprême. Cela devrait se passer dans quelques jours à peine. Puisque la diplomatie secrète a repris ses droits, je ne puis tout te dire. Mais je t'en dirai assez en citant ou paraphrasant ce qui, échappant à la vigilance des uns ou des autres, a été publié ici ou là dans la presse. J'espère que tu reçois bien les journaux anglais et français que je t'expédie chaque semaine.

Voici une quinzaine de mois, le 2 novembre 1917, le gouvernement britannique a fait savoir qu'il « considérait favorablement l'établissement d'un Foyer national juif en Palestine ». Il l'avait déjà fait dans le passé : mais la Palestine, alors, ne lui appartenait pas. Cette fois, c'était différent. Les troupes de Sa Majesté venaient de prendre Jérusalem. Bientôt, le Levant tout entier allait tomber entre leurs mains.

Derrière cette déclaration, il y a deux hommes. Celui qui l'a signée, Arthur Balfour, et celui qui l'a inspirée, Weizmann. Balfour est aujourd'hui ministre des Affaires étrangères ; il a été Premier ministre. C'est un aristocrate de haute volée : il descend de Robert Cecil, comte de Salisbury, l'homme qui, au XVIe siècle et au début du XVIIe siècle, a déjoué tous les complots catholiques contre Élisabeth et Jacques Ier Stuart, y compris la fameuse « conspiration des Poudres » de 1605, que le Parlement anglais commémore chaque année. Son père était député d'Écosse. Son oncle, le troisième marquis de Salisbury, successeur de Disraeli à la tête du parti conservateur, a été trois fois Premier ministre de 1885 à 1902. D'après ce que j'ai entendu, il affiche un tempérament esthète, un peu désabusé, et s'amuse à défendre tour à tour toutes les opinions, même les plus extravagantes, devant ses amis du cabinet. Mais en fait, il a des convictions bien arrêtées : en gros, il reste fidèle au protestantisme ultra de son ancêtre Cecil. D'où à la fois son opposition aux nationalistes irlandais, et sa sympathie pour les Juifs, qui restent selon lui le peuple élu.

Weizmann, l'inspirateur de la déclaration, est un chimiste juif d'origine russe. Il a fait ses études en Suisse, avant d'obtenir un poste à l'université de Manchester. En 1916, la Grande-Bretagne manquait d'acétone, un composant indispensable pour les explosifs. Weizmann découvre un procédé qui permet d'en réaliser la synthèse, et le met gracieusement à la disposition de son pays d'adoption pour toute la durée de la guerre, au lieu d'exiger, comme les autres ingénieurs, de grasses et immédiates royalties. Quand Lloyd George, touché par un tel geste, lui propose un titre de noblesse, il lui répond : « Ma seule récompense serait que le gouvernement de Sa Majesté fît quelque chose pour mon peuple. » Telle est du moins la légende que la presse rapporte aujourd'hui. Elle n'est pas fausse, ma chère Jenny. Mais elle passe sur le fait que Weizmann, par ailleurs, a toujours été un sioniste militant, qu'il a participé à tous les Congrès sionistes depuis 1898, qu'il a été assez sûr de ses convictions pour rompre brièvement avec Herzl en 1902, lors de la querelle de l'Ouganda, et qu'il s'est lancé, une fois installé en Grande-Bretagne, dans un travail politicien minutieux et méthodique, afin de conquérir à la fois la loyauté des communautés juives et la sympathie des classes dirigeantes. Il est ainsi devenu très tôt l'ami de Lord Robert Cecil, qui lui a présenté son cousin Balfour. Je me suis laissé dire que c'est ce dernier qui a conseillé à Weizmann de renoncer aux royalties de l'acétone afin de séduire Lloyd George (ce qui ne retire rien à son mérite). En tout cas, les deux hommes ont préparé ensemble le document du 2 novembre 1917.

Les journaux colportent une autre légende : la déclaration Balfour aurait eu pour but de rallier les Juifs américains à la cause alliée, et donc de faciliter l'entrée en guerre des États-Unis aux côtés de l'Angleterre et de la France. C'est tout simplement idiot, puisque Washington a déclaré la guerre à Berlin dès avril 1917, soit près de huit mois plus tôt. Le véritable contexte m'a été expliqué par Selwynn Bryant, ce jeune attaché d'ambassade un peu ballot qui a fait la cour à ta sœur Régina en 13, à Karlsbad – je suis sûr que tu te souviens de lui. Bryant a servi honorablement aux Dardanelles, a été blessé sur la Somme, et occupe aujourd'hui dans la Délégation britannique la même position que moi, à peu de chose près : expert polyglotte. Nous avons fait un soir la tournée des endroits où Paris s'amuse. Si tu savais, Jenny... Les hommes, qui reviennent de l'Enfer, ne pensent qu'à oublier. Les femmes savent qu'elles sont désormais deux pour un seul homme, et qu'il n'est plus temps de minauder, à moins d'être richement dotées. Tout le monde, de surcroît, s'attend à mourir de la grippe espagnole, sauf ceux qui, l'ayant eue, ne sont pas morts, et se croient immortels. Paris n'est donc... pardonne-moi ce mot, Jenny, mais ton frère peut et doit te dire la vérité... qu'un lupanar, et les autres capitales de l'Europe, à commencer par Berlin, font de même. Pour me garder des tentations, je ne pouvais mieux faire que de me promener avec Selwynn, dont Régina avait vérifié, je crois, l'extrême droitesse morale. Nous avons fini la nuit aux Halles. Selwynn a bu trois bières coup sur coup et m'a donc conté ceci, qu'il a entendu de Lloyd George en personne. Fin 17, l'Amérique était entrée en guerre, et l'on savait que ses hommes allaient bientôt débarquer. Le vrai problème, c'était la Russie. La révolution, au mois de mars, avait pratiquement éliminé ce pays en tant qu'allié fiable. Kerenski, le Premier ministre de la nouvelle République russe, avait beau appeler la nation au combat, celle-ci désertait en masse. La droite considérait qu'il était vain de lutter contre l'Allemand tant que le tsar ne serait pas restauré. La gauche libérale ou sociale-démocrate, qu'il fallait avant tout déjouer un coup d'État de droite. Quant à l'extrême gauche – les bolcheviks –, ils préparaient une seconde révolution. Résultat : les Allemands avançaient partout. Ils allaient bientôt conquérir l'Ukraine, puis le Caucase. Ils allaient s'emparer du pétrole de Bakou, qui fait tourner les automobiles, les tanks, les avions. Et au fur et à mesure qu'ils progressaient, ils se faisaient de plus en plus aimables avec les Juifs. Les tsars, Jenny, avaient martyrisé notre peuple. Les Allemands et les Austro-Hongrois, par comparaison, représentaient la liberté. En outre, le yiddish est si proche de l'allemand, et les élites juives de Pologne, de Russie, d'Ukraine, des Pays baltes, ont tellement l'habitude d'étudier dans des universités germaniques. Bref, le moment approchait où la plus grande partie du peuple juif, dans une région stratégique entre toutes, allait passer du côté des Empires centraux, et donc rendre leur offensive irrésistible. Il fallait empêcher cela. Selon Selwynn, c'est l'ultime argument que Balfour a invoqué devant Lloyd George et le reste du cabinet.

Mais d'autres considérations, à plus long terme, ont également joué. Dès 1916, alors que la victoire était encore hors de vue, au lendemain des revers des Dardanelles et de Mésopotamie, les Anglais et les Français s'étaient partagé le Proche-Orient par un accord secret. À tout hasard, en quelque sorte. Du côté français, un certain François Georges-Picot, issu de la bourgeoisie coloniale et ancien consul général à Beyrouth, avait été chargé de la négociation. Du côté anglais, Sir Mark Sykes, un aristocrate romantique, sixième baronet de son nom, amoureux du désert. Ils étaient catholiques l'un et l'autre, mais c'était bien leur seul point commun. Pour Georges-Picot, l'Angleterre était toujours « l'ennemi héréditaire », au moins autant que l'Allemagne. Tandis que Sykes méprisait profondément la « déchéance » de la France ; Selwynn m'a raconté qu'après un voyage en Algérie, avant la guerre, il avait estimé que « les Français en Afrique, à la différence des Anglais en Inde, n'étaient pas des sahibs, des gentlemen, et ne pourraient jamais se faire respecter des indigènes ». La preuve, leurs officiers n'entretenaient « ni haras, ni chenil »... Les pourparlers auraient pu conduire rapidement à une impasse, tu t'en doutes bien. Mais il y a quelque chose en l'être humain qui dépasse et déjoue sans cesse les apparences et les attentes. Les deux hommes, que tout séparait, sympathisèrent et se distribuèrent en quelques jours des régions plus vastes que leurs deux pays réunis. La France voulait le Liban, la Syrie, l'Arménie, Mossoul : Sykes y consentit, pourvu que l'Angleterre, de son côté, obtînt le Néguev et la Transjordanie, prolongements naturels de son protectorat d'Égypte, et la Mésopotamie, arrière-pays de ses mouillages et puits pétroliers du golfe Persique. Restait la Palestine, que les deux pays convoitaient. Georges-Picot et Sykes tournèrent la question en prévoyant d'y instituer un domaine indivis, un « condominium ».

Là-dessus, la guerre avait continué et pris des tournures nouvelles. En particulier, les États-Unis, en rejoignant le camp allié, avaient répudié à l'avance les accords secrets, quels qu'ils fussent. Si bien que, fin 17, au moment où ils commençaient à occuper réellement les territoires qu'ils s'étaient attribués grâce à Sir Mark, les Britanniques pouvaient craindre de devoir bientôt les abandonner, à la suite de charitables pressions américaines. Le plus sage, selon Sykes lui-même, était d'invoquer une mission d'un ordre supérieur, à laquelle la nation sœur anglo-saxonne et protestante serait sensible : le Retour des Juifs. Balfour s'était rendu aux États-Unis au printemps, à la veille de leur entrée en guerre. Il avait discrètement évoqué la Palestine au cours de ses entretiens. Et senti que ses interlocuteurs mordaient à l'hameçon.

Le texte, tu l'as lu. Ou peut-être pas, suis-je bête ! La censure ottomane, ou germano-ottomane, n'aura certainement pas permis, de novembre 17 à novembre 18, qu'on en fasse état à Constantinople. À tout hasard, je recopie donc ici ce document capital. Il ne comporte en fait que quelques mots seulement. Balfour écrit, en tant que ministre des Affaires étrangères, à Lord Rothschild, le président de la Fédération sioniste d'Angleterre, pour lui dire ceci :

Cher Lord Rothschild,

J'ai le grand plaisir de vous communiquer, au nom du gouvernement de Sa Majesté, une déclaration de sympathie avec les aspirations sionistes juives, qui a été soumise au cabinet et que celui a approuvée :

« Le gouvernement de Sa Majesté envisage favorable l'établissement en Palestine d'un Foyer national pour le peuple juif, et s'emploiera activement à faciliter la réalisation d'un tel objectif, étant bien entendu que rien ne saurait être fait qui porte préjudice aux droits civils et religieux des communautés non juives en Palestine, ni aux droits ou au statut politique dont bénéficient les Juifs dans n'importe quel autre pays. »

Je vous serais reconnaissant de porter cette déclaration à la connaissance de la Fédération sioniste.

Sincèrement vôtre,

Arthur James Balfour.

Balfour comptait arrêter sa déclaration au milieu du second paragraphe. La phrase sur les droits des non-Juifs en Palestine et des Juifs dans le reste du monde a été ajoutée contre sa volonté, sur l'insistance d'Edwin Samuel Montagu, le seul membre juif du cabinet, secrétaire d'État à l'Inde : un adversaire intraitable du sionisme...

Il reste, maintenant que la guerre est finie, à faire endosser par le Conseil suprême une initiative qui, jusqu'ici, ne relève que du gouvernement britannique. Ce sera la tâche de Weizmann, d'ici peu. Lévinaire, moi-même et quelques autres essaierons de l'aider. Que le Dieu de nos pères nous vienne en aide ! Le 6 février, le Conseil a déjà reçu le prince héritier du Hedjaz, Fayçal le Hachémite, qui avait appelé les Arabes à la révolte contre les Turcs en 1915, avec quelque succès. Aujourd'hui, celui-ci réclame son dû : l'indépendance pour son peuple, aussi bien dans la péninsule arabique qu'en Syrie ou en Mésopotamie. Comment cela peut-il se concilier avec les accords Sykes-Picot, je ne sais. Du moins Fayçal est-il prêt à accepter deux autres États sur la côte méditerranéenne : un Liban chrétien et une Palestine juive. D'après Selwynn, il a rencontré Weizmann à plusieurs reprises et même signé avec lui un projet d'alliance au mois de janvier. Tout cela aurait été arrangé par son conseiller, le fameux colonel Thomas Lawrence, un Anglais arabisé qui, tout comme Sykes, unit Israël et Ismaël dans une même affection.

Je t'embrasse, ma petite Jenny chérie, tout comme nos parents et nos sœurs.
Ton frère, Samuel.

Paris, le 16 février 1919. – Ma très chère Jenny. Je viens de recevoir cette lettre merveilleuse où tu m'apprends les fiançailles de Régine avec Baruch Danon. *Mazaltov, mazaltov* ! Je ne puis te dire quelle est ma joie. J'envoie une lettre séparée à Régine pour la féliciter, et lui rappeler que j'ai constitué en son nom, à la banque Morgan, une dot de mille dollars. J'ai préparé des dots équivalentes pour Mélissa et pour toi, comme tu le sais.

Puisque tu te passionnes pour la conférence de Paris et les affaires politiques, je te donne quelques nouvelles fraîches. Le Conseil suprême recevra Weizmann le 27 février, dans un peu plus d'une semaine. Il comprend désormais quatre membres : l'Italie a rejoint le cercle étroit des grandes puissances. C'est une affaire bien compliquée. Disons que les alliés de second plan en voulaient beaucoup à Wilson, Clemenceau et Lloyd George de les avoir snobés. Ceux-ci ont donc accepté de mettre sur pied un Conseil des dix, élargi à quelques ministres des Affaires étrangères. Au bout de quelques jours, la cacophonie était indescriptible. Les trois ont donc recommencé à se voir entre eux ; mais dans les réunions un peu plus officielles, ils font venir également le Premier ministre italien, Vittorio Orlando. Du point de vue sioniste, ce n'est pas très grave. Orlando n'a rien contre les Juifs. Et son ministre des Affaires étrangères, Sidney Sonnino, ancien Premier ministre, issu d'une famille juive convertie au protestantisme, passe pour soutenir discrètement « la cause »...

Notre souci, c'est la France. Clemenceau semble neutre. La plus grande partie de la classe politique française voit dans la déclaration Balfour une manipulation anglaise. Le Quai d'Orsay, qui prépare les dossiers et qui, en fin de compte, décide réellement de la politique extérieure du pays, est très hostile au sionisme, sinon même aux Juifs en tant que tels : son secrétaire général, Jules Cambon, ancien gouverneur général de l'Algérie et ancien ambassadeur aux États-Unis, ne cache pas sa « certitude » que « Dreyfus était un traître ». L'excellent Jacques Lévinaire, que je vois désormais tous les jours, m'a révélé qu'aucun Juif, quels que soient ses mérites, n'a jamais été reçu au concours des ambassades, sauf un certain Kahn, qui vient d'être nommé ministre plénipotentiaire au Siam. Il n'en revient donc pas du rôle que des Juifs peuvent jouer dans la diplomatie américaine. Ma présence auprès de Wilson l'étonnait un peu. Mais quand je lui ai expliqué que c'était une habitude, en Amérique, d'envoyer des ambassadeurs et des consuls juifs dans les pays musulmans, y compris l'Empire ottoman, il en est resté bouche bée.

Je te laisse, sœurette bien aimée. Tiens-moi bien au courant de ce qui se passe à Constantinople et dans le reste de la Turquie : j'entends dire que certains généraux ottomans refusent de livrer leur arsenal aux forces d'occupation, comme l'armistice de Moudros les y oblige. Et qu'ils songent même à reprendre la guerre contre les Alliés, peut-être en s'alliant aux bolcheviks. Ce serait une folie.

Je t'embrasse.
Ton frère, Samuel.

Paris, le 2 mars 1919. – Ma très chère Jenny. Weizmann a plaidé la cause du sionisme jeudi dernier, 27 février, devant le Conseil suprême. Cela s'est passé au Quai d'Orsay dans l'antre même de cette diplomatie française que Lévinaire redoute tant : non sans raison, d'ailleurs, comme nous avons pu nous en rendre compte. Le Quai est en fait un palais, bâti sur la rue du même nom, le long de la Seine; le plus bel endroit de Paris, un ciel immense, une luminosité sans pareille, une sensation d'espace qui t'aurait rappelé Constantinople, et que l'on trouve rarement dans la capitale française. Par l'un de ses côtés, le ministère donne sur l'esplanade des Invalides, plantée d'arbres majestueux, et le dôme sous lequel repose Napoléon, mais aussi sur ces chefs-d'œuvre d'avant-guerre – squelette de métal, appareils de pierre – que sont le pont Alexandre-III et les palais bâtis pour l'Exposition universelle de 1900, le Grand et le Petit Palais. À l'arrière-plan, on aperçoit la Tour Eiffel. Par l'autre côté, le Quai voisine avec l'Hôtel de Lassay, où réside le président de la Chambre des députés, et le Palais-Bourbon, où se réunissent les députés : de splendides édifices du XVIIIe siècle, noblement noircis par les fumées de charbon. Un peu plus loin, en traversant un pont, c'est la place de la Concorde, l'obélisque de Louxor, les Tuileries et le Louvre. Et que dire, petite sœur, du ministère lui-même, de ses salons d'apparat, de ses fenêtres ouvertes sur le fleuve ! *El Palasyo del Sultan*, sur le Bosphore, n'est pas plus luxueux. Les trois grands étaient là en personne, Clemenceau assis au milieu, les yeux plissés, la mâchoire tigresque sous ses moustaches tombantes, Wilson à droite, droit, raide, mais souriant, Lloyd George à gauche, l'œil rêveur. Le quatrième grand, Orlando, assis aux côtés de Lloyd George, faisait de son mieux pour paraître à sa place. « Trois brachycéphales, un dolichocéphale », m'a glissé Smith. Je lui ai répondu sur le même ton : « Deux Celtes, un Latin, un Indo-Germanique. » Plusieurs ministres des Affaires étrangères avaient été également conviés : Balfour, qui dépasse Lloyd George d'une bonne tête et ne laisse aucun doute à personne sur son rang, le Français Stéphen Pichon, aimable et discret, dont Clemenceau feint sans cesse d'oublier le nom et les fonctions exactes, et l'austère Sonnino. Comme Rudy Smith me l'a fait remarquer, il était assez étonnant, et fort significatif, que la conférence accorde autant d'importance aux Juifs et au projet sioniste qu'à la Pologne, à la Roumanie ou aux Slaves du Sud, sinon bien plus... Un voile de deuil, cependant, sur ce grand événement : Sir Mark Sykes, qui est devenu au fil du temps le meilleur allié de la cause sioniste, est mort le 19 février, de la grippe espagnole : à Paris, évidemment, où il voulait absolument assister à cette session du Conseil. Au début du mois, il courait encore un peu partout pour préparer les entretiens de Weizmann. Même à Rome, où il avait, en catholique dévot, toutes ses entrées auprès du pape. Nous le pleurons, et ne l'oublierons pas.

Weizmann a été parfait. Physiquement, il est petit, chétif, fripé, comme un Juif du ghetto ou un gnome de Wagner. Mais dès qu'il parle, dès que son esprit se déploie, un autre personnage apparaît : vif, rapide, clair, plein d'autorité. D'emblée, il a posé le problème : sept ou huit millions de Juifs veulent quitter l'Europe centrale et orientale, où les Empires autrichien et russe viennent de s'effondrer. L'Europe occidentale et l'Amérique ne peuvent les accueillir. La seule solution était de leur ouvrir les portes d'une Palestine que l'Empire ottoman, par une coïncidence historique qui n'était sans doute que l'autre nom de la Providence, ne contrôlait plus et ne serait jamais plus en mesure de reconquérir. Cette grande émigration, les Juifs eux-mêmes la financeraient et la prendraient en charge. Tout était désormais entre les mains du Conseil suprême : qu'il donne le signal, et « dix-huit siècles d'errance et de martyre » finiraient enfin. Bref, la thèse de Herzl, adroitement actualisée. Quand il s'est tu, Sonnino a été le premier à se lever et à lui serrer longuement la main. Balfour l'a suivi, puis toutes les autres personnalités, les unes après les autres. Sauf les Français.

Nous eussions tous préféré que Weizmann fût le seul sioniste à prendre la parole. Mais d'autres orateurs étaient prévus. Le plus considérable, le juge Felix Frankfurter, délégué de la Fédération sioniste américaine, n'était malheureusement pas encore arrivé à Paris. C'est dommage, parce qu'il connaît personnellement Wilson, dont il a été le conseil juridique depuis le début de la guerre. Nahum Sokolov, un écrivain polonais, a tracé un tableau extrêmement émouvant des souffrances endurées par les Juifs d'Europe orientale, des massacres de Chmielnicki, au XVIe siècle, jusqu'aux plus récents pogroms d'Ukraine. Menahem

Oussishkine, qui représentait les sionistes russes, une force de la nature, s'est exprimé en hébreu, ce qui a suscité une vive curiosité : Sokolov a traduit. Enfin, on a donné la parole aux sionistes français. Ou à ceux que le Quai d'Orsay a voulu faire passer pour tels. Les personnalités de premier plan qui soutiennent « la cause » depuis Herzl sont pourtant nombreuses dans ce pays, aussi bien chez les Juifs que les Gentils. Une Ligue des amis du sionisme a été créée en 1917, avec des hommes tels qu'Albert Thomas, le ministre socialiste de l'Armement, l'historien Charles Seignobos, professeur à la Sorbonne, Jules Isaac, autre historien, l'helléniste Victor Bérard, les poètes Edmond Fleg et Gustave Kahn. Elle n'a pas ménagé ses efforts. Mais le Quai d'Orsay n'a voulu qu'André Spire, poète lui aussi, homme honnête et vrai sioniste qui a rejoint la Ligue au cours des derniers mois, et l'indianiste Sylvain Lévi, professeur au Collège de France. Spire m'a avoué qu'il n'a été convoqué que la veille au soir : vers neuf heures, alors qu'il finissait de dîner, il a reçu un coup de téléphone du ministère des Affaires étrangères, lui enjoignant de se présenter le lendemain à trois heures de l'après-midi devant M. Gout, « sous-directeur d'Asie, chargé des affaires juives »; et que ce dernier l'a ensuite mené devant le Conseil suprême, sans autre préparation qu'un court entretien où il faisait appel à son patriotisme et lui intimait d'approuver Lévi. L'indianiste, donc, était maître du jeu. Pauvre maître, pauvre prince de l'esprit métamorphosé en fol, qui ne cessait de regarder Pichon, Gout, et le reste de ces Messieurs du Quai, comme s'il avait été hypnotisé. *Ermano de mi padre* !, comme nous disons en ladino, ma Jenny chérie. Ah, le faux-frère ! Il a déclaré successivement que la plupart des Juifs français n'étaient pas sionistes, ce qui est théoriquement vrai, qu'il était lui-même « Juif par sentiment, mais Français avant tout », sans nul doute, « qu'à vrai dire, il n'était même pas sioniste lui-même », nous l'avions compris, et enfin, que si la Palestine devait être confiée à une puissance européenne, « ce ne pouvait être que la France, seule capable de défendre les intérêts de toutes les communautés », ce qui était aller bien plus loin que les accords Sykes-Picot de 1916. Spire regardait ailleurs. Sonnino bouillait d'indignation. Clemenceau dormait. Lloyd George fonçait le sourcil. Balfour écrivait quelque chose sur une feuille de papier. Quand Lévi est allé rejoindre sa place auprès des diplomates français, Weizmann s'est levé et ne lui a dit que deux mots : « Misérable ! Traître ! » Lévi, les larmes aux yeux, a voulu répondre. Weizmann lui a tourné le dos. Je me suis levé, me suis présenté – Samuel Sarraf, citoyen des États-Unis, né à Constantinople, conseiller du président Wilson – et lui ai dit, à voix assez haute pour que tous pussent entendre, surtout ces Messieurs du Quai :

– Professeur, saviez-vous que Jean-Jacques Rousseau, Genevois de nation mais Français d'élection, fut le premier sioniste ?
– Non, m'a-t-il répondu, avec un sourire navrant.
– Au livre IV de *L'Émile*, il dit à peu près ceci : qu'on ne saura vraiment « ce que les Juifs ont à nous dire que le jour où ils auront leur libre République et leurs libres universités ».

Lévi m'a jeté un regard égaré, avant de s'enfuir.

Ermanika kerida, je te laisse. Wilson retourne en Amérique pour quelques jours, mais je reste à Paris. Je suis très pessimiste à propos de la Turquie. Si les fanatiques se révoltent contre le sultan, on ne laissera rien aux Ottomans, pas même Constantinople. Suggère à Père de me rejoindre aux États-Unis, avec toute la famille, bien entendu.

Je t'embrasse.
Ton frère, Samuel.

Paris, le 16 mars 1919. – Ma très chère Jenny. J'ai fêté aujourd'hui Pourim, le carnaval juif, avec Lévinaire, qui est en train de devenir pour moi une sorte de frère. Il m'a emmené rue Pavée, près de ses parents : figure-toi que les Juifs les plus orthodoxes de Paris, Hassidim de Pologne et autres messieurs à barbe et à caftan, y ont fait bâtir, juste avant la guerre, une synagogue moderne – ou plus exactement modern style ! – pour remplacer leurs vieux oratoires. L'architecte n'est autre que Guimard, qui a pourvu la capitale française de bouches de métro pareilles à de hautes charmilles métalliques. Il a su tirer parti de l'étroitesse des lieux en aménageant une grande verrière au fond de l'édifice. L'ensemble, blanc et or, avec de belles boiseries, inspire une douce allégresse. Pourim, chez ces Juifs d'Europe de l'Est, ne le cède en rien à celui que nous célébrons en Turquie. L'officiant lit le Livre d'Esther à grande vitesse, les assistants tapent du pied ou font tourner des crécelles à chaque fois que l'on prononce le nom d'Aman, l'homme qui voulut exterminer Israël, les enfants se sont confectionné des masques ou des déguisements. M. et Mme Lévinaire nous ont ensuite reçus pour le banquet traditionnel. Peu d'invités, cette fois : la grippe rôde toujours. Au menu, une oie rôtie à la façon ashkénaze, avec une compote de pomme. Cela m'a rappelé les dindes que les Américains mangent en novembre, pour *Thanksgiving*. En moins sucré, mais j'aime autant.

Wilson est rentré hier des États-Unis, où il était allé plaider pendant quelques jours la cause de la Société des Nations devant le Congrès et la presse. À son retour à Paris, il n'y avait presque personne pour l'accueillir. Les Français se blasent bien vite. Ou plutôt, ils n'ont fait depuis décembre que compter leurs morts et chiffrer leurs pertes matérielles, et ces terribles soucis les ont quelque peu éloignés des espérances lyriques des premiers jours. Une bonne partie de l'opinion veut, outre l'Alsace-Lorraine, « la rive gauche du Rhin », afin d'empêcher une éventuelle revanche allemande, et sait trop bien que ni l'Amérique ni l'Angleterre n'accéderont à ce désir. Lloyd George a eu l'autre jour des mots très durs, à ce sujet : « Les Romanov sont tombés, les Hohenzollern et les Habsbourg ont suivi, et les Français n'ont pas l'air de comprendre que cet appel d'air immense, qui a installé le bolchevisme en Russie, va l'attirer également en Allemagne, en Autriche, en Bohême, en Hongrie. Il y a déjà eu un début de révolution communiste à Berlin en janvier. Si nous affaiblissons trop les anciens Empires centraux, nous aurons les Soviets partout. » En ce qui concerne l'Orient, ni les Anglais, ni les Français ne veulent de pays indépendants, et les Américains s'opposent à la création de colonies : « Mon opinion ne comprendra pas », répète Wilson. En guise de compromis, on évoque la mise en place de protectorats d'un type nouveau, des « mandats » : les anciennes possessions turques seraient placées théoriquement sous l'autorité de la Société des Nations, qui « déléguerait » dans un second temps ses compétences à telle ou telle autre puissance alliée. La formule ravit les juristes, et fait rire les politiques. Weizmann estime que pour la Palestine, ce serait une solution élégante, qui concilierait la mise en place progressive d'un État juif et la nécessité d'une tutelle britannique.

Je t'embrasse, *ermanika kerida*. Notre père m'a écrit. Il hésite, compte tenu de son âge, à quitter Constantinople pour l'Amérique. Mais il est prêt à expédier Mélissa, et peut-être même à te laisser partir toi aussi.

Ton frère, Samuel.

Paris, le 13 avril 1919. – Ma très chère Jenny. Les nouvelles d'Europe centrale et orientale sont mauvaises. Des gouvernements communistes ont été proclamés en Hongrie et en Bavière, comme Lloyd George l'avait pressenti. Dans les deux cas, des Juifs sont à la tête du nouveau régime. Cela renforce l'impression que le mouvement bolchevique tout entier, avec des chefs comme Trotski, Kamenev, Zinoviev, etc., est une conspiration juive. Balfour en tire argument pour accélérer la création d'une Palestine hébraïque, en des termes d'ailleurs ambigus : le sionisme serait, selon lui, le « vaccin » qui détournerait le « peuple errant » de la tentation révolutionnaire. D'autres, un peu partout, font le raisonnement inverse : les Juifs, maîtres de la Russie par la terreur, et de l'Occident par l'argent, ne demanderaient la Palestine que pour y établir un quartier général inviolable. J'ai rencontré un journaliste du *Times* de Londres qui

« enquête » sur les *Protocoles des Sages de Sion*, et croit dur comme fer que ce faux grossier, démarqué ligne à ligne d'un pamphlet républicain contre Napoléon III, est bien le procès-verbal du premier Congrès sioniste de Bâle, en 1897.

Aux États-Unis, les choses ne se passent pas très bien non plus. L'opposition républicaine pourrait bien remporter les prochaines élections, en 1920. Certains de leurs leaders font campagne contre les « projets fumeux de Wilson », y compris la Société des Nations. D'autres parlent de suspendre l'immigration juive, slave, latine, orientale. Ou du moins d'y apporter de sévères restrictions. Si c'était le cas, je ne sais plus, ma Jenny, si je pourrais encore vous accueillir à New York, Mélissa et toi. Songez-y tant qu'il est temps.

J'ai fait l'autre jour une rencontre bien étrange. De bon ou de mauvais augure ? C'est selon. On me fait savoir, au Majestic où la Délégation américaine a désormais installé une partie de ses bureaux (Wilson s'est installé à deux pas, sur la bien nommée place des États-Unis, où habite aussi Clemenceau), qu'un membre de la délégation du Hedjaz souhaite me parler. Je descends immédiatement dans le hall. Un homme étrange m'y attend. Vêtu à l'européenne, ou plutôt à l'anglaise, avec une élégance infinie, mais très sombre de peau. Mince, maigre, presque desséché – j'ai pensé à ces momies débarrassées de leurs bandelettes, qu'on montre, impudiquement, au Louvre et au British Museum –, et pourtant jeune dans ses mouvements et le timbre de sa voix. Il me demande, en anglais, si je suis le Dr Sarraf, ce que je confirme. Rassuré, il me propose de prendre un thé un peu à l'écart. J'accepte. « Monsieur, me dit-il, j'ai quelques informations à transmettre à l'Exécutif sioniste et aux amis américains du sionisme. Dans les deux cas, vous êtes probablement l'homme de la situation. Né à Constantinople, vous avez sans doute quelque notion de l'Orient, à la différence de votre entourage. » Je lui dis que je serais heureux d'être utile. « Bien, fort bien, poursuit-il. Monsieur, le monde musulman a atteint son nadir. Il n'a cessé de décliner depuis trois siècles : de dépérir, de s'appauvrir, de perdre des batailles, d'abandonner des territoires. Aujourd'hui, il n'en reste presque plus rien. Nos grands Empires sont devenus, les uns après les autres, des colonies européennes. L'Inde est anglaise. L'Égypte, anglaise. Le Maroc, français. Alger et Tunis, français. Tripoli, italien. Le Soudan, français et anglais. La Tartarie, qui faisait naguère trembler l'Europe et la Chine, a été asservie à la Russie. La Perse a été partagée entre la Russie et l'Angleterre. La Turquie d'Europe, qui menaçait Vienne, n'existe plus, à part Constantinople, ce hochet dérisoire. Et maintenant, c'est le tour de la Turquie d'Asie. Dieu seul sait si la moitié seulement de l'Anatolie restera entre les mains des Ottomans à l'issue de cette guerre. Tout le reste est déjà vendu à l'encan : les Britanniques ici, les Français là, sans parler des Italiens ou des Grecs. De désespoir, le dernier sultan serait prêt à se mettre sous le protectorat, pardon, le mandat, des États-Unis qui, vous le savez, ont omis de lui déclarer la guerre en 1917. » Il boit une tasse de thé, s'en sert une seconde. « Aucun peuple ne peut accepter une telle humiliation. Mais surtout pas le peuple musulman, dont toute l'histoire, jusqu'au XVIIe siècle, était faite de gloire et de victoires. Mille révoltes se préparent. Mille vont éclater. La plupart échoueront. Mais le feu reprendra sans cesse. Ma crainte, Monsieur, c'est que les Empires d'Occident, pour écraser ces insurrections, ne nous dressent contre les Juifs. Et que chaque puissance européenne, qui plus est, n'utilise cette querelle aux dépens de ses rivales. Je ne parle pas seulement des Français et des Anglais. Les Allemands avaient mis sur pied des réseaux au sein du monde musulman, avec l'aide des Ottomans. Ces sociétés secrètes n'ont pas été dissoutes : demain, quand l'Allemagne se sera stabilisée et s'occupera de sa revanche, elles se ranimeront. Les Russes, devenus bolcheviks, ont leurs propres calculs : savez-vous qu'un parti communiste musulman a été créé par un certain Sultan Galiev ? » Je ne sais quoi répondre. Je sens bien qu'il n'a pas tort. Il reprend : « Votre intérêt est que Fayçal le Hachémite, mon maître, obtienne le royaume arabe que les

Anglais lui ont promis en 1915. C'est un vrai croyant. Il sait que le retour des Juifs en Orient fait partie du plan de Dieu. Mais il est à peu près le seul dans son cas. Si Fayçal est trahi, si l'Orient arabe se fractionne en petites principautés impuissantes, nos deux peuples seront condamnés à une guerre de cent ans. Merci de votre attention, Monsieur. Que Dieu vous soit favorable. » Il a souri – le sourire effilé de Ramsès II –, il a remis son manteau et son chapeau, et il est sorti, sans même m'avoir dit son nom.

Je t'embrasse, ma sœurette chérie.
Ton frère, Samuel.

CHAPITRE 15

Sous les plis de l'Union Jack

Un être humain, c'est d'abord une énorme pyramide inversée, dont il n'est que la pointe : ce sont les autres humains qui, depuis l'aube des temps, l'ont précédé, se sont accouplés, ont engendré, ont entrecroisé leurs sangs et leurs semences, jusqu'à ce que, leur nombre se réduisant de palier en palier, leur désir se faisant, de séquence en séquence, plus précis, plus exigeant, ils lui aient fourni un père entre tous les pères et une mère entre toutes les mères ; c'est la rencontre de ces deux derniers, leurs approches, leurs hésitations, leur amour ; c'est neuf mois de gestation dans le sein maternel, sous la protection paternelle ; la naissance étonnée ; l'extrême faiblesse du petit d'homme, son incapacité à vivre par lui-même et pourtant sa déchirante volonté de vivre ; le moment où il se tient sur ses jambes, où il parle ; ses premiers jeux, ses premières études, son enfance, son adolescence ; enfin, à vingt ans accomplis, la plénitude du corps et de l'esprit.

Il en est de même, peut-être, d'une nation. Et sans doute de la nouvelle nation juive. Dix-huit siècles de Diaspora l'ont préparée. Les Sages, les visionnaires et les hommes d'action l'ont conçue. La modernité l'accouche, vers 1900. Ce n'est pourtant encore qu'un nourrisson. Il lui faut grandir. Il lui faut une enfance, puis une adolescence, dans une maison, sous un toit. Ce sera le « Foyer national » promis par Balfour. La « Maison nationale », comme on dit en hébreu : *Beith Leumi*. Les Britanniques s'emparent de Jérusalem en 1917 et du reste de la Palestine en 1918. En 1922, cette occupation se transforme en présence de longue durée, en vertu d'un mandat de la Société des Nations (SDN). Elle prend fin en 1948. Au total, les Britanniques gouvernent donc le pays pendant trente ans. À leur manière, inimitable : avec bonne conscience et perfidie, en invoquant leurs idéaux et en poursuivant leurs intérêts, en respectant les droits de chacun et en violant le droit, en jouant tantôt les Juifs et tantôt les Arabes. Quand ils se retirent, en bon ordre mais discrédités, Eretz-Israël est adulte et peut devenir l'État d'Israël.

L'Exécutif sioniste remet à Whitehall, le 18 novembre 1918, un « projet de Constitution » pour la Palestine, en vue de l'application de la déclaration Balfour. Idée force : « L'établissement d'un Foyer national pour le peuple juif signifie que le pays de Palestine sera placé dans des conditions politiques, économiques et morales qui faciliteront l'accroissement de la population juive, de sorte qu'il se transforme démocratiquement en communauté souveraine juive... » Lloyd George et Balfour confirment : telles sont bien leurs intentions. Dans un mémorandum du 11 août 1919, Balfour souligne : « Accorder aux Juifs le libre accès à la Palestine ne suffit pas, il faut aussi que leur Foyer soit viable. » De même, il reprend le terme de « communauté souveraine » (*Commonwealth* en anglais) pour décrire le futur régime politique du territoire. Traduction littérale de *Res Publica* romain, ce fut l'appellation officielle de la République d'Oliver Cromwell au XVIIe siècle, et c'est au début du XXe siècle celle de certains dominions, comme l'Australie. Le terme implique un haut degré d'autonomie, dans le cadre impérial britannique et sous l'autorité de la Couronne.

Le reste du gouvernement, l'establishment, la presse, suivent, mais avec plus ou moins d'enthousiasme. En fait, les adversaires du sionisme n'ont pas désarmé. Au gouvernement, outre Montagu, il faut mentionner John Poynder Dickson-Poynder, baron Islington, ancien gouverneur général de Nouvelle-Zélande et sous-secrétaire d'État aux Indes, et surtout George Nathaniel Curzon, comte de Curzon, marquis de Keddleston, baron

Ravensdale, vice-roi des Indes de 1899 à 1905, qui succède à Balfour aux Affaires étrangères en octobre 1919 et restera à ce poste jusqu'en 1924. C'est le type même de l'aristocrate raffiné, cultivé, sûr de son droit et de sa noblesse morale, qui veut toujours faire le bien et sème derrière lui la désolation. En Inde, il a gouverné avec libéralisme et laissé se développer, jusqu'en 1902, une famine qui avait tué près de cinq millions d'êtres humains. Il a aussi été le précurseur, au Bengale, des « partitions » séparant les musulmans des hindous, même quand les populations ne le souhaitaient pas. En Europe orientale, il imagine, en 1920, d'instaurer une « paix durable » entre la Pologne et la Russie soviétique en octroyant à cette dernière la Ruthénie ou Ukraine occidentale : sans prendre en considération l'avantage stratégique ainsi accordé à un régime totalitaire, ni que l'Ukraine occidentale, polonisée et catholique, ne souhaite nullement être rattachée à l'Ukraine orientale, russifiée et orthodoxe (ce projet n'aboutit pas sur le moment, mais sera appliqué, une vingtaine d'années plus tard, par Staline : la « ligne Curzon » servira en 1939 de frontière entre l'URSS et l'Allemagne nazie, puis de frontière soviéto-polonaise à partir de 1945). Sur le sionisme, Curzon professe le même « réalisme vertueux » : sans s'opposer catégoriquement aux aspirations juives, il croit pouvoir transposer en Palestine le jeu de bascule communautaire qu'il pratiquait en Inde, et met le cabinet en garde sur « le risque, en accordant trop aux Juifs, de s'aliéner les Arabes ».

Plus problématique encore est le cas des généraux, officiers et intendants qui appliquent la politique britannique sur le terrain. Sir Edmund Allenby, le général britannique qui a conquis la Palestine en 1917-1918 et qui la gouverne jusqu'en 1920, est un chrétien fervent : au moment d'entrer à Jérusalem à la tête de ses troupes, il a tenu à descendre de cheval, par respect pour la sainteté du lieu. Vis-à-vis du sionisme, ses sentiments varient sans cesse. Il est prêt à appliquer loyalement la déclaration Balfour. Il fait publier les textes administratifs en trois langues : anglais, arabe, hébreu. Sur ses ordres, les Juifs étrangers expulsés de Palestine en 1914 sont autorisés à rentrer dans le pays et sont considérés, dès leur retour, comme des résidents de plein droit ; en outre, les restrictions que les Ottomans avaient imposées à l'immigration juive sont levées. Mais l'idée d'une véritable autonomie juive, même sous autorité britannique, le heurte quand même. Il refuse de transformer les unités de la Légion juive en armée locale permanente. Et il ferme les yeux sur les agissements de ses subordonnés, issus pour la plupart des cadres coloniaux des Indes ou d'Égypte, un milieu où le sionisme chrétien est peu répandu et où prévaut, au contraire, une idéologie pro-arabe et pro-musulmane, lancée quelques décennies plus tôt par le traducteur des *Mille et une Nuits*, l'aventurier et explorateur Richard Francis Burton. « Il y a toujours eu une sorte d'idylle entre certains Occidentaux et les Arabes, où une vision romantique de " l'Orient ", du désert et des Bédouins se combine avec un intérêt intellectuel pour la langue, la littérature, l'art et l'architecture arabes... », note à ce sujet l'historien anglo-arabe contemporain Ibn al-Rawandi. « L'islam est en fait le dernier refuge pour ces Occidentaux ultraconservateurs qui aimeraient que la Renaissance, les Lumières, la révolution industrielle, la Révolution française, c'est-à-dire – en un mot – le monde moderne, n'ait jamais existé... » Au mieux, ces militaires et administrateurs traitent les Juifs en indigènes comme les autres, qu'il faut maintenir à leur place. Au pire, ils tentent de vider la déclaration Balfour de tout contenu, et de mobiliser les Arabes contre les Juifs.

Les plus acharnés sont le colonel Edmund Vivian Gabriel, directeur du budget des forces de Sa Majesté au Levant, antisémite déclaré, propagateur des *Protocoles des Sages de Sion*, le major Fitzroy Richard Somerset, par la suite quatrième Lord Raglan, baroudeur, esthète fascisant, qui publiera en 1936 un essai classant les héros mythologiques et historiques sur une échelle de 1 à 22, et le colonel Harry Bertie Waters-Taylor, chef d'état-major d'Allenby, qui non seulement soutient l'émir

Fayçal dans son projet de Grand Royaume arabe, mais l'encourage secrètement à résister à tous les Occidentaux, y compris les Britanniques. Ils créent une sorte de société secrète anglo-arabe en vue de coordonner la lutte contre le sionisme, dont la branche purement « indigène », *Al-Nadi al-Arabi* (« Le Club arabe »), est dirigée par un agitateur issu du puissant clan Husseini de Jérusalem, Haj Muhamad Amin al-Husseini, ancien officier ottoman passé en 1916 du côté de Fayçal et des Anglais. Dès les premiers mois de 1919, ce réseau lance une campagne de presse extrêmement violente contre « l'invasion juive », aussi bien en Palestine qu'en Syrie ou au Liban : l'intendant général de Palestine, Sir Arthur Money, un ami de Waters-Taylor, en tire prétexte pour affirmer dans une dépêche à Londres, le 8 juin 1919, que « la méfiance envers les sionistes ne fait que grandir parmi les Arabes », et prendre des mesures en vue de restreindre ou de suspendre à nouveau l'immigration juive. Pendant l'été et l'automne 1919, Al-Nadi met sur pied des milices arabes. Avec un succès mitigé : quelques centaines d'hommes sont recrutées dans les villes, mais les villageois se tiennent à l'écart. Selon un officier britannique, le major William Ormsby-Gore, ce clivage reflète des tensions au sein de la société arabe : « Les relations entre les Juifs et les *fellahs* sont dans l'ensemble satisfaisantes, observe-t-il. Les difficultés se situent plutôt du côté des " Effendis ", les grands propriétaires... qui profitaient du régime turc pour exploiter et pressurer les paysans. » Pour pallier cet échec, Somerset enrôle des bandes de Bédouins, sur les deux rives du Jourdain, en leur promettant pillage et viol en toute impunité.

En février 1920, Al-Nadi déclenche une « insurrection » : l'attaque des localités juives les plus isolées, en Haute-Galilée. Trumpeldor est tué, avec d'autres défenseurs, à Tel-Haï, près de Metullah. Le 4 avril, des centaines d'émeutiers se rassemblent à Jérusalem, sous prétexte d'effectuer ensuite le pèlerinage musulman de Nebi-Mussa, près de Jéricho. Rejoints par la police municipale arabe, ils commencent à attaquer les maisons et les boutiques juives, en criant *« Idhbah al-Yahud, al-Hukuma maana !* » (« Égorgez les Juifs, le gouvernement est avec nous ! »), selon les règles classiques du pogrom. Les Juifs, en alerte depuis le massacre de Tel-Haï, et commandés par Jabotinsky, contre-attaquent. De part et d'autre, il y a des morts, de nombreux blessés. Les Britanniques révoquent le maire arabe de Jérusalem et arrêtent les « meneurs » des deux camps : mais tandis que les pogromistes arabes, condamnés pour la plupart à des peines légères, sont rapidement remis en liberté, Jabotinsky et les principaux cadres de l'autodéfense juive passent en cour martiale et sont condamnés, le 19 avril, à quinze ans de forteresse pour « possession d'armes » et « agitation bolcheviste ».

En fait, les « incidents de Nebi-Mussa », comme on les appelle alors, semblent avoir été dans ce but : à travers un ensemble de provocations, démanteler le noyau étatique et militaire du Yishuv et discréditer le mouvement sioniste, quelques jours avant une conférence internationale qui, à San Remo, en Italie, doit disposer officiellement des anciens territoires ottomans. Mais la différence de traitement entre prévenus arabes et juifs est si flagrante, si inique, que Lloyd George, furieux, fait au contraire incorporer *verbatim* à San Remo, le 25 avril, le texte de la déclaration Balfour à la résolution plaçant la Palestine sous le mandat du Royaume-Uni. En outre, un témoin de poids surgit : le colonel Richard Meinhertzhagen, directeur des services de renseignements britanniques pour tout le Moyen-Orient. À l'origine, ce dernier ne professait pas de sympathie particulière envers les Juifs. Il découvre le sionisme à travers le réseau Nili, dont il est le correspondant en dernier ressort au Caire, puis en visitant, après la conquête de la Palestine, les localités juives de la Shéphélah. Tout au long de l'année 1919, il reçoit des rapports confidentiels sur les agissements des réseaux pro-arabes au sein des forces armées et de l'administration. L'antisémitisme « moyenâgeux », « zoologique », qui règne dans ces cercles le heurte profondément. Le 31 décembre 1919, il observe : « Je ne suis pas sûr que le monde ait le sain égoïsme nécessaire pour apprécier les mérites du sionisme et de ses buts à leur juste valeur... Le monde est indubitablement trop antisémite et trop jaloux des capacités intellectuelles et financières des Juifs... J'ai à peine commencé à voir la lumière moi-même... J'ai parfois envie de tout laisser tomber et de nager en suivant le courant... J'ai beau exprimer mes opinions sans détour et, je le crois, de telle façon que personne ne sache apporter la moindre objection valable, ce n'est pas suffisant pour venir à bout d'un mélange de préjugés solidement ancrés et d'antisémitisme réprimé, mais d'autant plus profond... » Ce qui le choque tout autant, c'est que la plupart des Britanniques pro-arabes sont prêts, comme Waters-Taylor, à négliger les intérêts de leur pays dans cette affaire, et ne comprennent pas qu'une partie de leurs interlocuteurs autochtones ont en fait déjà trahi Fayçal et entamé des manigances avec d'autres puissances, à commencer par les Français. Écœuré par l'opération Nebi-Mussa, il publie, à la surprise générale, un rapport documenté exonérant la communauté juive palestinienne, dont Lloyd George se saisit pour abolir, le 29 avril 1920, l'administration militaire en Palestine et la remplacer par une administration civile dirigée par un haut-commissaire juif pratiquant et acquis au sionisme, Sir Herbert Samuel.

Le 24 juillet 1922, le Conseil de la Société des Nations (SDN), réuni à Londres, mandate officiellement la Grande-Bretagne pour administrer la Palestine, conformément à la résolution de San Remo. La décision est prise à l'unanimité. Le texte du mandat comprend sept attendus en préambule, qui définissent les termes de la transaction, et vingt-huit articles, qui font office de constitution pour le territoire. L'ensemble mérite une lecture attentive.

Deux des sept attendus – le deuxième et le troisième – font explicitement du Foyer national juif la finalité même du mandat octroyé à la Grande-Bretagne, et du peuple juif le seul bénéficiaire de l'opération. L'attendu numéro un, ayant rappelé que la Palestine fait partie des territoires abandonnés par l'Empire ottoman et passés sous la tutelle des puissances alliées à la suite de l'armistice de 1918 et des traités de paix subséquents, reprend et avalise la déclaration Balfour en droit international : « Attendu que les principales puissances alliées se sont également mises d'accord sur le fait que la puissance mandataire aura pour responsabilité d'appliquer la déclaration faite originellement le 2 novembre 1917 par le gouvernement de Sa Majesté britannique et adoptée ensuite par lesdites puissances, en faveur de l'établissement en Palestine d'un Foyer national pour le peuple juif, étant clairement entendu que rien ne saurait être fait qui porte atteinte aux droits civils et religieux existants des communautés non juives en Palestine, ou aux droits et statut politiques dont jouissent les Juifs dans n'importe quel pays. » On notera que les restrictions insérées par Edwin Samuel Montagu, reprises également telles quelles, n'ont pas la portée qu'on leur attribue généralement : elles font état de « communautés non juives de Palestine », mais non d'un peuple « palestinien », « arabe », ou « arabe palestinien », comparable au peuple juif; et les droits de ces communautés sont qualifiés de « civils et religieux », mais non de « politiques ». La logique du texte est donc bien d'ériger la Palestine, à terme, en entité politique juive, sans autre réserve que le respect des personnes et des consciences.

L'attendu numéro trois donne à la déclaration Balfour tout son sens : « Attendu que par là même, le lien historique entre le peuple juif et la Palestine a été reconnu, ainsi que le bien-fondé d'une reconstitution d'un Foyer national dans ce pays. » En d'autres termes, les puissances alliées et la SDN, qui ont hérité des droits souverains de l'Empire ottoman sur la Palestine, n'attribuent pas ce territoire au peuple juif de façon arbitraire (ce qu'elles seraient autorisées à faire et qui suffirait à la validité juridique de la démarche), mais au nom d'une réalité historique et culturelle. Ce que Winston Churchill, secrétaire d'État aux Colonies et donc ministre de tutelle de la Palestine depuis 1921, résume d'une phrase : « La présence juive en Palestine résulte d'un droit, non d'une tolérance. »

Sur les vingt-huit articles, cinq sont explicitement consacrés à la mise en place du Foyer national et deux autres le sont implicitement.

L'Article II reprend les termes du projet de Constitution élaboré par l'Exécutif sioniste en 1918 : « La puissance mandataire aura la responsabilité de placer dans des conditions politiques, administratives et économiques appropriées en vue d'établir le Foyer national juif, ainsi qu'il a été indiqué dans le préambule, ainsi que de développer des institutions autonomes et de protéger les droits civils et religieux de tous les habitants de la Palestine, sans distinction de race ou de religion. »

L'Article IV crée une Agence juive en tant que « corps public » chargé de « conseiller l'administration de Palestine et de coopérer avec elle dans tous les domaines économiques, sociaux et autres pouvant affecter l'établissement du Foyer national juif et les intérêts de la population juive de Palestine », mais aussi « de l'assister et de prendre part au développement du pays ». Un second alinéa attribue ce rôle – qui évoque à la fois la Société juive imaginée de *L'État juif*, et la Nouvelle Société d'*Altneuland* – à l'Organisation sioniste, sous réserve que ses structures et son fonctionnement soient « appropriés aux yeux de la puissance mandataire ».

L'Article VI prescrit à la puissance mandataire d'organiser l'immigration juive « dans de bonnes conditions » et « en liaison avec l'Agence juive » : il prévoit expressément « une installation dense de Juifs dans le pays, y compris dans les domaines de l'État et dans les zones désertiques ne présentant pas d'utilité publique ».

L'Article VII fait obligation à la puissance mandataire de mettre en place une législation « facilitant l'acquisition de la citoyenneté palestinienne par les Juifs qui s'installeront en Palestine de façon permanente »

Enfin, l'Article XI fait obligation à la puissance mandataire de prendre les dispositions nécessaires au développement économique du pays, à une « installation humaine dense » et à une « agriculture intensive », ou de déléguer ces tâches à l'Agence juive, à travers des mesures de crédit « raisonnables » et non usuraires. Là encore, l'inspiration herzlienne est patente.

Les Articles XXII et XXIII semblent avoir pour objet une égalité culturelle et religieuse complète entre les diverses communautés palestiniennes, et plus particulièrement entre Juifs et Arabes. L'Article XXII dit : « L'anglais, l'arabe et l'hébreu seront les langues officielles de la Palestine. Toute formule ou inscription en arabe sur des timbres ou de la monnaie en Palestine sera répétée en hébreu; toute formule ou inscription en hébreu sera répétée en arabe. » Mais, étant donné que la population arabophone est plus importante que la population hébreuophone au moment où le mandat est promulgué, une telle disposition avantage en fait les Juifs.

Quant à l'Article XXIII, il stipule que « l'administration de Palestine reconnaîtra les jours saints des différentes communautés comme des jours de repos légal pour les membres de ces communautés ». En pratique, cette mesure avantage surtout les Juifs, contraints par leur religion à un strict chômage pendant le shabbat et les fêtes saisonnières.

La plupart des autres articles portent sur des questions relativement neutres, comme le maintien de l'ordre, la santé publique, les écoles, les Lieux saints, les sites archéologiques, le respect des conventions internationales, les douanes. L'Article IX garantit l'autonomie de toutes les communautés en matière de religion et de statut personnel, ainsi que le respect des *Wakfs*, les fondations pieuses musulmanes (seule et unique allusion directe à l'islam). L'Article XV accorde en outre aux différentes communautés le droit d'assurer l'éducation de leurs membres dans leur propre langue.

Restent deux articles à caractère géographique, qui semblent se contredire. L'Article V interdit à la puissance mandataire de « céder ou bailler ou placer sous le contrôle d'une puissance étrangère » une partie du territoire palestinien. Cette disposition protège le bénéficiaire du mandat – le Foyer national juif – contre d'éventuels ajustements frontaliers à ses dépens. Mais l'Article XXV permet à la puissance mandataire de suspendre à sa guise l'application « de telles ou telles dispositions de ce mandat » qu'elle jugera « inapplicables en raison des conditions locales... dans les territoires situés entre le Jourdain et la frontière orientale de la Palestine ». Ce qui revient en fait à soustraire la Transjordanie au Foyer national.

La Palestine, nous l'avons vu, n'existait pas en tant que telle sous le régime ottoman. Pour les protosionistes juifs et chrétiens du XIXe siècle, elle coïncidait avec Eretz-Israël, le pays de la Bible. À partir de 1897, Herzl et l'OSM reprennent cette définition – et découvrent qu'elle n'est guère précise. Si les frontières indiquées dans le Pentateuque et le Livre de Josué circonscrivent un même territoire central, recouvrant approximativement la Shéphélah, la Montagne, la vallée du Jourdain, le nord de la Transjordanie, le Liban méridional, si elles semblent également indiquer une extension pour ainsi dire naturelle du territoire israélite vers le Néguev, au sud, ou vers l'Euphrate, à l'est, le Livre d'Ézéchiel propose une carte fort différente, celle d'un Très Grand Israël qui engloberait tout le Levant et où les Douze Tribus reconstituées s'installeraient en quelque sorte par couches horizontales successives, des confins de l'Anatolie à la péninsule du Sinaï.

Par ailleurs, la tradition rabbinique tient compte d'une délimitation en quelque sorte utilitaire d'Eretz-Israël : le périmètre *hic et nunc* où s'appliquent réellement les commandements divins liés à la Terre, notamment ceux de l'Année sabbatique et du Jubilé. Un premier périmètre avait été *sanctifié* lors de la conquête de Josué et par le moyen de cette conquête. Il a été annulé lors de l'exil de Babylone. Mais Ezra le Scribe, lors de la construction du Second Temple, a procédé à une seconde sanctification, qui reste en vigueur jusqu'à l'arrivée du Roi-Messie. Elle englobe les territoires allant de la Haute-Galilée à Bershévah et de la mer à la rive orientale du Jourdain, à l'exception de Beth-Shean, de Césarée et de la côte méditerranéenne à partir d'Ashkelon.

Lors de sa déposition devant le Conseil suprême allié, en février 1919, Haïm Weizmann présente une carte. Faisant en quelque sorte la moyenne des délimitations bibliques et rabbiniques, il propose une Palestine assise sur les deux rives du Jourdain. Au nord, elle engloberait la vallée du Litani, jusqu'à Sidon, le mont Hermon et les hauteurs du Golan. Au sud, elle s'étendrait jusqu'à la ligne Rafah-Akaba, qui avait servi entre 1906 et 1914 de frontière de facto entre l'Empire ottoman et la vice-royauté d'Égypte. Ce qui lui attribuerait le Néguev, l'Aravah, le site de Pétra et un débouché sur la mer Rouge. Le Conseil suprême ne donne pas suite sur le moment : les Français, faute d'obtenir eux-mêmes le mandat de la Palestine, demandent le rattachement de la vallée du Litani, de la Galilée et du Golan à leur propre mandat de Syrie du Nord. Mais à San Remo, un an plus tard, les puissances se sont mises d'accord sur un tracé qui reprend largement le projet sioniste : une Palestine sur les deux rives du Jourdain, délestée de la vallée du Litani mais conservant la Galilée et une partie du Golan. Pendant les deux années suivantes, les Britanniques repoussent sans cesse la « frontière orientale » : ils finissent par créer, à près de 400 kilomètres à l'est du Jourdain, un vaste corridor qui relie la Palestine à l'Irak. L'intention « impériale » est patente : assurer la communication entre les deux pays placés sous leur mandat. Personne n'y trouve à redire.

En réalité, les Britanniques envisagent de soustraire la Transjordanie à la Palestine et d'y créer un État arabe. Le 7 mars 1920, l'émir Fayçal s'était fait proclamer « roi des Arabes » à Damas, dans l'espoir de contrecarrer in extremis le partage du Levant prévu par les accords Sykes-Picot. Chassé par les Français le 24 juillet 1920, il avait obtenu des Britanniques en août 1921, après un simulacre de référendum, la couronne d'Irak : un « lot de consolation » qui ne le consola jamais. Mais entre-temps, son frère aîné Abdallah avait tenté de lui porter secours, en remontant, à la tête de plusieurs tribus bédouines, l'antique Via Regis, la « Route du Roi » qui, depuis l'Antiquité, relie la mer Rouge à la Damascène en passant par la Transjordanie. Les Britanniques l'avaient intercepté entre Maan et Amman, et dissuadé d'aller plus loin. Pour autant, ils ne l'avaient pas refoulé vers le Hedjaz. Dans le puzzle moyen-oriental qui était en train de se mettre en place, il n'était pas absurde, de leur point de vue, de créer un croissant d'États vassaux hachémites : le Hedjaz au sud, l'Irak à l'est, et la Transjordanie entre les deux. Mais ni les Français ni les autres puissances alliées n'étaient disposés à entériner cet ajustement sans contrepartie. Dans un premier temps, il valait donc mieux présenter la Transjordanie comme une partie intégrante de la Palestine.

Churchill, qui gère le dossier palestinien en tant que ministre des Colonies, voit un autre avantage à la création d'un État arabe en Transjordanie. Ce grand seigneur, descendant en droite ligne du duc de Marlborough, mais à demi-Américain par sa mère, aime les Juifs, d'une affection réelle, spontanée, inconditionnelle. À bien des égards, il prend, à partir de 1921, le rôle de protecteur du sionisme qu'assumait jusque-là Balfour. En 1922, il constate que l'opinion commence à prendre ses distances vis-à-vis du Foyer national juif. Le 21 juin, le baron Islington affirme à la Chambre des lords que la création d'un tel Foyer irait à l'encontre des promesses d'indépendance arabe faites à Fayçal en 1915. Pour faible et même absurde qu'elle soit, compte tenu du traitement désinvolte réservé au prince hedjazi depuis 1920, l'objection porte. Churchill réplique avec la même mauvaise foi. Dans un *White Paper* (« Livre blanc »), il affirme qu'il n'a jamais été question de « convertir la Palestine dans sa totalité en un Foyer national juif », mais d'établir ce Foyer « en Palestine ». Si la Transjordanie est à la fois considérée comme un territoire palestinien et soustraite au Foyer national, cette condition est remplie. Et la Palestine « réelle » – le territoire compris entre la Méditerranée et le Jourdain – peut être ouverte aux Juifs sans restriction.

L'OSM accepte tacitement cette manœuvre, qu'autorise l'Article XXV, ajouté de la main de Churchill quelques instants seulement avant la ratification du mandat par le Conseil de la SDN. Jabotinsky, gracié, remis en liberté et devenu le porte-parole le plus éloquent du Yishuv, s'y oppose. Il estime qu'une concession de ce type en entraînera d'autres. L'avenir lui donnera raison.

CHAPITRE 16

Laisse entrer mon peuple

Pour les Juifs, le mandat de 1922 semble bien marquer la fin de l'Exil. C'est ce que constate le journaliste français Albert Londres, quand il entreprend, en 1929, une enquête sur le sionisme, qui sera d'abord publiée, dépêche après dépêche, dans *Le Petit Parisien*, puis réunie en un volume sous un titre révélateur : *Le Juif errant est arrivé*. En Angleterre, « dans le ghetto de l'East End... que voit-on aux vitrines et à l'intérieur des boutiques ? ... Des images. L'une représente le combat de David et de Goliath. Plus loin, c'est Saül vaincu, sur le mont Gilboé. Puis des vues de Jérusalem, l'entrée du général Allenby à Gaza. Nabuchodonosor emmenant les vaillants, les princes, en captivité. Lord Balfour. Et là, est-ce le portrait du roi George V qui préside au calendrier de l'année ? Non, c'est celui du Messie moderne, de leur grand Juif du XXe siècle, du pape du sionisme, Theodor Herzl ! Ce marchand de chemises a épinglé sur son mur la carte de la Palestine... ». Le même enthousiasme naïf, profond, déjà mêlé d'inquiétude, parcourt les communautés d'Europe centrale et orientale où le « problème juif » se pose dans toute son acuité : « C'est un problème compliqué, note Londres, mais qui se résume à une question d'air. Respirer ou ne pas respirer. Ni plus ni moins. » Aux confins de la Pologne, de la Tchécoslovaquie, de la Roumanie, de l'URSS, l'après-guerre, dès 1918, a été le temps des pogroms : « Rien que pour l'Ukraine et la Galicie, dans les années 1918 et 1919, un million de Juifs pillés, trois cent mille blessés, cent cinquante mille tués. » On croit relire les phrases cruelles de Pinsker en 1881. Les Ukrainiens, selon Albert Londres, reprochent aux

Juifs de se vouloir Polonais, les Polonais de parler allemand ou judéo-allemand, les Slovaques de prendre parti pour les Tchèques, plus libéraux, et les Roumains d'avoir été, jusqu'à la chute des Empires, des Hongrois ou des Russes. Tous les accusent de servir le communisme, ou d'être l'avant-garde du capitalisme. Les Juifs orthodoxes, en caftan et chapeau noir, suscitent la haine par leur altérité même. Les Juifs assimilés, par leur zèle même à ressembler à la majorité. D'où le pogrom, cette « rage ». Albert Londres en distingue trois : « Celui où l'on brûle les maisons, celui où on lynche, celui où l'on tue en masse. » Le moyen, après cela, que les Juifs ne prennent pas au sérieux les promesses de Balfour et de la SDN ? Il y a ceux qui adhèrent au sionisme depuis 1880, ceux qui ont suivi Herzl en 1897, ceux qui, depuis 1917, se convertissent jour après jour. Ils ont leurs organisations, leurs clubs, leurs écoles où ils se familiarisent avec le nouvel hébreu parlé, leurs *hakhsharoth*, « fermes préparatoires » où ils apprennent les futurs métiers de paysan ou d'ouvrier qu'ils exerceront au Pays d'Israël, leurs cercles paramilitaires où ils apprennent les rudiments du tir et de l'autodéfense. Leur principale faiblesse est la division, tant en Diaspora qu'en Eretz-Israël. « Deux Juifs, trois partis », dit le proverbe. Les sionistes généraux se réclament du programme libéral de Herzl et de Weizmann. Les sionistes socialistes veulent concilier Sion et la Révolution, et s'atomisent eux-mêmes en une aile droite sociale-démocrate, une aile gauche marxiste et une extrême gauche pro-communiste. En 1923, Jabotinsky crée le parti sioniste révisionniste, qui prône un nationalisme de droite.

Quant aux Juifs qui, en Europe centrale ou orientale, se proclament antisionistes, ils ne le sont qu'à moitié. En Russie soviétique – Londres a assisté à la naissance de cet Empire rouge, en 1920, et il en a percé d'emblée le caractère faux et oppresseur –, trois millions de Juifs, pris dans la nasse, sont contraints de renier la Torah, l'hébreu et Sion. Mais le pouvoir sait qu'ils n'en pensent pas moins, et juge nécessaire, en 1928, de créer sa propre « Palestine » de diversion en Extrême-Orient : la République autonome juive du Birobidjan. Les libéraux et autres assimilés, qui croient que le destin des Juifs modernes est de se fondre dans les grandes démocraties pluralistes d'Occident, glissent rêveusement leur obole dans les troncs du KKL, pour planter des arbres : dès les années 1921-1924, les États-Unis ont en effet quasiment suspendu l'entrée des Juifs est-européens, à travers la législation des quotas, et les autres pays d'immigration les imitent bientôt, notamment les dominions anglo-saxons et presque tous les pays d'Amérique latine : la Palestine apparaît donc comme une sorte d'assurance de dernier recours. De fait, en 1933 et en 1938, quand Hitler aura pris le pouvoir en Allemagne, puis annexé l'Autriche et la Tchécoslovaquie, la moitié des Juifs germaniques se tourneront vers la Palestine. Les bundistes, sociaux-démocrates yiddishisants, qui militaient naguère pour l'Argentine, sont réduits à la même démarche.

Les milieux orthodoxes apparaissent à Albert Londres, en 1929, comme les plus hostiles au sionisme : « Balfour est un Lord, lui dit un rabbin galicien. Il n'est pas le Messie. » Là encore, la réalité est plus complexe, et nuancée. Les orthodoxes les plus enclins au quiétisme politique doivent admettre que les conditions requises par la doctrine talmudique des Trois Serments sont réunies depuis 1922 : le peuple d'Israël ne s'est pas « rebellé contre les Nations », ce sont au contraire ces dernières qui lui permettent de retourner dans sa patrie et de s'y reconstituer en entité politique; qui plus est, elles le font à travers une institution qui semble avoir été créée à cet effet, la SDN, où presque toutes les puissances sont représentées. Les États-Unis, qui avaient été les initiateurs de la Société, ont sans doute refusé d'y adhérer en 1920, par l'un de ces retournements propres aux démocraties. Mais en ce qui concerne la Palestine, ils restent dans le consensus wilsonien : le 21 septembre 1922, les deux Chambres du Congrès adoptent sans débat une resolution confirmant la teneur de la déclaration Balfour, des décisions de San Remo et du mandat · « Le Sénat et la Chambre des repre-

L'entrée du général Edmund Allenby et des troupes britanniques à Jérusalem, en 1917. Les Ottomans, qui occupaient la Ville sainte depuis quatre cents ans exactement, opposeront une résistance acharnée en Galilée et en Samarie jusqu'à la fin de 1918, avec l'aide d'officiers allemands.

Sir Herbert Samuel, haut commissaire de Sa Majesté en Palestine (en keffieh et uniforme), avec des officiers britanniques et des chefs bédouins de Transjordanie, en 1921. Le fameux colonel T. E. Lawrence – « Lawrence d'Arabie » – est à droite, en civil. Champion de l'indépendance arabe, il était également favorable à une alliance entre Arabes et Juifs.

Le Grand Mufti de Jérusalem, Haj Muhammad Amin al-Husseini, avec Adolf Hitler à Berlin, en 1941. Agent triple et quadruple, extrémiste sans scrupules, inventeur d'un « nationalisme palestinien » qui n'avait jamais existé jusque-là, le Mufti encouragera Hitler à aller jusqu'au bout du massacre des Juifs en Europe. Protégé par les services secrets français en 1945, il a fini ses jours en Égypte. © Eyedea

Tel-Aviv dans les années 1930. Cité futuriste créée en moins de vingt ans, elle incarne la nouvelle société juive de Palestine. Elle est aussi un exemple exceptionnel du style Bauhaus et figure aujourd'hui à ce titre au patrimoine de l'Humanité de l'Unesco. © Corbis

Le réfectoire d'un kibboutz dans les années 1940. Village intégralement collectivisé, mais fondé sur des adhésions volontaires et opérant dans le cadre d'une société de marché et du droit traditionnel, le kibboutz passionne alors les réformateurs sociaux en Occident. Il remplit en outre une fonction stratégique, en facilitant l'implantation territoriale du sionisme. © Eyedea

La fondation de l'Université hébraïque de Jérusalem sur le mont Scopus en 1925, sous la présidence de Sir Herbert Samuel.

Deux témoins du sionisme : le pédagogue polonais Janusz Korczak, qui devait périr en 1943 dans le ghetto de Varsovie ; et le journaliste français Albert Londres.

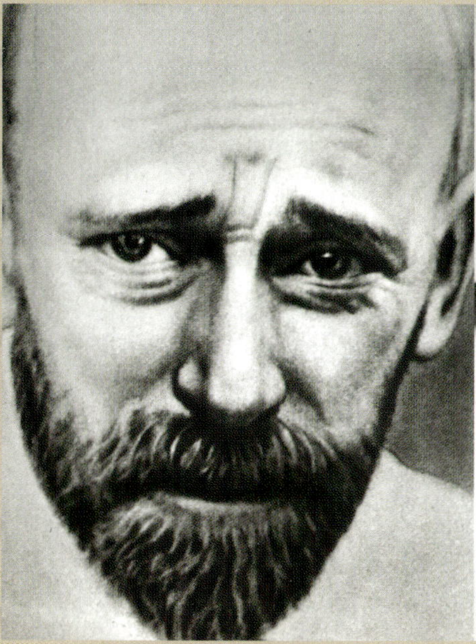

Janusz Korczak

Albert Londres

Le 14 mai 1948, David Ben Gourion proclame l'indépendance d'Israël, au Musée de Tel-Aviv. Quelques heures plus tard, l'aviation égyptienne bombarde la ville. Aucun point du nouvel État n'est à plus de cinq kilomètres d'une position ennemie. © Roger-Viollet

Chargée de jeunes gens, une automobile fait le tour des rues, pour donner aux habitants les premières instructions du gouvernement israélien. L'enthousiasme l'emporte sur les préoccupations. Mais la guerre, de mai 1948 à janvier 1949, sera très dure : huit mille Israéliens seront tués, soit près de 10 % des effectifs engagés dans les divers combats. © AFP

Le 21 juin 1948, la Haganah, issue de la gauche sioniste, arraisonne l'*Altaléna*, un cargo d'armes et de munitions affrété par l'organisation militaire de droite Irgoun. À travers cette brève « guerre civile », Ben Gourion entend imposer l'autorité de l'État. Après les affrontements, il dissout les diverses milices et leur ordonne de fusionner au sein de l'Armée de défense d'Israël : Tsahal.

Des secouristes de l'Étoile de David Rouge (l'équivalent israélien de la Croix Rouge) évacuent des enfants de la Vieille Ville de Jérusalem, encerclée par la Légion arabe de Transjordanie. Là où les forces juives ont reculé en 1948, la population civile juive a été totalement expulsée par les Arabes.

Les Juifs du Yémen arrivent en Israël en 1950. Expulsés de leur pays, ils bénéficient d'un pont aérien, l'opération « Tapis Volant ».
© Getty Images

Des Beta Israël ou Falashas, réfugiés juifs d'Éthiopie, lors de leur arrivée en Israël en 1985.
© AFP

Photographié par Robert Capa, un camp de réfugiés juifs d'Orient près de Haifa. Près d'un million de Juifs des pays arabes et islamiques sont expulsés dans les années 1950 et 1960, du Maghreb à l'Iran. La plupart d'entre eux sont accueillis en Israël.
© Robert Capa/Magnum

Un camp de réfugiés arabes de Palestine en 1978. Un échange de populations a eu lieu de facto au Proche-Orient. Mais le statut de « réfugié arabe » se transmet désormais de façon héréditaire. © Eyedea

Le chantier de la Synagogue de la Hurvah, en 2006. Édifiée au XIXe siècle par l'architecte arménien du sultan ottoman, ce lieu de culte a été profané et rasé par les Jordaniens, comme le reste du quartier juif de la Vieille Ville de Jérusalem, en 1949. Les Israéliens ont finalement entrepris de le restaurer dans les années 2000.
© Eliana Gurfinkiel

Le lis du Sharon, fleur biblique. Symbole de la renaissance d'Israël sur sa terre.
© Eliana Gurfinkiel

Ronde d'enfants devant le Mur du Temple, en 2006. La nation israélienne, au-delà des contingences et des drames que connaît toute société humaine, marque l'aboutissement de millénaires d'espérance et de foi pour tous les hommes.
© Eliana Gurfinkiel

sentants des États-Unis, réunis en Congrès, résolvent que les États-Unis considèrent favorablement l'établissement en Palestine du Foyer national pour le peuple juif, étant clairement entendu que rien ne sera fait qui puisse porter préjudice aux droits civils et religieux des chrétiens et des autres communautés non juives en Palestine, et que les Lieux saints, édifices religieux et sites religieux en Palestine bénéficieront d'une protection appropriée. » Détail : c'est le sénateur républicain du Massachusetts, Henry Cabot Lodge, principal adversaire de la SDN au Capitole mais ami personnel de Balfour, qui a organisé le vote du texte américain.

Une petite minorité ultraorthodoxe, sous l'influence de deux maîtres hassidiques hongrois, Rabbi Haïm Eleazar Schapira de Munkacs et Rabbi Yoël Moshé Teitelbaum de Satmar, persiste à s'opposer à tout Retour à caractère humain et même à y voir une ultime tentation satanique. Mais la majorité des Juifs orthodoxes adoptent donc à l'égard du sionisme des attitudes allant du soutien pur et simple – ce sera le cas du premier grand rabbin ashkénaze de Palestine, le Rav Avraham Yitzhak Kook, et de ses disciples – à une opposition raisonnée et critique, portant moins sur la réinstallation en Eretz-Israël en tant que telle que sur les projets de société qui en sont les corollaires. Ceux qui, parmi les ultraorthodoxes, avaient tenté dès le XIXe siècle de s'isoler du monde moderne afin de préserver la Torah et les mitzvoth ne peuvent s'associer aisément aux utopies de Herzl, au nationalisme laïque de Jabotinsky ou au communisme néocananéen de certaines moshavoth. Mais du moins peuvent-ils accepter l'idée de « deux chemins parallèles » vers Sion, allant dans la même direction mais distincts. L'un des plus grands maîtres hassidiques de l'époque, Rabbi Avraham Mordekhai Alter de Gur, l'*Imrei Emeth* (« Paroles de Vérité »), s'en explique en 1928 à un émissaire de l'OSM : « Que les sionistes les plus laïques soient en réalité motivés par l'élément le plus spirituel de leur âme, et que leur mérite soit grand, je n'en doute pas. Mais dans la mesure même où ils mènent une vie laïque, ils ne transmettent pas à leurs enfants toute la richesse de leur propre spiritualité. Ceux-ci, à leur tour, ne parviendront pas à communiquer à leurs descendants le peu qu'ils auront reçu. De génération en génération, le phénomène s'aggravera. Un moment viendra où une partie du peuple juif sera tombée dans un dénuement spirituel absolu. C'est en prévision de cette situation que les Juifs orthodoxes doivent rester en dehors du sionisme : pour être capables, le moment venu, de répondre à ceux qui, parmi les descendants des premiers sionistes laïques, voudront retrouver la Torah. » Quelques années plus tard, il encouragera, avec d'autres maîtres, la création d'une ville orthodoxe en Palestine, Bnei-Brak.

L'un dans l'autre, le peuple juif – ou du moins sa fraction la plus menacée – est donc prêt à immigrer dans le Foyer national que lui concède le droit international. Mais la puissance mandataire l'entend autrement. Jusqu'en 1939, la porte sera seulement entrouverte. En 1939, au moment où le Foyer prend tout son sens et où immigrer en Palestine devient littéralement cette question de vie ou de mort – « respirer ou ne pas respirer » – qu'évoquait Albert Londres, la porte sera fermée.

Entre 1919 et 1948, la population juive de Palestine passe de moins de cent mille âmes à six cent mille. Ce sextuplement est dû pour 20 % environ à l'accroissement naturel et pour le reste à l'immigration, qui fournit trois cent quantre-vingt-deux mille âmes. Mais le quart des immigrants sont entrés de façon clandestine, soit en se rendant en Palestine avec de simples visas de tourisme, soit par des filières gérées par les diverses organisations sionistes (l'*Aliyah Beth*, « Aliyah B » ou « Aliyah parallèle »). Plus de cent mille candidats à l'immigration sont refoulés par la force au moment où ils se présentent dans les ports palestiniens : à partir de 1939, la Royal Navy renvoie en Europe, c'est-à-dire en zone nazie, des bateaux chargés de centaines de civils, ou bien les arraisonne et déporte leurs passagers à Chypre, en Afrique orientale ou à l'île Maurice (entre 1944 et 1948, cinquante mille personnes seront ainsi reléguées). Plusieurs milliers d'immigrants clandestins périssent en mer, soit dans une intempérie (naufrage du *Salvador* en 1940, 223 morts, ou de l'*Europa* en 1942, 21 morts), soit à la suite d'actes de belligérance (torpillage du *Struma* par la marine russe en 1942, 770 morts, ou du *Mafkura* par un sous-marin allemand en 1944, 345 morts). Quant aux simples demandes de visas pour la Palestine formulées en Diaspora et rejetées sous le régime mandataire, elles tourneraient autour du million.

De 1923 à 1939, les Britanniques recourent à divers moyens pour contenir l'immigration juive légale. Le premier consiste à n'accorder chaque année qu'un nombre limité de visas d'immigration, en fonction de la « capacité d'absorption économique du pays » : au-delà d'un certain seuil (fixé en général à une vingtaine de milliers d'entrées par an), les immigrants se retrouveraient sans travail ni moyens de subsistance. Une grave récession, en 1925, semble conforter cet argument. Mais à partir de 1926, les chiffres prouvent le contraire : la croissance économique est fonction directe du volume de l'immigration juive. C'est vrai, en particulier, des années 1933-1936, période exceptionnelle où les Britanniques admettent cent cinquante mille réfugiés juifs allemands : le PIB augmente alors d'un tiers.

Le second moyen consiste à déléguer aux organisations juives – notamment l'Agence juive, officiellement mise en place en 1929 – la sélection et l'absorption des immigrants. Selon la lettre du mandat, cette responsabilité devait échoir à la fois à la puissance mandataire et à l'Agence. En se défaussant sur cette dernière, les Britanniques se dispensent d'appliquer pleinement les articles II, VI et XI, notamment en ce qui concerne une « installation dense » des immigrants à travers le pays et la distribution de terres d'État ou de zones désertiques. Mais surtout, ils lient l'Agence par un processus de négociations permanentes et de compromis perpétuels, où l'organisation juive perd souvent de vue l'essentiel pour l'accessoire, et en vient à célébrer comme un succès une simple augmentation du contingent annuel. En outre, l'atomisation politique du sionisme et donc de l'Agence juive amène les groupes ou partis qui y exercent le pouvoir – les sionistes socialistes et leurs alliés – à donner la préférence à leurs propres candidats, jugés « mieux formés », et donc à s'accommoder en partie des restrictions.

Le troisième moyen consiste à invoquer « l'opposition grandissante » de la population arabe. C'est reprendre, portée à un niveau supérieur, la tactique à laquelle Gabriel, Somerset et Waters-Taylor avaient déjà recouru en 1919 et en 1920. En fait, dès 1921, ce triumvirat avait organisé à Londres, en marge d'un déjeuner donné en l'honneur de la délégation arabe palestinienne au Royaume-Uni, une sorte de conseil de guerre pour les années à venir. Forts du soutien de la plus grande partie des administrateurs et militaires britannique, et d'un nombre croissant d'hommes politiques en Grande-Bretagne, ils se proposaient de mettre en place un « leadership arabe déterminé », capable de « mobiliser la population arabe » et d'organiser « une résistance efficace ». Leur choix s'était porté sur Haj Muhamad Amin al-Husseini, qu'ils avaient fait nommer Grand Mufti de Palestine, c'est-à-dire président du Haut Conseil musulman de Palestine, l'organisme qui était désormais chargé de contrôler la vie islamique dans le pays. En principe, le poste était électif. Compte tenu de sa jeunesse mais aussi de son arrogance, al-Husseini était arrivé bon dernier lors du premier tour de scrutin. Mais ensuite, ses adversaires s'étaient désistés, par suite de menaces ou de pots-de-vin.

Une fois au pouvoir, al-Husseini démontre, en effet, d'incontestables qualités d'organisateur : en qualité de Grand Mufti, il envoie dans chaque ville ou village des « inspecteurs », chargés à la fois de mettre au pas les mosquées locales, d'endoctriner les fidèles et de créer des confréries, vouées dans un premier temps à l'éducation et à la charité, mais susceptibles, le cas échéant, de se transformer en organisations paramilitaires ou terroristes. Sa meilleure recrue est un soufi venu de Jebla, en

Syrie du Nord (la Syrie actuelle) : Izz ad-Din al-Qassam. Pendant ses études à Al-Ahzar, la grande université coranique du Caire, ce dernier avait fréquenté les milieux fondamentalistes qui ne voyaient d'autre recours, devant le déclin politique accéléré du monde musulman, que de revenir à l'islam pur des origines, et notamment à un djihad sans merci contre les infidèles : les futurs Frères musulmans, auxquels l'Égyptien Hassan al-Banna, dans les années 1920, allait donner un corpus doctrinal et des structures militantes. En 1921, quand les Français chassent Fayçal de Syrie du Nord, al-Qassam prêche la résistance. Condamné à mort par un tribunal militaire français, il parvient à se réfugier à Haïfa, en Palestine, où al-Husseini le recrute et le nomme en 1929 contrôleur des mariages pour le nord du pays : un poste qui lui donne la haute main sur l'ensemble des institutions religieuses locales. Al-Qassam prêche, crée sa propre confrérie, la Qassamiya, se préoccupe à la fois des paysans et des ouvriers et manœuvres des villes, noyaute les syndicats, crée enfin une organisation terroriste, al-Kaf al-Aswad (« La Main noire »). En homme pieux, il demande auparavant une fatwa à celui qu'il considère comme son maître spirituel : Sheikh Badr al-Din al-Tajji al-Hassani, le Grand Mufti de Damas. Elle lui est accordée.

En 1929, al-Husseini déclenche une série de pogroms, analogues à ceux de 1920. L'affaire mérite d'être contée en détail. En septembre 1928, les Juifs orthodoxes de Jérusalem célèbrent Yom-Kippour, le Grand Pardon, en priant devant le Mur des Lamentations. La loi religieuse prescrit, depuis deux mille ans, la séparation des hommes et des femmes à cette occasion : de fait, les fidèles se sont rassemblés en deux groupes, les hommes à gauche et les femmes à droite. Mais il n'y a pas de cloison entre eux, contrairement à ce qui se fait dans toutes les synagogues. Les Turcs, autrefois, en avaient disposé ainsi : une cloison, même sous la forme d'une tenture, était à leurs yeux une « construction nouvelle », interdite aux infidèles. Mais nous sommes en 1928. Les Turcs sont partis depuis onze ans. Un

Foyer national juif a été institué depuis six ans. Le mandat de la SDN prescrit la liberté religieuse pour toutes les communautés de Palestine. Les orants juifs du Mur des Lamentations tendent donc un drap entre les hommes et les femmes.

Le Grand Mufti est immédiatement alerté. Il saisit le commissaire britannique pour Jérusalem, Edward Keith-Roach. Celui-ci se rend immédiatement sur les lieux du délit. Représentons-nous la scène. L'après-midi. Septembre en Palestine : il fait atrocement chaud. Devant le Mur, il n'y a pas d'esplanade, comme aujourd'hui, mais un simple corridor d'une dizaine de mètres de large. Les Juifs, entassés les uns sur les autres, n'ont pas mangé, ni bu, depuis la veille. Ils sont pour ainsi dire effondrés dans leurs prières. Keith-Roach paraît. Uniforme. Cravache sous le bras. Il montre le drap :

« *What is this?* Qu'est-ce que c'est?

– Un drap, Monsieur le Commissaire.

– Qui vous a permis de le tendre?

– Monsieur le Commissaire, notre religion nous prescrit de séparer les hommes et les femmes pendant la prière.

– C'est possible, mais pas ici.

– Monsieur le Commissaire, ce Mur est le lieu le plus saint de notre religion.

– Je n'en doute pas, mais toutes les religions, à Jérusalem, doivent se conformer au statu quo en vigueur lors de l'entrée des Britanniques. Les Turcs vous avaient interdit toute construction nouvelle sur ce site. Le roi d'Angleterre vous l'interdit aussi.

– Ce n'est pas une construction, Monsieur le Commissaire. C'est un drap. Il sera retiré ce soir. L'islam aussi sépare les sexes dans la prière.

– Le Grand Mufti dit que c'est une construction, et une insulte à sa religion. Je ne puis le contredire.

– Monsieur le Commissaire, savez-vous comment les Turcs traitaient les chrétiens, autrefois?

– *None of my business.* Pas de mon ressort.

– Il y a un Mandat de la SDN, Monsieur le Commissaire.
– Il y a l'Angleterre. Retirez ce drap ou je mets tout le monde en prison. »

Edward Keith-Roach tourne les talons, la cravache sous le bras. Les policiers de Sa Majesté – quelques Britanniques, beaucoup d'Arabes – dévalent, le gourdin à la main. Ils frappent les hommes, les femmes. Les fidèles, pour la plupart disciples du très antisioniste Rav Yossef Haim Sonnenfeldt, se défendent. Les Anglais mettent le drap en pièces. Ce jour-là, c'est dans les larmes, et non dans la joie du Pardon divin, que s'achève le Kippour auprès du Mur.

Le haut-commissaire britannique par intérim, Sir Harry Charles Luke, fait connaître sa désapprobation : « La force a été utilisée avec excès et sans raison. » Mais al-Husseini proclame que l'intention des Juifs, en tendant ce drap et en bafouant « les droits des musulmans », était en fait de s'emparer de la mosquée Al-Aqsa, qui surplombe le Mur. Ses hommes de main attaquent quotidiennement, les mois suivants, les Juifs qui veulent prier ici. Jets de pierres, bastonnades, coups de couteau. Israël Klausner, professeur à l'Université hébraïque de Jérusalem, fondée quatre ans plus tôt en présence du premier haut-commissaire, Sir Herbert Samuel, et rédacteur en chef de l'*Encyclopedia Hebraica*, crée le Comité pour la défense du Mur, qui suscite des centaines d'adhésions en quelques jours, tant chez les orthodoxes que les sionistes révisionnistes. Le 15 août 1929, ou 9 Av 5689, des milliers de Juifs se rassemblent au pied et aux alentours du Mur : les autorités britanniques, dûment prévenues, n'interviennent pas. Un jeune homme, Yeremiahu Halperin, crie : « Le Mur est à nous ! » On hisse le drapeau d'Israël, bleu et blanc. La foule chante l'hymne juif, *Hatikvah*. Le lendemain, veille de shabbat, les hommes du Mufti attaquent les fidèles juifs devant le Mur. Cette fois, ils ne s'en prennent pas seulement aux hommes mais aussi aux objets saints : ils brûlent des rouleaux de Loi, des livres de prières, et même des *kvittels*, ces petites suppliques griffonnées sur une feuille de papier que les croyants glissent dans les interstices du Mur, entre deux pierres. Sir Harry Charles Luke déplore à nouveau ces violences, mais ajoute : « Il faut garder le sens des proportions. Les voyous n'ont pas brûlé des livres de prières entiers, mais seulement quelques pages prélevées sur l'un de ces livres. » Le 17 août, un Juif sépharade, Avraham Mizrahi, est poignardé dans le quartier boukharien : il meurt quelques heures plus tard. Luke s'affole, réunit les dignitaires juifs et musulmans. Mais les organisations juives d'autodéfense apprennent déjà qu'un pogrom beaucoup plus violent se prépare à Hébron, où vivent quelques centaines de Juifs. Ils proposent à la communauté d'envoyer des miliciens. « N'en faites rien, dit le rabbin d'Hébron. Les notables musulmans ont promis de nous protéger. Nous avons confiance en eux ».

Albert Londres avait visité Hébron avant ces événements. Écoutons-le : « Cette ville est en Judée, c'est-à-dire dans les pierres. Dix-huit mille Arabes, mille Juifs, mille Juifs non tous âgés, mais tous vieux, Juifs de l'autre temps, papillotes et caftans. On est dans Hébron. Rien de plus oriental... des rues pour drames cinématographiques. Mais tout cela est arabe. Où est le ghetto ?... Le guide vous ramène dans le bazar, entre l'échoppe d'un marchand de babouches et un vendeur d'agneaux écorchés. Là, dans le mur, un trou : c'est la porte du ghetto. Vous la franchissez, courbé en deux... Ce qui s'offre à vous est incroyable. Ce ghetto est une montagne de maisons, une vraie montagne, avec ses crêtes, ses cols, ses ravins, une petite montagne mal fichue, hargneuse, sans un centimètre carré de terre : toute couverte de maisons, toute ! Pour atteindre le rez-de-chaussée de la deuxième bicoque, il faut passer par le toit de la première... Ainsi pour chacune... Où sont les rues ? Pas de rues !... Trois synagogues communiquant entre elles couronnent le fol État... Là vivent mille Hébreux. Non de ceux qui déploient le drapeau face au Mur des Lamentations... ni des paysans durs et décidés de la plaine de Jesraël... Mille Juifs éternels... Amis des Arabes... L'Hébron juif n'est pas célèbre par ses sentiments religieux, mais par ses écoles talmudiques... » Ici, la doctrine des trois serments est toujours en vigueur. Ce sont les rabbins antisionistes de Hongrie qui donnent le ton, pas le grand rabbin Kook, ni même le Rabbi de Gur. Aux yeux de la Sainte Communauté d'Hébron, la Terre d'Israël est sous la domination d'Ismaël – tant que le Roi-Messie ne s'est pas révélé.

Le vendredi 23 août, des milliers de miliciens musulmans, encadrés par les confréries d'al-Husseini, convergent sur Jérusalem. Le pogrom commence. Dirigé, en priorité, sur les Juifs ultraorthodoxes – et désarmés – de la Vieille Ville. Luke, horrifié, demande au Grand Mufti de calmer ses ouailles à la porte de Damas. Al-Husseini vient, en effet, et parle. Luke rapporte : « Je ne savais pas ce qu'il disait en arabe, mais j'avais clairement le sentiment que ses propos, loin d'apaiser les émeutiers, les enflammaient un peu plus. » À la décharge des Anglais : s'ils avaient des hommes pour bastonner des Juifs orthodoxes, ils n'en ont pas face à une foule arabe. Luke ne dispose que d'une armée minuscule (cent hommes, six automitrailleuses, six avions). Sa police est plus étoffée, mais arabe à 80 %. Il ne parvient à restaurer l'ordre qu'avec l'arrivée de renforts de Transjordanie. Bilan : 17 Juifs tués à Jérusalem, des centaines de Juifs blessés. Mais les émeutes se sont propagées dans le reste du pays. À Safed, la ville sainte de Galilée, 18 Juifs tués, 80 blessés, toutes les synagogues profanées. À Hébron, 70 morts, 80 blessés graves ou mutilés. Le quartier juif est anéanti, et les survivants sont chassés de la ville.

Écoutons Albert Londres : « Le 23 août, à Hébron, deux étudiants talmudistes sont égorgés... Le lendemain, dès le matin, des Arabes marquent leur inquiétude sur le sort des Juifs. Tous les Arabes ne font pas partie des fanatiques... “ Sauvez-vous ”, disent-ils aux Juifs. Quelques-uns offrent aux futures victimes l'hospitalité de leur toit. L'un d'eux, même, ami d'un rabbin, vient se planter devant la porte de son protégé. Il reste là toute la nuit pour défendre l'entrée aux fous de sa race... Une cinquantaine de Juifs et de Juives s'étaient réfugiés hors du ghetto, à la Banque anglo-palestinienne, dirigée par l'un des leurs, le fils du rabbin Slonim. Ils étaient dans une pièce. Les Arabes, les soldats du Grand Mufti, ne tardèrent pas à les renifler. C'était le samedi 24, à neuf heures du matin. Ayant fait sauter les portes de la banque... Mais voilà, en deux mots : ils coupèrent des mains, ils coupèrent des doigts, ils maintinrent des têtes au-dessus d'un réchaud, ils pratiquèrent l'énucléation des yeux. Un rabbin, immobile, recommandait à Dieu ses Juifs. On le scalpa. On emporta la cervelle. Sur les genoux de Mme Sokolov, on assit tour à tour six étudiants de la yéshivah, et elle vivante, on les égorgea. On mutila les hommes. Les filles de treize ans, les mères et les grand-mères, on les bouscula dans le sang et on les viola en chœur... » La police d'Hébron, entièrement arabe, n'intervient pas – ou participe aux violences. Le seul policier britannique de la ville, Raymond Cafferata, tente de s'interposer, voire de repousser, les armes à la main, quelques assaillants. Il a rapporté la scène suivante : « J'entre dans une maison où des gens hurlaient. La première chose que je vois, c'est un émeutier arabe en train de décapiter un enfant à la hache. La seconde, un homme qui lève un couteau sur une femme, pour l'égorger. Je tire, en le visant au bras. Il s'effondre en s'écriant : “ Mais Votre Honneur, je suis l'un de vos policiers. ” » Dix-neuf familles arabes – au sens de familles étendues – ont assuré la protection de plusieurs centaines de Juifs et les ont escortés en dehors de la ville.

Les Britanniques restaurent l'ordre, pendent deux meneurs arabes et condamnent vingt-cinq villages arabes à l'amende pour leur participation active aux émeutes. Ils versent quelques compensations aux Juifs d'Hébron pour les biens abandonnés. Une première commission d'enquête, présidée par Sir Walter Shaw, se préoccupe essentiellement de disculper les autorités mandataires. Elle affirme que « la cause fondamentale des désordres », qualifiés par ailleurs de « spontanés », réside « dans les sentiments d'animosité et d'hostilité que les Arabes entretiennent à l'égard des Juifs par suite de leurs espoirs déçus sur le plan national et politique » ainsi que « dans leur crainte d'être dépossédés sur le plan économique et de passer sous la domination des Juifs ». Ou du moins le rapport, adopté à la majorité simple, conclut-il dans ce sens. Mais la minorité est d'un tout autre avis, et exige, conformément à la pratique anglaise, que ses propres conclusions soient elles aussi rendues publiques. Ce « rapport bis » dresse un tableau totalement différent de la situation et fait ressortir la responsabilité personnelle du Grand Mufti. Il indique également qu'al-Husseini tenait en évidence dans ses mains, pendant ses dépositions devant la commission, un exemplaire des *Protocoles des Sages de Sion.*

Sir John Chancellor, le nouveau haut-commissaire britannique, ne va pas au-delà des recommandations officielles du rapport Shaw. Il maintient donc le Grand Mufti à son poste. En revanche, il bannit Jabotinsky de Palestine. Le chef de la droite sioniste n'était pas en Palestine au moment des émeutes : il assistait au XVIe Congrès sioniste, à Zurich. Mais il prononce en décembre 1929, à Tel-Aviv, un discours que certains responsables britanniques jugent « séditieux ». Le traducteur officiel n'est pas exactement de cet avis : « Je ne vois rien de répréhensible dans les propos de M. Jabotinsky. » Il ajoute cependant : « Sur le fond, l'affaire est à la discrétion du haut-commissaire ».

Une seconde commission d'enquête, présidée par Sir John Hope Simpson, homme politique et spécialiste des questions économiques et sociales, est chargée d'approfondir la thèse sur la « dépossession des Arabes », avancée par la commission Shaw. Elle rend ses conclusions un an plus tard, en octobre 1930. Hope Simpson reconnaît qu'il « ne connaissait rien à la question » avant d'en avoir été saisi. Sa méthode consiste à prendre acte en gros des plaintes et doléances arabes – mission dont il a été chargé –, quitte à les réfuter dans le détail. Il reconnaît ainsi qu'aucun agriculteur arabe n'a été évincé de ses terres, que les Juifs acquièrent des propriétés foncières au prix fort, alors que l'Article VI du mandat prévoyait des installations gratuites, que l'essor industriel du pays (+ 183 % depuis 1920) est presque exclusivement le fait d'entreprises juives, que celles-ci, même quand elles donnent la priorité à des employés juifs, engagent également des Arabes, qu'en revanche les Arabes n'engagent pas de Juifs. Mais sa remarque la plus intéressante porte sur l'immigration arabe : « Nous avons constaté, à travers nos discussions avec les autorités compétentes, qu'une immigration illégale substantielle existait à partir de la Syrie », c'est-à-dire, en termes actuels, de la Syrie et du Liban, « et tout le long de la frontière nord de la Palestine ». Compte tenu de « la difficulté que présentent le repérage et l'expulsion de ces immigrants illégaux », le mieux, selon Hope Simpson, est de fermer l'œil sur ce phénomène « à condition qu'il ne génère pas de désordres, et bien qu'on porte indubitablement préjudice aux immigrants juifs potentiels, dont la place est prise par d'autres ». Ces constatations impliquent à la fois que les accusations de « dépossession » lancées contre les Juifs ne sont pas fondées, que les Arabes « votent avec les pieds » pour le sionisme, et que leur immigration est largement tolérée, sinon encouragée, par les autorités mandataires, alors mêmes qu'elles cherchent à limiter l'immigration juive.

De nombreuses études confirmeront par la suite les observations de Hope Simpson. Les recensements effectués par les Britanniques entre 1920 et 1947 indiquent une forte croissance de la population arabe de Palestine : + 90 %, de près de 700 000 âmes à près de 1,3 million. C'est nettement plus que la croissance constatée au même moment en Égypte (+ 40 %, de 14 à 19 millions), en Syrie (+ 30 %, de 2,25 à 3 millions), en Turquie (+ 50 %, de 15 à 21 millions), en Irak (+ 60 %, de 3 à 5 millions). Même en tenant compte d'une chute de la mortalité infantile plus rapide que dans les pays voisins, on ne peut expliquer la progression arabe palestinienne que par un apport démographique externe important, de l'ordre de + 30 % au minimum.

Les mêmes recensements montrent que cette progression est plus forte dans les communautés arabes situées dans des régions à majorité juive (+ 216 % à Haïfa, + 134 % à Jaffa, + 90 % à Jérusalem), et plus faible, proche du taux moyen du Moyen-Orient, dans les régions à majorité arabe (+ 42 % à Naplouse, + 40 % à Jénine, + 32 % à Bethléem). En d'autres termes, c'est l'immigration juive qui génère l'immigration arabe. Soit qu'elle crée sans cesse plus d'emplois que la main-d'œuvre juive, immigrée ou non, ne peut en couvrir, et offre le surplus (25 % environ des emplois) à la main-d'œuvre arabe, locale ou immigrée. Soit que l'enrichissement relatif des Arabes employés par les Juifs, ou en relations d'affaires avec eux, palestiniens ou immigrés, fasse apparaître une seconde catégorie d'emplois nouveaux en secteur arabe, qui attire à son tour une seconde vague d'immigrants.

CHAPITRE 17

Tel-Aviv

Qu'importe l'Angleterre, qu'importe le Mufti... David Ben Gourion est un optimiste. Et un pragmatique : « Ne vous préoccupez pas de ce que disent les non-Juifs, mais de ce que font les Juifs », aime-t-il répéter. Il va bientôt avoir cinquante ans. Il les porte plutôt bien. Le « sioniste ottoman » de naguère, au fez rouge, le volontaire tardif de la Légion juive, en uniforme kaki, ont laissé la place au « pionnier » : chemise blanche à col ouvert, large pantalon de toile. Le front dégarni, il a laissé pousser ses cheveux déjà gris, presque blancs, sur les pourtours de son crâne. Cela lui donne une sorte d'auréole. Et lui permet de tenir en respect les blancs-becs de son parti, qui veulent lui donner des leçons d'idéologie.

Bien sûr qu'il est socialiste. Il l'a toujours éte. Il a créé le parti travailliste d'Eretz-Israël avant 1914, quand les Turcs étaient encore là, il l'a ressuscité en 1920, quand les Anglais les avaient remplacés, avant d'inventer – à travers un mariage avec la fraction modérée des Ouvriers de Sion – le parti des travailleurs d'Eretz-Israël, *Mapaï* en hébreu. Mieux, il a mis sur pied une centrale syndicale, l'Organisation générale des travailleurs, *Histadrouth*. Qui dit mieux ? Mais le socialisme, pour lui, ne constitue pas une fin en soi. Ce n'est qu'un moyen vers la nation, l'État. Ben Gourion ne le dit pas à tout le monde ; il n'en pense pas moins. Accueillir des immigrants, les nourrir, les loger, les vêtir, les soigner, leur apprendre leur nouvelle langue, tout cela a un coût. La Grande-Bretagne, ignorant superbement les obligations du mandat, ne l'assume pas. Quant au financement privé, il n'est plus ce qu'il était. L'inflation, en Allemagne, a abattu des fortunes ancestrales en une seule saison. La crise boursière, en Amérique, a jeté des millionnaires à la rue. Et là où les fortunes tiennent encore bon, elles sont ligotées par le contrôle des changes. Reste le socialisme qui, sous couvert de révolution, d'égalité, d'*homme nouveau*, justifie toutes les pratiques de pénurie : la confiscation du capital, les bas salaires, le rationnement, le troc, le commerce par compensation, les comptabilités parallèles, l'autarcie. La Russie soviétique, après le bref relâchement de la NEP dans les années 1920, s'y est remise avec Staline, pour s'industrialiser. Roosevelt, en Amérique, mélange socialisme et capitalisme pour sortir de la crise de 1929, sous le nom de New Deal. Mussolini et Hitler ne font pas autre chose. C'est dans l'air du temps, et le sionisme aurait tort de s'en priver. La plus belle réussite du socialisme tel qu'il l'entend, Ben Gourion la voit dans la Histadrouth : plutôt que de combattre un patronat juif étique, la centrale syndicale est devenue elle-même le plus gros employeur du Yishuv, à travers mille et une coopératives où les salariés sont aussi les détenteurs du capital. Mais le socialisme remplit également une fonction stratégique. Les jeunes veulent vivre en phalanstères, passer au kibboutz, cette forme ultime, eschatologique, de la moshavah, où l'on ne met pas seulement l'argent et les outils en commun, mais aussi la cuisine, la buanderie, et même les enfants, élevés à l'écart de leurs parents, dans un dortoir unique ? Pourquoi pas. Cela permet de prendre possession du pays tout entier, de créer partout, même dans les sites les plus désolés, un bastion juif, un avant-poste. Dans son bureau, Ben Gourion tient minutieusement à jour la carte de ces implantations. Peu à peu, la terre d'Israël est maillée, quadrillée. Derrière le socialisme en marche, il y a déjà la Haganah, cette Force d'autodéfense du Yishuv parrainée par l'Agence juive. Les Anglais font semblant de ne pas la voir. En cas de coup dur, ils seront bien contents de compter sur elle.

On frappe à la porte. C'est Paula, l'épouse bien-aimée, la compagne romantique épousée naguère en Amérique sans dot ni rabbin. Elle s'est desséchée, durcie. Elle est devenue folle. Ben

Gourion, là encore, ne dit rien, mais n'en pense pas moins. Elle apporte à son grand homme – son captif? – le plateau repas du soir. Une salade de crudités. Un yaourt. Des tranches de pain et du beurre. Elle prépare tout elle-même. Elle fait analyser le beurre par un laboratoire de la Kupath Holim, la caisse d'assurances maladie de la Histadrouth. Elle, qui hait la religion, est devenue plus pointilleuse en matière d'alimentation que le plus noir des talmudistes. Ben Gourion sourit, esquisse un baiser. Tout à l'heure, il ira vérifier que Paula dort déjà et sortira. De l'autre côté de la rue, son restaurant préféré sera encore ouvert. Une affaire privée à 100 %, tenue par un Juif orthodoxe varsovien à l'ample barbe rousse. On y sert « ce qui est bon ». Le saucisson de Cracovie, bœuf et oie, fouetté de grains de poivre. La soupe de poulet à l'orge. La langue écarlate à la juive, avec des *ferfels*, pâteuse réinterprétation vistulienne des *farfalle* italiennes. Il se fera servir son en-cas, qu'il mangera dans la rue en catimini.

Mais il est encore trop tôt. Le soir tombe à peine sur Tel-Aviv. Qui n'a pas vu ce soir-là ne connaît rien à la vie. Un jour banal s'achève. Le ciel était bêtement bleu. Ou gris. Brumes d'hiver. Brouillards de chaleur pendant l'été. Mais soudain, il s'illumine. Du rose. Du jaune soufré. Du violet. Toutes les teintes du violet. Ce n'est pas par hasard que les Juifs choisissent si souvent cette couleur pour les bandes parallèles qui strient leur châle de prière. Ils se rappellent, confusément, du violet des ciels d'Eretz-Israël. Quelque chose qui vagabonde entre l'indigo et le turquoise, en passant par le bleu cobalt. La Torah appelle ce moment *shkiyah*. Il ne dure que quelques instants. Une aurore boréale. Comment, alors, ne pas croire en Dieu? Ben Gourion fait semblant de croire en Platon, en Bouddha. Il faut bien montrer quelque indépendance d'esprit. Mais le Dieu de ses pères ne le quitte pas. Quand il rencontre un Juif orthodoxe, il ruse avec lui, il le gruge – et finit grugé, de bonne grâce.

Paula ne le sait pas, mais ce soir est, pour Ben Gourion, un grand soir. Pour un peu, il serait allé à la synagogue des Hassidim de Gur, au coin de la rue, pour remercier le Seigneur. Une heure plus tôt, on lui a confirmé qu'il était élu à la présidence de l'Exécutif de l'Agence juive. De facto, le voici Premier ministre du Yishuv. L'aboutissement de sa vie. Si un jour le Yishuv devient une nation indépendante, il en sera Premier ministre aussi. C'est-à-dire roi. David, roi des Juifs.

Ce nouveau rôle, Ben Gourion l'assumera comme le précédent. En optimiste. En pragmatique. Il ne faut jamais s'enfermer dans les idéologies : elles sont utiles, mais serves. Ce qui compte, c'est l'intérêt national. La raison d'État, comme disait Herzl. Tant va la raison, tant va l'État. Si l'on sait ce que l'on veut, on peut négocier avec n'importe qui. Avec les Britanniques, si supérieurs et au fond si dépassés par leur supériorité. Avec les Arabes, le peuple politique par excellence, chez qui tout est rapport de force : « Moi contre mon frère. Mon frère et moi contre mes cousins. Mes cousins et nous contre toutes les tribus arabes. Les tribus arabes contre le monde entier. » Et même avec les Bêtes monstrueuses du Livre de Daniel. Ben Gourion sait qui est Hitler, le Führer qu'attendait l'Allemagne depuis 1918. Mais pour l'instant, on peut négocier avec ses sbires. Certains nazis se méprennent : ils croient qu'Hitler entend juste envoyer les Juifs en Palestine. Ils imaginent un plan complexe, par lequel les biens juifs saisis en Allemagne financeront, moyennant divers prélèvements, l'installation des Juifs allemands dans leur Foyer national. Le ministère allemand de l'Économie donne son accord. L'Agence juive aussi. Résultat : cinquante mille immigrants de très haut niveau par an (les Britanniques, humiliés par le rapport Hope Simpson, laissent faire). Soit, en trois ans, plus d'immigrants qu'en quinze ans, et le Yishuv accru de 40 %.

Bien sûr, ce pragmatisme ne plaît pas à tous. L'aile gauche du sionisme socialiste, qui n'a aucune idée de ce qu'est véritablement Staline, accuse l'Agence juive de « collaboration avec le fascisme allemand ». Les révisionnistes parlent de trahison. Les révisionnistes... Ben Gourion les a longtemps haïs. Le contraire même de sa démarche. Des gens qui confondent la forme avec le fond. De pauvres bourgeois qui n'ont pas compris que l'époque était *ré-vo-lu-tion-naire* ! Et Jabotinsky, Vladimir Jabotinsky, le beau parleur d'Odessa... Bien sûr, il avait raison sur la Turquie... Mais, bon...

Fin 1934, Ben Gourion rencontre Jabotinsky. Le leader révisionniste ne croit plus à l'Organisation sioniste. Il veut lancer une Organisation dissidente. Si les sionistes socialistes gagnent les élections internes du Yishuv, notamment en raison de leur poids économique et financier, le révisionnisme a la cote chez les jeunes, chez les Juifs sépharades, chez les religieux qui perçoivent en eux, malgré tout, plus de flamme spirituelle qu'à gauche. La « guerre des Juifs », selon le Talmud et Flavius Josèphe, avait conduit à la destruction du Second Temple. Une autre « guerre des Juifs » allait-elle conduire à la destruction du Troisième Temple, ou plutôt empêcher son édification ? C'est une bonne raison, se dit Ben Gourion le pragmatique, pour se rencontrer. La presse sioniste socialiste parle, à propos de Jabotinsky, de « Vladimir Hitler ». Mais ne traite-t-on pas, dans l'intérêt du peuple juif et du Yishuv, avec les hommes de l'Hitler véritable ?

Les deux hommes se rencontrent dans un hôtel londonien. « Je lui dis *shalom* sans lui tendre la main », écrira Ben Gourion dans son journal. « Il se lève, me tend la main et me dit : " Vous ne voulez pas me donner la vôtre ? " Pris par surprise, je lui obéis. » Ils discutent pendant plusieurs jours. « J'avais sans cesse le sentiment d'arriver au véritable point de désaccord, écrit Ben Gourion. Et puis, l'instant d'après, j'avais compris que cela n'avait aucune importance. » Le 26 octobre 1934, ils signent un accord de coexistence : les deux grands partis sionistes se promettent mutuellement de renoncer « aux actes de violence, aux insultes, à la calomnie, aussi bien d'organisation à organisation que d'individu à individu ». Le lendemain, Ben Gourion écrit à son interlocuteur : « Mon cher Jabotinsky. J'espère que vous me pardonnerez si je m'adresse à vous comme à un collègue et à un ami, en faisant l'économie de toute autre formule de cérémonie... Je ne suis pas sentimental, et je ne crois pas non plus que vous le soyez. Mais je ne vous ai pas dit ce qu'il y avait hier dans mon cœur... Rien désormais ne pourra changer le fait que nous nous soyons rencontrés et qu'au fil des heures, nous ayons oublié tout ce qui s'était passé entre nous dans le passé et résolu de mettre nos efforts en commun, mus par un même engagement au service de sionisme et un même désir de mener cette entreprise à son terme. Ceci est désormais enraciné dans mon cœur. Sachez que, quoi qu'il advienne à l'avenir, et en dépit de toutes les divergences qui peuvent exister entre nos partis, ma main sera toujours tendue vers vous. » À quoi Jabotinsky répond : « Mon cher ami Ben Gourion, Je suis touché jusqu'au plus profond de mon être d'entendre, après toutes ces années – et quelles années ! – des mots tels que " collègue " et " ami " venant de vous... Je serre votre main en toute amitié. » Le même jour, Ben Gourion note dans son journal intime : « Il est clair qu'après une telle rencontre, mes amis politiques vont me lapider. » Il ne se trompe pas. La direction du mouvement sioniste socialiste lui envoie un télégramme d'une concision romaine : « Reviens immédiatement. » Quand il retrouve ses pairs, il persiste et signe : l'alliance avec les révisionnistes est possible, elle est de salut public. Mais personne ne le soutient. La mort dans l'âme, Ben Gourion se soumet. La « guerre des Juifs » aura lieu. Il se jure de la gagner, moins sans doute pour écraser l'adversaire que pour empêcher ses propres amis de la porter jusqu'au point de non-retour.

Que s'était-il donc passé entre les deux hommes ? Ils avaient découvert qu'ils étaient d'accord sur tout, en dépit des apparences. L'un et l'autre savaient que le sionisme n'avait de sens qu'à travers un État totalement souverain. L'un et l'autre savaient distinguer entre fin et moyens. L'un et l'autre étaient prêts à négocier avec le diable (Jabotinsky se refusait à tout contact avec les nazis, mais allait entretenir jusqu'en 1936 des relations avec l'Italie de Mussolini, puis, de 1935 à 1939, avec le régime antisémite polonais dit « des colonels »). L'un et l'autre savaient qu'à un certain moment, la guerre serait inévitable en Palestine. L'un et l'autre, enfin, sous leur écorce de « Juifs nouveaux », d'Hébreux affranchis du ghetto, gardaient une affection secrète pour le judaïsme traditionnel : aux compromis que Ben Gourion passe avec les ultraorthodoxes répond, chez Jabotinsky, un rapprochement avec le Rav Kook et ses disciples. Et puis surtout, au-delà de ces convergences, une âme en avait rencontré une autre.

Le moment où Ben Gourion prend la tête de l'Agence juive est, à bien des égards, l'apogée du Yishuv mandataire. En dépit des mauvaises volontés britanniques, du refus arabe ou de ce qui passe pour tel, des nouvelles accablantes d'Allemagne, le Foyer national n'est plus seulement une réalité, ce que personne n'aurait imaginé quinze ans plus tôt, mais une expérience qui commence à passionner l'opinion internationale. À Jérusalem, redevenue une capitale politique pour la première fois depuis dix-neuf cents ans, redessinée par des urbanistes anglais (qui prohibent les immeubles en hauteur et imposent un revêtement uniforme, la pierre rose de Judée), l'Agence juive a installé ses bureaux, l'Université hébraïque du mont Scopus, l'hôpital Hadassah. La nouvelle élite juive – professeurs allemands, poètes russes, scientifiques anglais, ingénieurs italiens – habite les villes-jardins de Rehaviah ou de Baïth Vegan. À Haïfa, terminal de l'oléoduc de l'Iraq Petroleum Company (IPC), premier port du Levant, les capitalistes privés et les combinats de la Histadrouth ont implanté des hauts-fourneaux, des industries chimiques, des raffineries, des docks. Moshavoth et kibboutzim, de la Galilée au Néguev, fournissent le lait, le beurre, les fruits, les légumes, les volailles – et élèvent de nouvelles générations de Sabras taciturnes, les futurs cadres, dans quinze ou vingt ans, de l'armée israélienne. Et puis il y a Tel-Aviv.

La ville a été créée en 1909 par un Juif bessarabien, Meir Dizengoff. Immigré en Eretz-Israël dès 1891, ce dernier avait constaté que les Juifs étaient désormais à l'étroit dans l'antique Jaffa. Avec quelques amis, notamment Arié Akiva Weiss et Raphaël Kaïri, il avait créé une société coopérative en vue d'édifier un nouveau quartier à l'écart, dans les dunes de sable : Ahuzath-Baïth (littéralement : « Propriété foncière »). L'opération avait eu tant de succès que d'autres lotissements avaient été créés à proximité sur le même modèle, avec l'aide d'un comité philanthropique d'Odessa. En 1914, l'ensemble de ces faubourgs avaient pris l'appellation de Tel-Aviv (« Colline du Printemps ») : les érudits savaient qu'au-delà du sens obvie, c'était une allusion à la localité babylonienne du même nom où Dieu S'était révélé au prophète Ézéchiel.

Malmenée par la guerre, comme le reste du Yishuv, Tel-Aviv renaît en 1919, avec l'arrivée des Britanniques. Elle est érigée en municipalité de plein droit, et Dizengoff en devient le maire. La population passe de 5 000 habitants en 1921 à 16 000 en 1924 et 45 000 en 1929 : soit 5, 8 puis 23 % de la population juive totale de Palestine, qui croît elle-même au même moment de près de cent mille âmes à près de cent soixante mille. Ce succès tient d'abord au simple fait de se retrouver exclusivement entre Juifs, ce qui donne l'illusion d'un sionisme déjà parvenu à son terme, alors que toutes les autres villes, y compris Jérusalem et Haïfa, présentent encore un caractère multicommunautaire. Il est dû également à une recherche, plus ou moins consciente, de sécurité : à Tel-Aviv, les Juifs contrôlent la police et peuvent s'organiser en vue d'une éventuelle autodéfense. Mais un troisième facteur entre en ligne : Tel-Aviv, jaillie face à la mer, fille de la lumière et de la brise, est belle, incroyablement belle. « Rien des damiers américains », note Albert Londres avec surprise en 1929. « Les rues, les places, les boulevards, les avenues se rencontrent avec fantaisie. C'est clair, large, ensoleillé, tout blanc. C'est gai. On y sent la volonté d'oublier le ghetto. » Sans compter les arbres, les arbustes, les fleurs, destinés à la fois à fixer le sable, à apporter de l'ombre et à égayer des espaces trop neufs. Les tout premiers quartiers avaient été construits dans le style Belle Époque, version ottomane ou Nicolas II : le lycée Herzlia ressemble à une forteresse babylonienne en pisé rouge, les maisons à véranda aux villas tchékhoviennes d'Ukraine et de Crimée. Dans les années 1920, un nouveau concept s'impose : celui des villes-jardins de Pologne, aux lignes épurées mais courbes, aux façades rehaussées de frises. Çà et là, une troisième architecture pointe : celle du Bauhaus. Dans les années 1930, avec l'arrivée massive de Juifs allemands, autrichiens et tchèques chassés par le IIIe Reich, ce style fonctionnel, minimaliste, s'imposera partout. « Le rêve d'un monde libre, neuf, sans préjugé, que l'Europe poursuit sans jamais l'atteindre, que l'Amérique a déjà transformé en cauchemar taylorisé, il est ici et nulle part ailleurs », écrit le psychologue polonais Janusz Korczak. Ce Juif assimilé, mais profondément croyant, se rend constamment en Palestine entre 1927 et 1939. Il s'est presque résolu à s'y installer. Une seule chose le retient en arrière, à Varsovie : l'orphelinat dont il n'est pas seulement le directeur mais un peu le père. Quand la capitale polonaise tombe dans les mains des Allemands, en septembre 1939, on offre à Korczak de gagner la Palestine via l'Italie. Il refuse. En 1941, sur ordre spécial de Berlin, il bénéficie d'un des derniers visas vers l'Amérique. Le vieil homme refuse toujours d'abandonner ses enfants. Il sera gazé avec eux à Treblinka, quelques mois plus tard.

L'écrivain anglais Robert Byron visite la Palestine en 1933, au moment où il entreprend le voyage en Perse et en Afghanistan qui inspirera son chef-d'œuvre, *La Route de l'Oxiane.* Dans l'establishment britannique, son milieu d'origine, l'antisémitisme et l'antisionisme sont désormais de rigueur : à la génération des lecteurs de la Bible, comme Lloyd George et Balfour, a succédé celle des lecteurs des *Protocoles*. Sur le bateau qui le conduit de Venise à Jaffa, il voit des Juifs expulsés d'Allemagne : un rabbin à la longue barbe blanche et de petits enfants blonds. À Tel-Aviv, il note : « Si cette ville était en Russie, le monde entier s'émerveillerait de son urbanisme et de son architecture, de sa vie sociale souriante, de ses ambitions intellectuelles, et de la royauté qu'y exerce la jeunesse. La seule différence avec la Russie, c'est qu'ici ces choses ne sont pas un but fixé dans le futur, mais un fait accompli. » Deux jours plus tard, à Jérusalem, il dîne « très agréablement » chez le haut-commissaire : « Aucune de ces formalités qui font le charme des grands dîners et l'embarras des petits. En fait, sans les domestiques arabes, nous nous serions crus dans un manoir anglais. Est-ce que Ponce Pilate aussi, en son temps, donnait à ses invités l'impression d'un parfait gentilhomme italien ? »

CHAPITRE 18

Soldats sans visage

En novembre 1935, Izz-ed-Din al-Qassam est tué dans une échauffourée avec la police près de Jénine, en Samarie. Il venait de se brouiller avec le Grand Mufti, qui refusait de livrer des armes à La Main noire.

Le nord du pays, où al-Qassam avait implanté ses réseaux et suscité une immense admiration, entre en ébullition : grèves dans le port d'Haïfa, à Jaffa, à Naplouse, attentats contre les postes de police, attaques contre des entreprises juives, sabotage de l'oléoduc de l'IPC ou des chemins de fer. Al-Husseini prend le contrôle du mouvement, fournit les armes qu'il avait naguère refusées. Les violences s'intensifient, tournent à la guérilla – ou à la guerre civile entre Juifs et Arabes. En 1938, selon l'état-major britannique, la rébellion compte des milliers de combattants et disposerait d'un large soutien dans les villages ou à l'étranger. Un officier du renseignement, Orde Charles Wingate, propose alors de mobiliser les Juifs. Profil aquilin, œil bleu, neveu d'un gouverneur général du Soudan, arabisant, fort d'une expérience de contre-guérilla au Soudan et au Somaliland, ce baroudeur de quarante ans qui vient d'épouser une beauté de seize ans, Lorna Moncrieff Paterson, en impose à ses supérieurs comme à ses pairs : on lui donne carte blanche. Wingate négocie peu à peu avec la Haganah un accord qui mène, en fait, à la création d'une véritable armée professionnelle au sein de la Haganah. Des unités urbaines et rurales sont mises sur pied, ainsi que des unités de choc, les *Night Squadrons* ou Commandos de la Nuit. Des officiers britanniques assurent la formation technique ;

la Haganah paie les officiers et sous-officiers juifs. Le secret de cette entente : Wingate est un Anglais du XIXe siècle égaré dans le XXe. Né en Inde dans une famille de militaires et de pasteurs, il a gardé la foi ancienne et voit dans la renaissance juive la réalisation du Plan divin. En 1938, pendant une permission en Angleterre, il s'oublie et se déclare en public pour la création immédiate d'un État juif souverain. On le révoque. Mais son œuvre est déjà accomplie. La nouvelle Haganah ne sera jamais démantelée. Les Commandos de la Nuit deviendront le Palmakh, fer de lance de l'armée israélienne en 1948.

Pour écraser la révolte arabe, les Britanniques recourent bientôt à des méthodes extrêmement brutales : représailles collectives, destructions de maisons, internement administratif des suspects, pendaisons. Les villages les plus engagés dans l'insurrection sont livrés à des unités sikhes et gurkhas prélevées sur l'armée des Indes. À ces exactions s'ajoutent les conflits internes, de plus en plus sanglants, entre clans arabes. En fait, le Grand Mufti manipule les événements pour devenir le seul maître de la communauté musulmane palestinienne, notamment en décimant les Nashashibi, rivaux traditionnels des Husseini. Fin 1937, les services de renseignements britanniques découvrent qu'il est un agent triple : tout en se faisant passer pour un allié fidèle du Royaume-Uni, il travaillait pour les Français depuis 1920, et pour les Italiens depuis 1930. Décrété d'arrestation, il se réfugie au Liban, alors territoire mandataire français. Mais continue à coordonner les violences et les assassinats. Il avait pris langue avec l'Allemagne nazie dès 1933. En août 1938, les services secrets allemands le prennent officiellement sous leur aile. Édom se joint à Ismaël, et Ismaël à Édom : conjonction satanique qui, selon le Gaon de Vilna, fait réapparaître Amalek sur la terre.

Au total, la révolte arabe des années 1935-1939 fait près de dix mille morts chez les Arabes (près de 1,5 % de la population arabe totale), dont 50 % de civils. Ce traumatisme explique partiellement l'exode d'une partie des populations concernées une dizaine d'années plus tard, lors de la guerre d'indépendance d'Israël. Dans l'immédiat, ils conduisent les Britanniques à répudier purement et simplement le mandat.

Selon leurs habitudes, ils mettent d'abord en place une commission royale d'enquête, dirigée par William Wellesley Peel, premier comte Peel, ancien secrétaire d'État pour l'Inde. Elle débarque en Palestine dès le 11 novembre 1936, et y demeure deux mois, jusqu'au 18 janvier 1937. Elle poursuit ses travaux à Londres le printemps suivant, en recevant des personnalités qui résident alors en Europe, comme Weizmann et Jabotinsky, ou en sollicitant l'avis de personnalités arabes vivant dans d'autres pays du Moyen-Orient. Cérémonieux, Lord Peel porte l'habit pendant les réunions. Méticuleux, il lit et annote tous les documents qui lui sont remis. Le rapport final, avec ses annexes, constitue probablement l'un des dossiers les plus complets jamais consacrés au conflit palestinien. Le Grand Mufti, qui n'était pas encore convaincu de trahison et de complot contre l'ordre public au moment des auditions, est longuement interrogé. Il ne fait mystère ni de ses sentiments meurtriers envers les Juifs, ni de son antipathie à l'égard de la famille hachémite, et notamment de l'émir Abdallah de Transjordanie, qu'il cherchera à supplanter. Abd al Aziz Ibn Saoud, roi d'Arabie Saoudite, dont c'est la première apparition sur la scène diplomatique internationale, s'exprime avec la même véracité : « Nous autres, Arabes, ne comprenons pas l'attitude étrange du gouvernement britannique, et encore moins l'influence hypnotique que les Juifs, race maudite par Dieu selon Son Saint Livre, promise à la destruction dans ce monde et à une damnation éternelle dans l'autre, semble exercer sur lui et de façon générale sur le peuple britannique. » Du côté sioniste, la déposition de Jabotinsky frappe par sa densité et son éloquence. Le 11 février 1937, il déclare : « À aucun moment les sionistes n'ont envisagé d'expulser les Arabes de Palestine. Nous croyons qu'il y a assez de place dans ce pays pour des millions de Juifs, pour les Arabes qui y vivent actuellement et pour leurs descendants. Je ne nie pas que par un processus naturel, les Arabes soient destinés à devenir une minorité en Palestine du fait de l'immigration juive. Ce que je nie, c'est que ce soit un malheur ou une souffrance. Ce ne peut en être pour un peuple, une nation, qui possède d'ores et déjà de nombreux États souverains et qui est appelé à en posséder d'autres encore à l'avenir... Je comprends parfaitement que les Arabes de Palestine préfèrent que ce pays soit l'État arabe numéro 4, 5 ou 6. Mais quand je compare cette demande à celle des Juifs, qui ont besoin d'un seul État pour sauver littéralement leur vie, j'ai l'impression que l'appétit fait un procès à la famine... »

La commission Peel remet son rapport le 7 juillet 1937. Elle préconise la partition de la Palestine : ce genre de divorce, déjà expérimenté en Irlande en 1920, bientôt appliqué, de la façon que l'on sait, à la Tchécoslovaquie en 1938 puis aux Indes en 1947, passe alors pour un remède géopolitique universel. Selon une première version, les Juifs recevraient toute la Galilée et presque toute la plaine côtière jusqu'au sud de Tel-Aviv, tandis que les Arabes obtiendraient la Samarie, le nord du Néguev et Jaffa. Le reste du pays, y compris Jérusalem et le sud du Néguev, resterait sous contrôle britannique. Une seconde version, élaborée par une commission complémentaire en 1938, élargit considérablement l'État arabe, qui inclut désormais la moitié de la Galilée, le sud de la plaine côtière et l'ensemble du Néguev. Pour faciliter l'application de ce plan, Lord Peel et son équipe proposent de procéder à un « échange de populations », analogue à « celui qui s'est déroulé en 1923 entre la Grèce et la Turquie ». Quelque deux cent mille personnes seraient affectées.

L'Organisation sioniste et l'Exécutif juif de Palestine acceptent la partition. Les autorités arabes de Palestine et les pays arabes indépendants la refusent. Le gouvernement britannique décide alors de convoquer une « table ronde » où Juifs et Arabes négocieraient directement entre eux. La conférence s'ouvre le 7 février 1939, au palais de Saint James. Elle s'achève le 17 mars, sans le moindre résultat. En fait de « table ronde », les délégués arabes refusent d'adresser la parole à leurs homologues juifs, de siéger dans la même salle ou même d'entrer par la même porte. Et les hôtes britanniques avalisent ces exigences : le ministre des Colonies, Malcolm MacDonald, ex-travailliste devenu « national-travailliste », c'est-à-dire rallié aux conservateurs, prétendra plus tard que l'heure était trop grave pour s'attarder à des « formalités ». La vérité est plus atroce : les Juifs sont en train de perdre, aux yeux de tous, leur qualité d'êtres humains.

François de Rivarol disait en 1792, à propos de l'effondrement de l'image royale pendant la Révolution : « Le premier coup de marteau frappe un dieu, les autres ne touchent plus qu'un bloc de pierre. » En 1933, les premières mesures antisémites prises par les nazis en Allemagne avaient suscité une large réprobation en Occident. Les lois de Nuremberg, qui, en 1935, avaient non seulement ôté à six cent mille Allemands juifs ou d'origine juive leur citoyenneté et le droit de mener une existence normale, mais justifié ce crime par les statistiques mendéliennes, comme s'il se fut agi de petits pois ou de bétail, étaient apparues comme l'« affaire intérieure » d'un État souverain. Les atrocités auxquelles la population juive autrichienne avait été soumise après l'Anschluss de mars 1938 – lynchages, viols, humiliations publiques, spoliations – relevaient déjà d'une sorte de routine. Le méga-pogrom du 9 novembre 1938, aussi bien en Allemagne proprement dite qu'en Autriche « réunie » ou dans les territoires ex-tchèques dits « des Sudètes » annexés un mois plus tôt – la *Reichskristallnacht*, « Nuit de Cristal du Reich » : des centaines de synagogues incendiées, des dizaines de milliers de Juifs par la foi ou la « race » battus, enfermés dans des camps de concentration, astreints à une amende collective d'un milliard de Reichsmarks –, avait davantage choqué par son relent d'anarchie, de barbarie populacière, que par son objet même. Au fur et à mesure que le régime hitlérien s'affermissait, et que sa politique antijuive se durcissait, du déni du droit au déni de l'humanité, et de celui-ci au déni de la vie, le reste du monde, démocraties et dictatures confondues, souscrivait de plus en plus à sa logique, implicitement ou explicitement. C'est à partir de 1935, c'est-à-dire de la promulgation des lois de Nuremberg, que les pays d'immigration, de l'Afrique du Sud elle-même raciste au Mexique théoriquement d'extrême gauche, en passant par le vertueux Canada (dont MacDonald allait bientôt être le gouverneur général) ou le jovial Brésil, suspendent toute immigration juive. C'est après les pogroms allemands et autrichiens de 1938 que la IIIe République française, à peine sortie d'un gouvernement présidé par « le Juif Léon Blum », accepte de n'envoyer en Allemagne que des « Aryens », ou de ne faire recevoir des diplomates allemands au Quai d'Orsay que par des « Aryens ». C'est au même moment que l'Italie de Mussolini, jusque-là hostile au biologisme nazi et fort amicale envers une communauté juive qui avait joué un rôle important, au XIXe siècle, dans l'unification du pays, adopte à son tour une législation à caractère racial. En juillet 1938, une conférence internationale se réunit à Évian, sur la rive française du lac Léman et à moins d'une heure de bateau de Genève, siège de la SDN, pour examiner la question des réfugiés juifs européens sous un angle « humanitaire ». L'écrivain français Albert Cohen, à l'époque haut fonctionnaire de la SDN, est un témoin oculaire : ce qu'il voit alors, ce qu'il entend, fournira la trame de son roman *Belle du Seigneur*, paru en 1968. Convoquée à l'initiative de Franklin Delano Roosevelt, président américain de gauche, dans le but évident de lui fournir un prétexte pour ne pas accueillir de Juifs, la conférence se sépare sans prendre la moindre décision, ni même condamner la politique antisémite de l'Allemagne – ce dont les services de Joseph Goebbels feront grand cas.

Philo-Atlas : le livre est paru en Allemagne en novembre 1938, juste après le démembrement de la Tchécoslovaquie et la « Nuit de Cristal ». C'est le dernier livre juif publié en Allemagne avant la Shoah, à l'exception de quelques brochures. Comme son nom l'indique, c'est un atlas, un guide de tous les pays du monde. Presque un Michelin ou un Fodor. Des faits, des chiffres, rien que des faits et des chiffres. Où les Juifs peuvent-ils émigrer ? Dans quels pays, à quelles conditions ? Quel est le régime politique ? Comment se présente la vie juive sur place ? Peut-on y pratiquer sa religion ? Y exercer son métier ? Y séjourner ? Y transiter ? « France. République. Les visas ne sont attribués en général que sur présentation d'un titre de transport ou bien d'une invitation émanant d'une source certifiée... à condition que la subsistance du visiteur soit assurée... Un séjour de plus de quinze jours doit recevoir l'agrément du ministère des Affaires étrangères... Peu de possibilités... » Ou bien encore : « États-Unis. État fédéral (République). Octroi d'un visa sur décision du consul, après entretien, uniquement si le consul est convaincu que le demandeur dispose au minimum d'une somme de 1 000 dollars ou d'une prise en charge (*affidavit*) crédible... » 1 000 dollars de 1938 valent à peu près 100 000 dollars de 2008. « Pays-Bas. Pas de visa mais entrée soumise à l'approbation discrétionnaire des autorités de police... Norvège. Pas de visa mais contrôle lors de l'entrée dans le pays. Possibilités très réduites... Suisse. République confédérale. Visa spécial pour les Juifs... Égypte. Monarchie constitutionnelle... L'entrée des non-Aryens n'est possible qu'après approbation du ministère des Affaires étrangères... Arabie Saoudite. Pas d'immigration pour les Juifs... Siam. Monarchie. Pour les Juifs, les visas ne sont délivrés qu'à titre exceptionnel... Roumanie. Monarchie. La Roumanie est elle-même un pays d'émigration juive... Union soviétique. Pas d'immigration... » *Aufbau*, le journal des Juifs allemands ou autrichiens qui ont pu être admis aux États-Unis, publie à ce moment-là une caricature cruelle. À Berlin, un Juif, dans une agence de voyages, fait tourner un globe terrestre. Il mentionne diverses destinations à l'employé. Celui-ci, avec un sourire navré, lui indique à chaque fois que « les non-Aryens n'y sont pas souhaités » *(« nicht-Ariere unerwünscht »).* Lassé, le Juif repousse le globe et demande : « Vous n'en auriez pas un autre ? »

L'air du temps – *Zeitgeist* – étant désormais ce qu'il est, comment s'étonner si la délégation arabe à Saint James, aux ordres d'un Grand Mufti lui-même entré au service du Reich, traite les Juifs en sous-hommes, ou si l'Angleterre ne s'en émeut pas ? Et comment s'étonner de la suite ? Un ultime pays figure sur le *Philo-Atlas* : la Palestine. « Immigration seulement pour les personnes munies d'un certificat délivré par le Bureau central britannique des passeports, Tiergartenstrasse 17, Berlin W 35, ou par les consulats britanniques en Allemagne. » Quotas limités pour cinq catégories de personnes : « 1. Personnes disposant de moyens financiers personnels... 2. Personnes dont la prise en charge financière est assurée... 3. Détenteurs d'un certificat de travail... 4. Membres de la famille des personnes précitées, sous diverses conditions... 5. Jeunes... » Mais le 17 mai 1939, la Palestine est elle aussi fermée : MacDonald publie un *White Paper*, un « Livre blanc », répudiant purement et simplement les articles du mandat relatifs à l'immigration juive. Soixante-quinze mille Juifs seulement seront encore admis dans le Foyer national, sur une période de cinq ans : cinquante mille à titre d'immigrants réguliers, vingt-cinq mille à titre de « personnes en détresse ». Après cette date, l'admission éventuelle de nouveaux immigrants juifs dépendra de l'accord des autorités arabes. C'est littéralement condamner à l'errance perpétuelle ou à la mort les quelque trois cent mille Juifs qui vivent encore en Allemagne proprement dite, les deux cent mille Juifs autrichiens et les trois cent cinquante mille Juifs tchécoslovaques, soit près d'un million de personnes. La démonstration en est d'ailleurs immédiatement apportée. À la mi-mai, le paquebot allemand *Saint-Louis* quitte Hambourg avec 936 passagers juifs en quête d'asile. Faute de certificats pour la Palestine, il se rend à Cuba, pays dont le *Philo-Atlas* dit « Peu de possibilités », mais où les autorités seraient prêtes à accepter un débarquement moyennant certaines conditions financières. Finalement, celles-ci n'étant pas réunies, le navire est refoulé en haute mer. Les passagers demandent l'asile aux États-Unis le 4 juin : Roosevelt refuse, sous la pression de son secrétaire d'État, Cordell Hull. Puis au

Canada : nouveau refus. Puis en Grande-Bretagne, où les autorités acceptent de recevoir 288 personnes. La France, la Belgique et les Pays-Bas se partagent alors les 619 passagers restants. Parmi ces derniers, 227 périssent les années suivantes dans l'Holocauste.

Ajoutant l'injure à l'offense, le Livre blanc restreint les droits civils des Juifs qui vivent déjà en Palestine. À partir de février 1940, ils ne pourront plus acquérir librement de biens fonciers que dans quatre enclaves représentant 5 % du territoire (la « zone A »), ou encore, de façon contingentée, dans trois enclaves contingentées représentant 5 % supplémentaires (la « zone B »). Le reste de la Palestine, 90 % du territoire, leur est interdit, même dans les secteurs où existe déjà une population juive importante ou même majoritaire. Dans une protestation au gouvernement britannique, Ben Gourion écrit : « Par suite de ces dispositions, un Juif n'a plus le droit d'acheter un lopin de terre, un bâtiment, un arbre, ou la jouissance d'une eau, sauf dans les villes et dans une très petite partie du pays. Ces dispositions mettent fin à l'égalité devant la loi et introduisent la discrimination raciale. Elles confinent les Juifs à une zone d'habitation extrêmement étroite, analogue à celle qui existait dans la Russie des tsars avant 1914, ou à celles qui existent désormais dans les pays sous domination nazie. Ils ne violent pas seulement les termes du mandat, mais en anéantissent l'objet premier. » Churchill demande au Premier ministre, Neville Chamberlain, comment il a pu autoriser MacDonald à décréter de telles mesures. « Étant donné la situation, je devais prendre parti pour les Juifs ou les Arabes, répond Chamberlain. J'ai choisi les seconds. »

Le 1er septembre 1939, le monde bascule dans la Seconde Guerre mondiale : l'Allemagne attaque la Pologne ; la France et la Grande-Bretagne, qui n'avaient pas voulu porter secours à la Tchécoslovaquie onze mois plus tôt, déclarent la guerre à l'Allemagne. Varsovie, sous Pilsudski, jusqu'en 1935, ou le régime des colonels, de 1935 à 1939, s'était beaucoup mieux préparé à un conflit éventuel avec le Reich qu'on ne le dit généralement. L'entraînement des troupes était rigoureux, la discipline solide, l'encadrement efficace, la combativité élevée. L'armée polonaise comportait encore des régiments de cavalerie en 1939 : mais c'était aussi le cas de la Wehrmacht, qui ne devait pas être entièrement mécanisée avant 1942. Elle ne disposait que d'une seule division semi-blindée, la 10e division ou « Division Noire » (ainsi nommée en raison de ses tenues de combat, en cuir noir), contre cinq divisions blindées allemandes, cinq divisions blindées légères et quatre divisions d'infanterie motorisée ; mais elle avait prévu de passer à quatre divisions blindées en 1942, et huit en 1947. Son aviation était moins nombreuse et moins moderne que celle de l'ennemi : mais elle avait mis au point en moins de trois ans, sur les instances d'un industriel juif qui avait financé une partie des études et de la production, un appareil ultramoderne, analogue au Spitfire britannique, qui, s'il avait été produit en quantités suffisantes, aurait pu modifier les données de la guerre ; et surtout, elle avait donné à ses pilotes une formation sans équivalent dans les autres forces aériennes européennes. Après la défaite, ces pilotes passèrent en France puis en Grande-Bretagne. Ils formèrent le tiers des as qui, pendant l'été 1940, gagnèrent dans les airs la bataille d'Angleterre, et sauvèrent l'Occident.

Telle quelle, l'armée polonaise aurait peut-être résisté jusqu'à l'automne. À plusieurs reprises, elle avait été en mesure de monter des contre-offensives : à partir du 9 septembre, par exemple, le général Tadeusz Kutrzeba avait réussi à prendre à revers l'ennemi dans la région de Poznan, à le clouer sur ses positions pendant huit jours, et enfin, quand la pression avait trop forte, à battre en retraite jusqu'à Varsovie. Ce qui lui fut fatal, ce fut, le 17 septembre, l'entrée en guerre de l'URSS, « coup de poignard dans le dos ». Hitler avait signé dès le 23 août un pacte de non-agression avec Staline, doublé d'un accord secret où les deux Bêtes impériales se partageaient l'Europe orientale. À l'Allemagne, l'ouest de la Pologne et l'hégémonie dans la région danubienne. À l'URSS, l'est de la Pologne, les Pays baltes, la Bessarabie. Prise en tenaille, l'armée polonaise s'effondre. Varsovie capitule le 1er octobre, les dernières poches de résistance le 5. Pour les Polonais non juifs, c'est le début d'une occupation féroce. Pour les deux millions de Juifs polonais tombés entre les mains des nazis, c'est le début de la Shoah.

On sait tout sur l'Holocauste, le *Hurban*, la Shoah, pour reprendre les noms divers et toujours insuffisants que l'on a attribués à cet événement, et pourtant il faut toujours réapprendre ce que ce fut. Ce n'est ni le premier ni le seul massacre à grande échelle de l'histoire humaine. C'est quelque chose d'autre – et d'absolument unique : le meurtre élevé à la hauteur d'une métaphysique. Les nazis plaçaient l'assassinat des Juifs au-dessus de leurs intérêts politiques et militaires. Les convois qui menaient à Auschwitz avaient priorité sur les transports de troupes. On éliminait une main-d'œuvre qui, maintenue en vie quelques années de plus, aurait pu contribuer à l'effort de guerre. L'assassinat lui-même était mené avec un sadisme froid, un raffinement dans la torture non seulement physique mais morale, sans précédent. Richard Rubenstein, l'un des grands théologiens et historiens juifs du xxe siècle, rapporte, au début de son livre *Approaches to Auschwitz* (« Approches d'Auschwitz »), la scène suivante, relatée par un survivant lors du procès d'Adolf Eichmann : « On avait retiré ses trois enfants à une mère. Elle cria à l'officier allemand qui dirigeait l'opération : " Rendez-moi mes enfants. " L'officier la considéra et lui dit : " Tu peux en prendre un. " La mère s'approcha du camion : les trois enfants lui tendaient leurs mains. Chacun d'entre eux, évidemment, voulait être celui qui resterait avec elle. La femme ne savait pas qui choisir. Finalement, elle baissa la tête et s'en alla – toute seule. »

Après les Juifs de la Pologne conquise en 1939, la Shoah engloutit ceux des Pays-Bas, de Belgique, du Luxembourg, de France, de l'URSS envahie en 1941, de Norvège, de Yougoslavie, de Grèce, de Hongrie, de Slovaquie, de Roumanie. Au Danemark et en Bulgarie, le massacre fut évité de justesse, un peu par chance, et un peu grâce à la solidarité de la population non juive locale. Les nazis ne se préoccupaient pas seulement de tuer un peuple ; ils voulaient en tuer tous les individus, un par un, jusqu'au dernier. « La mort est un chasseur venu d'Allemagne », devait écrire, plus tard, un des rescapés, Paul Celan, poète allemand de Bucovine. Un chasseur précis, patient, efficace. Le peuple juif, c'est-à-dire des millions d'individus dont chacun, de l'enfant au vieillard, savait qu'il était personnellement un gibier, et qu'il était personnellement promis à la mort, fuyait, se terrait, se faisait prendre, se révoltait, combattait, était trahi, était livré, s'enfuyait à nouveau, périssait. Les érudits se rappelaient les paroles effrayantes de la Bible : « Et ce que tes yeux verront te rendra fou... L'Éternel lancera contre toi une nation venue de loin, de l'extrémité de la terre, dont tu ne comprendras pas le langage... une nation impitoyable qui n'aura pas de respect ni pour les vieillards, ni de pitié pour les enfants... qui t'assiégera dans toutes tes villes... et fera tomber toutes tes fortifications... Ta vie sera suspendue à un fil, et tu seras écrasé de peur nuit et jour... Le matin, tu diras : " Si seulement le soir était déjà là. " Et le soir : " Si seulement c'était le matin. " Tu seras prêt à te vendre en esclavage – et il n'y aura pas d'acheteur... » (Deutéronome, XXVIII). Certes, le peuple d'Israël avait déjà vécu plusieurs fois des destructions. Le *Hurban* du Second Temple avait recouvert celui du Premier, comme un palimpseste. Les massacres d'Orient et d'Occident, les exils, les inquisitions, les pogroms s'étaient sans cesse succédé. Mais ce *Hurban*-là n'avait pas de fin, pas de limites. Une partie d'Israël, n'ayant plus de larmes pour pleurer ni de cœur pour prier, ne pleurait plus ni ne priait. Qui pouvait l'en blâmer ? Une autre partie priait et pleurait, envers et contre tout. La loi religieuse permet de manger le jour du Kippour si l'on est en danger de mort. À Auschwitz, les Juifs se remémoraient leur calendrier. Et quand venait Kippour, ils jeûnaient : dressant pour ainsi dire la Loi contre la Loi ; brisant la Loi pour la maintenir.

Le monde savait. Churchill savait. Roosevelt aussi. Les généraux anglais, qui décryptaient tous les messages militaires allemands grâce à la machine Enigma, savaient. Staline savait. Aucun des chefs de guerre alliés ne songeait pourtant à bombarder les voies de chemin de fer qui menaient à Auschwitz, ou à Bergen-Belsen, ou à Ebensee. Churchill, tout de même, n'était pas à l'aise. Il posa la question à ses généraux. Et ceux-ci lui dirent que le seul moyen de sauver une partie du peuple juif était de gagner la guerre, fût-ce en oubliant, pour le moment, les Juifs qui mouraient.

Le Grand Mufti savait. Quand la Seconde Guerre mondiale avait éclaté, les Français avaient finalement décidé de l'arrêter à Beyrouth. Il s'était réfugié en Irak, où il avait été l'un des inspirateurs du putsch pro-nazi de Rachid Ali. Quand les Britanniques avaient repris le contrôle de ce pays, il avait réussi à gagner l'Europe allemande. Hitler l'avait reçu. « Surtout, mon Führer, il ne faut pas qu'un seul Juif survive », lui avait-il dit. « Pas un seul », lui avait répondu Hitler, avant de lui donner la direction spirituelle et politique des musulmans ralliés au IIIe Reich : Waffen SS musulmans de Bosnie, nationalistes nord-africains de France occupée...

L'Organisation sioniste, l'Agence juive et les Juifs de Palestine savaient. Mais que faire ?

Lors de la déclaration de guerre, David Ben Gourion définit une nouvelle politique : « Combattre Hitler aux côtés de l'Angleterre comme s'il n'y avait pas le Livre blanc. Combattre le Livre blanc comme si l'Angleterre n'était pas en guerre contre Hitler. » Jabotinsky donne la même consigne avant de mourir d'une crise cardiaque à New York, le 4 août 1940.

Combattre aux côtés de l'Angleterre ? C'est une évidence en Europe. Mais aussi en Eretz-Israël : le pays a senti à deux reprises le vent du boulet. Le 10 mai 1940, l'Italie entre en guerre aux côtés de l'Allemagne contre la France et la Grande-Bretagne. Son aviation, basée en Libye, bombarde la côte palestinienne un mois plus tard. En octobre, le général Rodolfo Graziani lance une puissante offensive terrestre contre les forces britanniques stationnées en Égypte : sa X^e^ armée compte deux cent mille hommes. Mais il s'arrête à Sidi Barrani, une centaine de kilomètres après la frontière, en raison d'une mauvaise préparation logistique. Deux ans plus tard, en juillet 1942, c'est l'Afrika Korps allemand d'Erwin Rommel, motorisé et autrement redoutable, qui est sur le point d'envahir l'Égypte : les Britanniques ne parviennent à le repousser qu'à El-Alamein, à cent kilomètres du Caire et deux cents d'Alexandrie. Si Rommel était allé plus loin, l'Égypte se serait probablement soulevée en faveur de l'Axe, et les Allemands auraient conquis le Levant. 30 000 Juifs palestiniens – 15 % de la population juive mâle – s'engagent dans les forces britanniques. Ils servent avec distinction en Libye, en Syrie, en Afrique orientale, en Italie et dans les Balkans. L'industrie palestinienne, juive à 90 %, est le principal fournisseur des forces britanniques en Méditerranée orientale pour les pièces détachées, les munitions, les appareils de communication et les autres matériels militaires.

Combattre le Livre blanc ? S'il s'agit d'organiser l'immigration clandestine, toute la Palestine juive est d'accord. La gauche et la droite coopèrent, l'Agence juive participe, les ultra-orthodoxes se mobilisent même le shabbat, les kibboutzim font de la place, dans leurs dortoirs, pour les nouveaux arrivants. Mais s'il s'agit d'arracher l'indépendance d'Eretz-Israël par la force, les divisions réapparaissent. Dans les années 1930, une partie de la Haganah rejetait la politique de « retenue » de l'Agence juive en matière d'autodéfense. D'abord connu sous le nom de *Haganah Beth* (« Haganah B »), ce courant finit par créer une nouvelle organisation en 1937, l'*irgoun Zvaï Leumi* (« Organisation militaire nationale »), ou *Etzel*, qui se réclame de Jabotinsky et organise systématiquement des représailles contre les Arabes après chaque attentat ou agression contre des Juifs. En 1938, après un incident particulièrement atroce où un commando arabe avait tué six Juifs, puis violé et démembré une jeune fille juive, trois membres de l'Irgoun montent une embuscade contre un autobus arabe. Au dernier moment, ils renoncent à leur projet. Mais ils sont arrêtés par les Britanniques et l'un d'entre eux, Sholomo Ben-Yossef, est condamné à mort et pendu. À partir de ce moment, l'idée d'une confrontation armée non seulement avec les Arabes mais aussi avec les Britanniques commence à prendre forme au sein de l'organisation. Quand le Livre blanc est promulgué, l'Irgoun invoque le droit à la révolte en cas de violation de la constitution, principe qui, depuis la *Magna Carta* de 1215 et à travers les révolutions anglaises et américaine de 1640, 1688 et 1776, sous-tend la pensée politique anglo-saxonne. Pendant cinq mois, elle monte, à grand renfort de publicité, des opérations de sabotage contre les lignes téléphoniques ou les centrales électriques. Au début, pas d'opération contre les personnes. Mais en août 1939, deux policiers britanniques, qui avaient torturé de jeunes membres de l'organisation, sont assassinés.

Lors de l'entrée en guerre, l'Irgoun se sépare en deux branches. La plupart des membres obéissent à Jabotinsky, cessent les opérations de résistance et s'engagent dans les forces britanniques. Le commandant en chef, David Raziel, rejoint même les forces spéciales, et meurt en mission, lors d'un raid en Irak. Mais en 1942, Menahem Begin, l'ancien chef de la droite sioniste en Pologne, arrive en Palestine. En septembre 1939, il se trouvait à l'est de la Pologne, dans la zone contrôlée par les Soviétiques. Il avait été arrêté, envoyé dans un goulag arctique, puis autorisé, en 1941, à rejoindre une armée polonaise combattant au Moyen-Orient sous les ordres des Britanniques. Là, il avait convaincu son commandant – un nationaliste polonais quelque peu antisémite mais chevaleresque – de le laisser déserter. En deux ans, Begin remet l'Irgoun sur pied. Son but : reprendre la lutte pour l'indépendance dès que les circonstances le permettront, c'est-à-dire dès que la défaite de l'Axe sera assurée.

L'autre branche de l'Irgoun de 1939 a refusé de rejoindre les Britanniques. Sous la direction d'un poète ultranationaliste, Avraham Stern, elle rêve à une « alliance anti-impérialiste » avec certains nationalistes arabes et même à un rapprochement avec l'Axe. Cette nouvelle organisation prend le nom de *Lohamei Heruth Israël* (« Combattants de la liberté d'Israël »), mais sera bientôt qualifiée par la presse britannique de *Stern Gang* (« bande à Stern », ou « groupe Stern »). Désavouée par la quasi-totalité du Yishuv, elle s'effiloche après la mort de son fondateur, abattu par un policier anglais dans une de ses caches à Tel-Aviv. Mais dès 1943, un nouveau Lehi apparaît, dirigé par un curieux triumvirat : Yitzhak Shamir, un disciple de Jabotinsky, virtuose de la clandestinité, Israël Eldad, un philosophe religieux, Nathan Yalin-Mor, un nationaliste de gauche. Comme Stern, Shamir et ses amis croient que l'Angleterre est l'ennemi principal. Comme lui, ils sont prêts à conclure des « alliances à revers ». Mais Shamir fait preuve d'un bon sens que Stern n'avait pas : ce n'est pas vers les Arabes ou, pire, vers les Italiens ou les Allemands qu'il se tourne, mais vers la France libre et l'URSS.

L'Irgoun de Begin relance la révolte contre la Grande-Bretagne le 1er février 1944, par une proclamation retentissante : « Le Livre blanc est toujours en vigueur. Bien que les Juifs soient fidèles à l'Empire britannique, et que les Arabes le trahissent. Bien que les Juifs se soient engagés massivement dans les forces de Sa Majesté. Bien que des millions de nos frères aient été massacrés en Europe, et que d'autres millions soient en danger de l'être aussi... Les portes d'Eretz-Israël restent closes. Dans ces conditions, la lutte est légitime. Nous nous battrons jusqu'au bout, pour notre patrie, pour la liberté, l'honneur, le pain et le droit. Dieu d'Israël, Dieu des Armées, sois à nos côtés ! » Comme en 1939, l'organisation attaque les symboles de la puissance britannique, tels que les postes de police, les perceptions, les immeubles administratifs, les armureries, mais évite en général de verser le sang.

Le Lehi de Shamir reprend lui aussi la lutte en 1944. Mais il lance des opérations beaucoup plus brutales – et spectaculaires. Au mois d'août, un attentat contre le haut-commissaire en personne, Sir Harold MacMichael, échoue de peu. Mais en novembre, un second attentat réussit : Walter Edward Guinness, patron des brasseries du même nom, premier baron Moyne, résident britannique en Égypte et donc, de facto, gouverneur général du Proche-Orient, est assassiné au Caire. Les deux hommes étaient connus pour leur hostilité à l'égard des Juifs. Lord Moyne avait déclaré à la Chambre des lords, en 1942, que les Juifs modernes n'étaient pas les véritables descendants des Hébreux de la Bible, et n'avaient donc aucun droit sur la Terre sainte. Plus récemment, au printemps 1944, il s'était opposé à un projet d'évacuation des Juifs hongrois vers la Palestine, via la Roumanie. « Un million de Juifs ? avait-il dit à Churchill. Mon cher, qu'en ferais-je ? »

Quand il faisait encore partie de l'Irgoun, Avraham Stern avait écrit un hymne, *Soldats anonymes*. Paroles douloureuses et fières, mélodie lente et envoûtante. Il l'avait en quelque sorte emmené avec lui au Lehi, mais l'Irgoun ne pouvait l'oublier pour autant. Finalement, c'est l'ensemble de la Résistance juive qui, à partir de 1944, l'avait fredonné. Une version française existe, fort belle sans être littéralement fidèle à l'original. Elle a été composée par les réseaux qui, entre 1945 et 1948, militaient pour la création d'un État juif. La voici .

Soldats sans visage
Nous luttons dans la nuit
Qu'il est lourd l'amour
De la patrie
Soldats sans aveu

Nous tombons face à Dieu
Qu'il est lourd le souvenir des aïeux

Soldats sans visage
Sans nom sans pardon
Nous mourrons
Pour que revive Sion
Soldats juifs au combat
Il n'est plus qu'une loi
Jamais plus Matsadah
Ne tombera

Ni les flots de la mer
Ni les vents du désert
N'arrêteront désormais
Notre marche
Sur les ailes des aigles
Par des sentiers étroits
Jérusalem
Nous reviendrons vers toi

Soldats sans visage
Sans nom sans pardon
Nous mourrons
Pour que revive Sion
Soldats juifs au combat
Il n'est plus qu'une loi
Jamais plus Matsadah
Ne tombera.

CHAPITRE 19

Lake Success

Depuis plusieurs jours, le professeur Eleazar Sukenik fait l'aller-retour entre Jérusalem et ses faubourgs. Des trajets de quelques kilomètres à peine, cinq à dix minutes de voiture dans des circonstances normales. Mais la situation, fin 1947, n'a plus rien de normal. Les Britanniques ont érigé des « murs » autour de chaque quartier de Jérusalem, de chaque îlot d'habitation : sacs de sable, chevaux de frise, fils barbelés. Pour entrer ou pour sortir, il faut montrer patte blanche. En principe, il suffit d'exhiber un document prouvant qu'on habite bien dans le secteur, ou qu'on y travaille. En fait, les Juifs sont consignés chez les Juifs, les Arabes chez les Arabes, et les Anglais – fonctionnaires mandataires, administrateurs, militaires – chez les Anglais. Cela tient de la place forte médiévale, du ghetto. Les Juifs, avec leur humour noir habituel, ont forgé le terme « Bevingrad » : les Stalingrad de Bevin.

C'est donc une aventure, pour Sukenik, de faire ces voyages. Difficile de trouver un taxi, même en payant bien. Les soldats anglais l'interrogent sans aménité aux *check points*. Les Arabes le fixent durement. À quoi joue ce vieux Juif ? Ne sait-il pas que l'ancien monde est révolu ? Pourquoi revient-il sans cesse chez nous ? Le sang coule tous les jours. Des deux côtés. Un jour, ce sera le sien. Sukenik lit tout cela dans les regards. Mais il est persuadé que rien ne peut lui arriver. Parce que l'Ange du Seigneur lui a parlé.

L'Ange du Seigneur avait pris, le 24 novembre, les traits d'un négociant arménien de Bethléem. Il lui avait téléphoné dans la matinée : « Professeur, il faut absolument que je vous voie... Une affaire... intéressante... capitale, peut-être... » Mais où se rencontrer ? Sukenik n'avait pas de laissez-passer pour le secteur arabe. Ni l'Arménien pour le secteur juif. Il fallait compter deux jours, ou trois, pour en obtenir un. Les Anglais ne le refuseraient pas à un universitaire. Ni à un antiquaire. « Faites la demande sans attendre, Professeur, avait dit l'Arménien. Je suis sûr que vous en aurez besoin. Mais je dois vous... montrer quelque chose... tout de suite... » Finalement, les deux hommes avaient trouvé une solution. Ils s'étaient retrouvés à la limite des deux secteurs, de part et d'autre des barbelés, dans un no man's land déjà envahi par les ronces et les plantes folles. L'Arménien avait déployé un fragment de parchemin. Une pièce ancienne, sans doute. « Vous voyez, Professeur... Ce texte... De l'hébreu, n'est-ce pas ? » Incontestablement, avait admis Sukenik. Non pas le paléo-hébreu, apparenté au phénicien, qu'on employait encore à l'époque du Second Temple pour les écritures un peu solennelles, et que les Samaritains utilisaient toujours pour leurs rouleaux sacrés, en plein XXe siècle. Non, l'hébreu dit « assyrien », ou « carré », presque cunéiforme. Celui qu'a retenu la tradition juive. « Si cet objet vous intéresse, Professeur... Si vous le croyez authentique... S'il intéresse votre Université... J'en ai d'autres... » C'est en entendant ces mots que Sukenik avait compris que l'Arménien, en fait, était un Ange du Seigneur : « Comment cela, d'autres ? » Le négociant avait cligné de l'œil : « Un de mes collègues, Professeur... Un Arabe... Il m'a apporté d'autres fragments... Des textes entiers, je crois... Ils auraient été trouvés par un Bédouin dans le désert... »

Sukenik tremble. Des textes entiers ? Quels textes ? Il veut voir de ses yeux. L'Arménien acquiesce. « Demandez le laissez-passer et venez me voir dès que vous l'obtenez... » Trois jours ont passé. Finalement, les Anglais ont été très méfiants. À cause de Yigaël, le fils de Sukenik. Archéologue, comme lui, certes – mais aussi membre de l'état-major de la Haganah. Des fonctions

« secrètes », mais tout se sait en Orient. Ou presque tout. Les Anglais ont donc fait traîner les choses, exigé des précisions. Peu importe : le *pass* est là. Le 29 novembre, Sukenik va chez l'Arménien. Celui-ci ôte trois rouleaux du coffre où il les a entreposés, sous un linge de lin. Cela se déchiffre sans peine. Très ancien, en effet. L'Arménien explique :

– Un berger arabe est entré par hasard dans une caverne, près de la mer Morte, à Khirbet-Qumran. Un certain Muhamad Ed-Dhib, Mohammed le Loup... Il y a trouvé des jarres, les unes intactes, les autres brisées... Et dans ces jarres, des rouleaux... Il en a emporté trois, qu'il a montrés à son cheikh. Un antiquaire en voudrait peut-être ? Le cheikh les a présentés à un Syrien jacobite, Khalil Iskander Shahin, que tout le monde appelle Kando. Un spécialiste, qui achète, qui vend, qui fournit les collectionneurs, les Églises. Discrètement, bien sûr, puisque la loi, désormais, prétend interdire ces trafics...

– Bien sûr, dit Sukenik en souriant. Toute trouvaille appartient à l'État.

– Kando a montré les rouleaux à un autre jacobite, Georges Isaïah.

– J'ai entendu parler de lui.

– Un véritable expert, cette fois. Qui a exigé de voir la caverne par lui-même. Kando l'a emmené, avec l'accord du cheikh...

– Et d'Ed-Dhib ?

– Oh, vous savez, Professeur, je crois que le rôle de Mohammed le Loup, dans cette histoire, aura été bref... Isaïah s'est donc faufilé entre deux rochers, a pénétré dans la caverne... Il y avait d'autres rouleaux !

– Aïe !

– Oui, Professeur, aïe. Il s'en est saisi. Ensuite... Ensuite, je m'y perds un peu... Isaïah a mis dans la confidence son métropolite, Athanase Josuah Samuel... Un analphabète, en ce qui concerne les textes anciens, mais un malin... L'Église jacobite a organisé le pillage systématique de la caverne, puis s'est mise en relation avec l'École biblique de Jérusalem, que dirigent des dominicains français...

– Aïe, aïe.

– Je crois que les Français ont photographié pas mal de choses. Il y a des textes bibliques. Et d'autres qui ne semblent pas appartenir au Canon. Qui sait, des Évangiles inconnus ?

– Ou des éléments d'une littérature juive oubliée.

– En effet, Professeur, en effet. Le métropolite pense que cela représente beaucoup... Sur le plan scientifique, religieux... Ou sentimental...

– Cela représente beaucoup.

– Professeur, je vends ces trois rouleaux.

– Vous les... vendez ?

– Le métropolite n'en sait rien... Je me les suis procurés... par moi-même.

– Je dois... y réfléchir.

– Bien sûr, Professeur. Emportez-les avec vous pour les étudier à loisir.

– Vous me les confiez ?

– Entre savants, on se comprend, Professeur. Je sais que vous ne me volerez pas. Ne serait-ce que pour trouver un jour d'autres rouleaux, grâce à moi.

Sukenik a donc pris les rouleaux. La nuit est venue. Il étudie les vieux parchemins. Sa conviction est faite : ils sont antérieurs à la destruction du Second Temple. Il faut les acheter. À tout prix. Mais comment se fait-il qu'à cette heure-ci, les voisins écoutent encore la radio ? Soudain, le vieil homme se fige : 29 novembre ! C'est aujourd'hui que les Nations unies se prononcent sur le partage de la Palestine ! Il ouvre la radio, lui aussi. Non, encore rien. Le vote n'a pas encore commencé.

Sukenik s'allonge sur le petit divan placé à côté de son bureau. Tant de choses se passent autour du peuple juif. Le mandat britannique et la resurrection d'Eretz-Israël, hier. L'Holocauste. Les rescapés qui veulent entrer dans la seule patrie qui leur reste. Le navire *Exodus* arraisonné par la Royal Navy. La révolte juive. Cette guerre corps à corps, pierre à pierre, qui a déjà commencé entre Juifs et Arabes. Et aujourd'hui, la décision de l'Onu, héritière de la SDN, à qui la Grande-Bretagne a « rendu » son mandat. Une de fois de plus, il est question d'une partition. Deux États, l'un juif, l'autre arabe, aussi irrationnels l'un que l'autre, constitués, l'un et l'autre, d'enclaves raccordées entre elles par des corridors. Une zone internationale à Jérusalem : officiellement, il s'agit de « protéger les Lieux saints des trois religions monothéistes ». En fait, plus prosaïquement, d'enlever leur capitale aux Juifs, bien qu'ils y soient majoritaires depuis longtemps. Une de fois de plus, les Juifs ont accepté le partage. Et les Arabes l'ont refusé. Derrière le partage, les Juifs voient, enfin, la souveraineté. Les Arabes, une atteinte à leur droit de dominer les autres peuples, à commencer par ces Juifs efféminés par nature...

Sukenik dresse soudain l'oreille. Le vote a commencé à Lake Success, dans l'État de New York, où siège provisoirement l'Onu. Compte tenu du décalage horaire, c'est encore l'après-midi en Amérique. Les pays défilent dans l'ordre alphabétique anglais. Il y a ceux qui disent oui, ceux qui disent non, et ceux qui s'abstiennent. Il faut une majorité absolue de oui, soit vingt-neuf voix sur cinquante-sept. *« Afghanistan, no... Argentina, abstention... Australia, yes... Canada, yes... Chile, abstention... Cuba, no... »* Sukenik se lève. Il pose la main sur les parchemins de la mer Morte. Comme s'il s'agissait d'un talisman. Ce n'est pas un hasard si ces textes sacrés, après un sommeil de deux mille ans, ont été rendus au peuple juif aujourd'hui. *« Ecuador, yes... Egypt, no... El Salvador, abstention... »* En vertu de quoi les nations se décident-elles aujourd'hui ? Sukenik se rappelle un texte du Talmud : « Le libre arbitre a été donné à tous les hommes. Sauf aux rois, dont le cœur appartient à Dieu. » Soudain, des cris éclatent, des hurlements, des rires. Sukenik ne sait plus où le vote en est, mais il a compris. Le quorum a été atteint. Le partage a été ratifié. Demain, il y aura un État juif en

Eretz-Israël. *« Venezuela, yes... Yemen, no... Yugoslavia, no. »* Au total, trente-trois États ont voté oui, treize non et dix se sont abstenus.

Les deux très grandes puissances de l'après-guerre, les États-Unis et l'URSS, se sont prononcées pour le partage. Rien, a priori, ne le laissait supposer. L'establishment américain est presque aussi hostile au sionisme que l'establishment britannique. Pour des considérations géopolitiques assez simples : tout, désormais, repose sur le pétrole ; et celui-ci se trouve chez les Arabes. Mais l'opinion américaine, elle, penche vers les Juifs. Elle a vu, en 1945, les images des camps nazis libérés par les G.I.s, filmées par les services cinématographiques de l'US Army. La censure aurait dû interdire leur diffusion. Mais le commandant en chef allié Dwight Eisenhower – qui sera, plus tard, un président américain fort peu favorable aux Juifs et à Israël – avait autorisé leur diffusion, exceptionnellement. Entre establishment et opinion publique, le président Harry Truman, qui a succédé à Roosevelt en avril 1945, hésite. Finalement, il se rallie à la cause des Juifs le 29 novembre 1947. Et il reconnaîtra Israël le 15 mai. Peut-être par calcul politicien, en vue de sa réélection en novembre 1948. Peut-être parce qu'il se rappelle sa foi protestante. L'idée d'être un « nouveau Cyrus » semble l'avoir séduit.

Le régime soviétique est radicalement hostile au sionisme. Et Staline, à titre personnel, est un antisémite déclaré. Pourtant, il soutient lui aussi la cause – provisoirement – la cause d'un État juif. C'est le moyen, pense-t-il, de discréditer les Britanniques dans le monde arabe. Et donc, à terme, d'y prendre pied.

Sukenik s'émerveille des événements. Le Rav Aryeh Levin n'y prête presque pas attention. Ce vieil homme s'est rendu célèbre en rendant visite tous les jours, dans leurs prisons, aux militants de la Résistance capturés par les Britanniques. Son ancêtre, un disciple du Gaon de Vilna, était venu à Jérusalem au début du XIXe siècle. De génération en génération, la famille avait transmis l'enseignement de *La Voix de la tourterelle.* Ainsi qu'un exemplaire de la Bible, remis par le Gaon lui-même. Le Rav Aryeh en est aujourd'hui le détenteur. Si besoin est, il sait comment le consulter : c'est-à-dire le lire dans un certain ordre, en retenant certains mots ou certaines lettres. Le Livre saint devient alors un oracle, qui répond à toutes les questions, collectives ou nationales. Cela fait plusieurs années que l'indépendance est prédite. « La clé, ce n'est pas le vote en Amérique, murmure-t-il cette nuit à ses disciples. Mais le nombre de Juifs dans le pays. J'ai vérifié. Nous sommes six cent mille. L'heure de la Rédemption est arrivée. »

Les Britanniques annoncent qu'ils quitteront la Palestine le 15 mai 1948 à zéro heure. Jusqu'à cette date, ils feront régner « la loi et l'ordre ». En réalité, la guerre commence dès le 30 novembre : et le Royaume-Uni a pris ouvertement le parti des Arabes. Comme les Américains, les Britanniques ne veulent voir, désormais, que le pétrole. Ils viennent d'abandonner l'Inde, qui de toute façon n'était plus une colonie rentable. Ils croient pouvoir bâtir, autour de la Ligue arabe, un nouvel Empire d'Orient. Les travaillistes de Clement Attlee, qui ont remplacé les conservateurs de Churchill en 1945, souscrivent à ce projet avec zèle et passion.

La Légion arabe de Transjordanie, commandée, encadrée et equipée par les Britanniques, se prépare à entrer en Palestine le 15 mai à zéro heure une. Des unités « irrégulières » égyptiennes, syriennes et même irakiennes commencent à s'infiltrer, sous l'œil absent des troupes anglaises. Les atrocités se multiplient. Le 16 mars 1948, un convoi quitte l'hôpital juif Hadassah, sur le mont Scopus : dix véhicules chargés de médecins, d'infirmières, de patients, de matériel médical, de caisses de médicaments. À 9 h 45, il est attaqué à la mitrailleuse par des unités « irrégulières » arabes. Cinq véhicules parviennent à s'échapper du traquenard. Cinq sont détruits, puis incendiés. Bilan : soixante-dix-neuf morts, dont vingt femmes. Les troupes britanniques ont assisté à la scène sans intervenir.

La Haganah, l'Irgoun et le Lehi se concertent. Ben Gourion veut imposer un commandement unique dès le 15 mai. L'Irgoun et le Lehi acceptent le principe d'une telle fusion, mais observent qu'il est difficile de la réaliser d'emblée sur le terrain. Un embryon d'état-major général se met toutefois en place. La partie sera difficile, mais non désespérée. Dans un premier temps, les Juifs pourront aligner quarante mille combattants, dont beaucoup ont servi dans les forces alliées pendant la Seconde Guerre mondiale. Soit autant que les pays arabes voisins. Dans un deuxième temps, ils pourront mobiliser jusqu'à cent mille combattants des deux sexes. Et peut-être même plus, si les immigrants affluent. Mais le Yishuv n'a ni armes lourdes, ni munitions, ni personnels expérimentés au niveau des états-majors.

Des émissaires partent dans le monde entier. En France où, par un étrange renversement des choses, l'antisionisme traditionnel a laissé la place depuis 1945 à une forte sympathie pour les sionistes, aussi bien à gauche qu'à droite (un certain ressentiment anti-anglais semble jouer). Chez Staline. En Suisse. En Suède. Aux États-Unis. En Amérique latine.

Un jour pluvieux d'avril. À Londres, ce qui tient du pléonasme. Une foule grise se hâte entre les immeubles victoriens gorgés de suie. Çà et là, une fosse béante, entourée de palissades : l'impact d'une bombe pendant le *blitz*. Gordon Levett a rendez-vous au métro Holborn, dans la City. Il ne sait pas très bien avec qui. Son contact doit porter un œillet rouge à la boutonnière, chose banale, et le *Times* à la main, comme une personne sur deux dans ce quartier. Il doit aussi porter des lunettes noires, détail insolite par le temps qu'il fait. Levett regarde autour de lui. L'homme est là. Impossible de se tromper. Il s'appelle « Mr. Brown ». C'est du moins le nom qu'il donne ce jour-là. Lors d'une seconde rencontre, ce sera « Mr. Green ». Les conversations se déroulent dans un hôtel de seconde catégorie, à Bloomsbury d'abord, à Paddington ensuite.

– Combien ?
– Logé, nourri, blanchi, argent de poche, répond Levett.
– Quel type d'avion savez-vous piloter ?
– N'importe lequel.
– Prouvez-le.

Levett montre son *log-book*, le carnet technique que tout pilote conserve par-devers soi. « Brown » n'a pas l'air d'y comprendre grand-chose.

« 3 357 heures de vol, c'est beaucoup ?
– La bonne moyenne, dit Levett.
– OK. Abordons un autre sujet. Ça vous ferait quoi si on vous coupait les couilles ?
– Pardon ?
– Je tiens à vous prévenir. Vous ne partez pas pour la guerre mondiale mais pour le djihad. Les Arabes ne font pas beaucoup de prisonniers. Et quand ils en font, ils ne sont pas tendres.

Levett allume une cigarette. Il n'avait pas pensé à cela.

– Êtes-vous disposé à prêter serment de fidélité ?
– À qui ?
– Au sionisme et au peuple juif.
– Non, je suis un goy anglais.
– OK, conclut « Brown ».

Lors du second entretien, « Green » sort une bouteille de vodka et deux verres minuscules. Les deux hommes trinquent et avalent cul sec.

– Il vous faut un passeport en règle et un visa pour la France, explique « Green ». Faites vite. Voici vos billets de bateau et de train, quelques livres, quelques francs. À Paris, vous allez directement à cette adresse, avenue de la Grande-Armée. C'est à deux pas de l'Étoile et des Champs-Élysées. Si ça se trouve, vous partirez le jour même. Bonne chance, *shalom*.
– *Shalom*, dit Levett.

– Je tiens à vous prévenir d'un dernier détail, ajoute « Green ». Dans mon rapport, j'ai dit à mes supérieurs que vous êtes probablement un agent de l'Intelligence Service chargé de nous infiltrer.

– Ben voyons, répond Levett.

– *Shalom* tout de même, dit « Green » en prenant congé.

Gordon Levett a vingt-sept ans. Il est né à Londres, dans le quartier ouvrier de Fulham, au lendemain de la Première Guerre mondiale. Quand il atteint l'âge d'homme, la Seconde Guerre mondiale éclate. Entre ces deux dates, la misère, « implacable, écrasante, irrémédiable ». Le père, soutier dans la marine marchande, meurt jeune, de pneumonie. Cinq frères. Quatre meurent en bas âge, le cinquième s'estropie dans un accident de moto. La mère « sourit rarement et ne rit jamais ». Devenue veuve, elle impose à ses enfants une longue suite d'« oncles » qui, du moins, n'oublient jamais de distribuer des friandises et de l'argent de poche. À dix ans, Gordon est envoyé dans un orphelinat, où rien ne semble avoir changé depuis les romans de Charles Dickens. À quatorze ans, un maître lui propose de poursuivre ses études. Sa mère s'y oppose. Le voici garçon de courses, puis garçon d'ascenseur. Dans l'immeuble où il travaille, il y a une agence de publicité aérienne : l'heure est aux banderoles qu'un biplan traîne majestueusement dans le ciel au-dessus des villes et des banlieues. Le patron, Mr. Wright, prend Gordon en amitié et lui offre son baptême de l'air un samedi matin. Survol de Londres et de la Tamise, loopings, descentes en piqué. Le petit prolétaire est entré, enivré, dans l'univers des demi-dieux. Il se jure d'en devenir un lui-même.

En janvier 1939, à dix-huit ans, il s'engage dans la Royal Air Force. Comme apprenti mécanicien. La guerre éclate. En 1940, les pilotes issus de l'*upper class* sauvent l'Angleterre et se font décimer. On donne leur chance aux Polonais, aux Français libres, à quelques Juifs. Et à des garçons comme Levett, sortis de la boue. On en fait des instructeurs, d'abord. Puis, finalement, des pilotes. Affecté au combat en 1944, Levett n'affronte pas les Allemands, au-dessus de l'Europe, mais les Japonais, en Extrême-Orient. Il atteint le rang de *Squadron Leader* : commandant. On doit désormais l'appeler *Sir*. Il fait partie de la bonne société. Mais celle-ci se venge. La guerre est à peine achevée qu'il comparaît en cour martiale pour une permission un peu longuette. Il est dégradé et démobilisé sans solde. « Il y avait une ironie grinçante à redescendre l'échelle sociale », écrira-t-il plus tard dans ses Mémoires, *Le Ciel t'aidera*. « Il fallait dire à nouveau les WC, comme un prolétaire, et non plus les toilettes, comme quelqu'un de bien, le " *phone* " et non plus le téléphone, " pardon " au lieu de " comment ". » Les compagnies aériennes civiles refusent de l'engager. En 1947, il trouve un travail d'assistant auprès d'un certain Lionel Silver, qui dirige pêle-mêle une teinturerie, une fabrique de bois aggloméré, un magasin de photographie et une équipe de football. Silver est juif. Et sioniste. Il parle à Levett de la Palestine. Un jour, celui-ci lui répond que si les sionistes ont besoin d'un goy qui sache piloter... Ce qui sera répété à « Brown », alias « Green ».

La première motivation de Levett, quand il s'engage dans l'armée de l'air virtuelle d'un pays qui n'existe pas encore, c'est de voler à nouveau. Un besoin physique, un état de manque, qui le poursuit depuis près de trois ans. La seconde, c'est de se venger de l'ennemi de classe. Le gouvernement – même travailliste – et l'establishment étaient amoureux des Arabes. Les officiers aussi. Quatre cents volontaires britanniques, dont un bon nombre d'anciens de la RAF, avaient rejoint les armées égyptienne, transjordanienne, syrienne. Six volontaires non juifs seulement avaient préféré Israël. Tous marginaux, comme Levett.

À la différence de Londres, Paris n'avait pas été bombardé pendant la Seconde Guerre mondiale. Mais la ville, en ce printemps 1948, était « bien triste » aux yeux du jeune pilote anglais : « Les taxis étaient déglingués, les voitures roulaient encore au gazogène. L'hôtel réclamait un supplément exorbitant pour un bain, les boucheries vendaient de la viande de cheval... Les gens étaient froids, distants, envieux. Je passai mon temps sur la Tour Eiffel à boire du café, à déchiffrer laborieusement dans les journaux français les nouvelles venant de Palestine. J'allais voir le Louvre, les impressionnistes, je lisais les écrits pornographiques d'Anaïs Nin et d'Henry Miller. »

Le 15 mai, Levett apprend par le journal qu'Israël vient à la fois de proclamer son indépendance et d'être envahi. L'indépendance ? Une cérémonie d'une heure, le vendredi 14 en fin d'après-midi, au musée de Tel-Aviv. Les représentants des institutions juives de Palestine étaient là. Les grands rabbins aussi, l'un en chapeau haut de forme, l'autre en turban turc. Ben Gourion a lu une courte déclaration :

> *« Le pays d'Israël est le lieu de naissance du peuple juif. C'est là que son identité spirituelle, religieuse et nationale a été formée. C'est là qu'il a été indépendant et qu'il a créé une culture de grande importance nationale et internationale. C'est là qu'il a écrit et donné la Bible au monde... Nous proclamons l'établissement d'un État juif en Palestine, dont le nom sera ISRAËL... L'État d'Israël sera ouvert à l'immigration des Juifs de tous les pays de la Diaspora. Il développera le pays dans l'intérêt de tous ses habitants. Il sera basé sur les principes de liberté, de justice et de paix enseignés par les prophètes hébreux. Il établira une égalité complète entre tous ses habitants, sans distinction de race, de religion ou de sexe. Il garantira une entière liberté de conscience, de culte, d'éducation et de culture... »*

L'invasion ? Simple officialisation de la pénétration du pays par les forces arabes, depuis plus de six mois. Le soir même, Tel-Aviv a été bombardé par les Égyptiens. Les Transjordaniens contournent déjà Jérusalem. Il n'y a pas un seul point, dans l'État nouveau-né, qui ne soit à moins de cinq kilomètres d'une force ennemie.

Deux jours plus tard, Levett reçoit son ordre de mission : non pas le Moyen-Orient mais l'Europe centrale. La Tchécoslovaquie, qui avait été avant 1918 le poumon économique de l'Empire des Habsbourg, puis, entre les deux guerres, un État indépendant prospère, avait été démembrée et asservie dans les conditions que l'on sait en 1938, lors de la conférence de Munich. Mais les nazis, dans le cadre de leur effort de guerre, y avaient préservé et même considérablement développé de nombreuses industries, y compris l'aéronautique. En 1948, les communistes ont pris le pouvoir à Prague. Et Staline leur a donné l'ordre de mettre leurs arsenaux au service de l'État juif.

Levett est affecté à la base secrète de Zatec, dans les Sudètes. Il doit participer à un pont aérien vers le Moyen-Orient, via l'Italie ou la Yougoslavie. Détails peu croyables, à un moment où la guerre froide est déjà commencée : la base est entièrement gérée par des sionistes américains; en Italie, ce sont d'autres Juifs américains qui assurent l'escale; quant à la Yougoslavie, qui a voté contre l'État juif à l'Onu le 29 novembre 1947, elle est en train de rompre avec l'URSS tout en restant communiste. Néanmoins, l'opération se déroule sans accrocs. Pendant dix mois, Levett effectue la navette. Jour après jour, Israël reçoit ainsi des fusils-mitrailleurs, des munitions, des pièces détachées et enfin des avions, notamment des Messerschmidt 109 de l'ex-Luftwaffe. Cela permet de survivre, puis de gagner des batailles.

Au fil de ses voyages, l'Anglais apprend à connaître ces Juifs pour lesquels il se bat. Il se reconnaît vite en eux. Leur revanche collective sur le destin recoupe sa revanche individuelle. Il aime leur simplicité, leur anarchisme latent, leur humour. En décembre 1948, il demande à servir dans l'unique unité israélienne de chasse aérienne, l'escadron 101. Il effectue une vingtaine de missions. Rentré en Grande-Bretagne en 1949, il accepte néanmoins la citoyenneté israélienne, et effectue régulièrement des missions semi-secrètes pour son pays d'adoption. En 1989, il écrit ses Mémoires. C'est un des plus beaux livres de guerre jamais écrits : à mi-chemin de George Orwell et d'Antoine de Saint-Exupéry.

Thadée Diffre n'est pas juif, lui non plus. En novembre 1947, ce jeune Français, catholique pratiquant, s'engage dans la Haganah au camp secret de Sathonay, près de Lyon. Il a fait partie, pendant la Seconde Guerre mondiale, de la colonne Leclerc, avec le rang de capitaine. Ce qui l'a amené à séjourner pendant quelque temps à Tel-Aviv, base arrière britannique. Une expérience décisive. Son cœur et ses yeux de croyant lui font comprendre immédiatement ce qui est en jeu.

Quand il débarque à Haïfa, en avril 1948, la situation militaire d'Israël lui paraît « pratiquement désespérée ». Nommé *rav-seren*, commandant, il prend – sous le nom de Teddy Eytan – la tête du bataillon 75, composé presque uniquement de francophones : Français, Belges, Juifs d'Afrique du Nord. Cette unité joue un rôle décisif dans la conquête du Néguev. Revenu en France, il est tenté par la politique, mais meurt prématurément dans un accident d'automobile, en 1971. Il aura eu le temps de publier lui aussi un livre de souvenirs. Des extraits figurent dans *Témoignages de volontaires français et francophones*, un ouvrage collectif paru en 2007 sous la direction de Maurice Fajerman. Une réédition intégrale serait souhaitable, en raison de la personnalité de Diffre, mais aussi d'un ton factuel, précis, et d'une complète objectivité devant les événements. Sans acception de personne, l'officier français dit ce qu'il voit, ce qu'il entend, relate la brève guerre civile entre la Haganah et l'Irgoun, trace des portraits parfois cruels, mais toujours justes, de ses interlocuteurs.

Voici par exemple son arrivée en Israël, le 29 avril 1948 : « Les Arabes occupent presque toute la Palestine... Tous les kibboutz sont encerclés... L'ennemi a des automitrailleuses, des canons, des avions... Nous sommes une poignée, mal organisés, mal entraînés, mal équipés. Nous nous appuyons sur une population de quelque sept cent mille individus. Nous tenons une bande côtière d'environ cent dix kilomètres sur dix... Nous résistons dans un tiers de Jérusalem... En face, occupant les neuf dixièmes de la Palestine, les armées de la Ligue arabe, ravitaillées, entraînées par les Anglais, soutenues par trente-huit millions d'habitants... »

Août 1948 : « Me voici officiellement commandant de l'armée israélienne. Il y a cinq mois et demi, j'étais simple soldat. À cette allure, dans un an, je serai maréchal. »

Août 1948 : « Hier, Jaffa a été définitivement conquise. C'est une bien curieuse histoire. L'Irgoun... qui refuse toujours de reconnaître l'autorité de Ben Gourion... a déclenché seul l'offensive, rue par rue, contre la ville arabe... Devant leur succès inespéré, la Haganah s'est décidée à lâcher le Palmakh à leur aide... Mais l'Irgoun a eu le temps de se jeter sur les quartiers commerçants, qui regorgeaient de stocks et de matériel. Le bruit court qu'il y en a pour des dizaines de millions de livres. Au moment des élections, le mouvement de droite disposera de fonds inépuisables, ou presque... »

Quelques pages plus loin : « L'*Altalena*, un cargo chargé d'armes et de munitions, appartenant à l'Irgoun, encadré par trois cents membres de ce mouvement, a réussi à atteindre Nethanyah. On a commencé à décharger le matériel. Il y en a pour 600 000 livres. Le gouvernement décide de confisquer le tout. Rencontre entre David Ben Gourion et Menahem Begin. Celui-ci propose une répartition 60-40 au profit du gouvernement. Refus de Ben Gourion... Blocus de la plage de Nethanyah par la Haganah... On va tirer. J'essaie de m'interposer. Mon ami Dov m'interpelle au moment où je vais voir Yitzhak Sadeh : " Teddy, fais-moi plaisir, ne pars pas pour Nethanyah. Ce ne sera pas beau à voir, des Juifs tirant sur des Juifs. Tu es étranger, tu es venu pour nous aider, tu n'appartiens à aucun parti. C'est de la politique intérieure, ne t'en mêle pas ! " »

La bataille de Jérusalem : « C'est l'une des situations les plus invraisemblables de ce conflit arbitré par l'Onu que de penser que celle-ci, soutenue par le Vatican, n'a pas encore pu obtenir d'une poignée d'Arabes et d'une pincée de Juifs qu'ils cessent de se bagarrer dans une ville sainte pour trois religions. Que Jérusalem, qui contient le tombeau de Jésus et les fondements de la religion chrétienne, la mosquée d'Omar, but de pèlerinage des musulmans et l'un de ses trois sanctuaires sacrés, le Mur des Lamentations, objet des prières juives depuis deux mille ans, n'ait pas été déclarée ville ouverte et que chacun de ces symboles soit à la merci d'un obus mal dirigé, me paraît être la plus éclatante démonstration de la veulerie moderne... Et en tant que catholique, je ne me sens pas fier du tout de l'attitude de mes coreligionnaires... »

Begin : « C'est un ancien lieutenant de l'armée Anders, les Polonais que Staline a autorisés à rejoindre les Britanniques en 1942. Affreux petit bonhomme, myope comme une taupe, aux colères hystériques, déplaisant au possible, mais remarquable organisateur, excellent officier, fin politique, et doué d'un sens du camouflage qui lui a toujours permis d'échapper à ses poursuivants. »

Arthur Koestler : « Bien que vieux sioniste – il était, je crois, ami personnel de Jabotinsky –, l'auteur du *Zéro et l'Infini* est cordialement détesté et renié par beaucoup de ses compatriotes ! Il est le correspondant d'un certain nombre de journaux américains, et les autochtones lui reprochent de voir et de juger leur pays avec les yeux de sa clientèle – c'est évidemment plus rentable. Ayant découvert et commercialisé l'antimarxisme, il verrait tout Israël à travers sa haine des Russes, et ferait une montagne de détails secondaires, comme par exemple le fait, réel, que les chansons folkloriques locales soient dérivées des mélodies russes... Je ne sais pas, n'ayant pas lu ses articles, si c'est exact... »

Au total, quelque trois mille cinq cents étrangers, venus de quarante-trois pays, Juifs ou non-Juifs, rejoignent l'armée israélienne pendant la guerre d'indépendance. Beaucoup ont déjà une expérience directe des combats : Brigades internationales d'Espagne, armées alliées, maquis. Le plus souvent, ils se contentent, comme Levett et Diffre, d'une solde symbolique. Certains, en particulier des Américains, sont payés 600 dollars par mois : un salaire élevé pour l'époque, ce qui ne va pas sans susciter un certain ressentiment. Mais Levett note que ce sont pour la plupart des hommes installés dans la vie, qui doivent bien assurer, pendant la durée de la guerre, l'existence de leur femme et de leurs enfants. Israël a également été contraint de recruter, sur certains postes, d'authentiques mercenaires, pour des « traitements de stars de cinéma » : 2 000 ou 3 000 dollars par mois. « Je ne les aime pas, écrit Levett. On sent trop qu'ils auraient très bien pu se trouver dans l'autre camp, pour quelques dollars de plus. »

Il est un poste, au sein de la nouvelle armée, pour lequel Israël est prêt à payer un étranger 5 000 dollars au moins : celui de chef d'état-major. La Haganah ne dispose d'aucun officier de ce niveau, l'Irgoun encore moins. Pourtant, il en faut un, voire deux, trois, ou quatre. Un homme qui aurait une vision globale, stratégique, des combats en cours, qui saurait gérer à la fois les opérations, les matériels, les ressources humaines. Plusieurs centaines de Juifs, éparpillés dans les diverses armées européennes ont le profil requis. Mais rares sont ceux qui seraient tentés par une aventure israélienne. Il y en a sans doute en URSS : Staline ne les laissera pas partir. Reste l'Amérique. En 1947, David Ben Gourion demande à David Daniel Marcus, dit Mickey Marcus, un colonel juif de l'armée de Terre américaine, de recruter un « conseiller militaire spécial ». L'intéressé y travaille pendant plusieurs mois. En vain. Il décide alors de se porter lui-même volontaire, sans solde. Le Pentagone lui ayant accordé un congé exceptionnel, il arrive en Palestine en janvier 1948, avec un faux passeport établi au nom de Michael Stone.

Marcus a quarante-six ans. Mais il a déjà vécu plusieurs vies. Fils d'immigrants est-européens, né à Brooklyn, il est admis en 1920 à l'académie militaire de West Point : à cette époque, c'est pour les garçons américains d'origine modeste un moyen de faire des études supérieures. Libéré de l'armée en 1924, il devient avocat, puis procureur fédéral : il fait partie de l'équipe d'« incorruptibles » qui, dans les années 1930, met en accusation de nombreux parrains mafieux, notamment le célèbre Lucky Luciano. Quand les États-Unis entrent en guerre, en décembre 1941, il est affecté, en tant qu'officier de réserve, à d'importantes fonctions d'état-major : adjoint du gouverneur militaire de Hawaii, directeur de l'École des Rangers, spécialisée dans les opérations non conventionnelles, membre de l'état-major opérationnel en Normandie, membre de la Haute Administration alliée à Berlin, et enfin directeur de l'aide alimentaire d'urgence pour l'Allemagne occupée. À travers cette dernière affectation, il découvre les camps de concentration nazis, l'Holocauste : quand le haut commandement américain cherche un officier juriste pour diriger les recherches sur les crimes de guerre, il se porte candidat – et est accepté. L'une de ses missions sera de préparer les dossiers d'accusation pour le procès de Nuremberg.

En Israël, Mickey Marcus met immédiatement sur pied une structure nationale d'analyse et de commandement stratégique. Les deux points faibles du pays sont, selon lui : Jérusalem et le Néguev. En mai, lors de l'invasion arabe, il prend le commandement de la région de Jérusalem : Ben Gourion lui accorde le grade de général, dont il est le premier titulaire. La Ville sainte est presque encerclée. Reste un corridor au sud-ouest, dans une zone de collines rocailleuses. En bon Américain, Marcus décide d'y percer une route, vite surnommée « route de Birmanie », en hommage à Orde Wingate, tombé sur ce front en 1944. Les travaux se déroulent sans relâche : la veuve de Wingate – une très jeune femme de vingt-cinq ans ! – emprunte un biplan pour larguer aux terrassiers, en guise d'encouragement, la Bible hébraïque que celui-ci lisait tous les jours. Le 9 juin, lors du premier cessez-le-feu, la voie est ouverte au trafic. C'est par là que transitent les renforts et les matériels qui vont assurer, quelques semaines plus tard, une victoire israélienne et le désenclavement de Jérusalem-Ouest.

Marcus meurt au même moment, de façon accidentelle, pour ne pas dire absurde. Insomniaque, il se promène le long des lignes israéliennes dans la nuit du 8 au 9 juin, quelques heures avant l'entrée en vigueur du cessez-le-feu. Il ne porte pas d'uniforme, mais un drap noué autour de la poitrine. Une sentinelle, croyant avoir peut-être affaire à un Arabe, demande le mot de passe. Mais Marcus, qui ne parle pas l'hébreu, continue à avancer. La sentinelle tire. Le général s'écroule, victime des consignes de sécurité qu'il a lui-même édictées.

Son corps est rapatrié aux États-Unis. Sur le cercueil, les drapeaux de ses deux patries. Il est inhumé au cimetière militaire national d'Arlington, en face de la Maison Blanche, bien qu'il soit tombé sous un uniforme étranger. La pierre tombale porte sept mots : « Colonel David Marcus. Soldat de l'humanité. »

Pendant l'été 1948, le pont aérien avec la Tchécoslovaquie s'intensifie. Et les immigrants arrivent par dizaines, puis centaines de milliers. Trois cent mille rescapés de l'Holocauste, parqués dans des camps de transit en Allemagne, avaient sollicité un visa pour la Palestine avant l'indépendance. Après le 15 mai, un million de personnes débarquent. Impossible de les loger, de les nourrir. Les plus jeunes vont directement au front. Certaines batailles tournent à l'hécatombe. Les Transjordaniens s'emparent de la Vieille Ville de Jérusalem, de plusieurs kibboutzim au sud de la capitale. Mais ailleurs, les Juifs l'emportent. Ils ont conquis la plaine côtière jusqu'aux approches de Gaza, et le Néguev, où ils ont repoussé les Égyptiens. La Galilée. Début 1949, l'État juif signe des armistices avec ses voisins. Il contrôle 68 % de la Palestine mandataire.

CHAPITRE 20

La paix

Israël compte aujourd'hui sept millions d'habitants, dont près de six millions d'habitants juifs : en gros, dix fois sa population initiale globale de 1948. Aucun autre pays n'a connu un tel accroissement pendant le même laps de temps, même dans le tiers-monde. Si la France avait connu la même progression, elle ne compterait pas soixante-deux millions d'habitants en 2000, mais quatre cents millions d'habitants. Les États-Unis, au même rythme, ne seraient pas passés de cent cinquante à deux cent soixante millions d'habitants, mais à un milliard et demi, et la Chine compterait aujourd'hui six milliards d'habitants, et non pas 1,3 milliard.

La croissance démographique israélienne a tenu avant tout à l'immigration : au total, près de cinq millions de personnes nées à l'étranger sont venues vivre dans le nouvel État depuis 1948. Trois « vagues massives », situées respectivement au début et à la fin de la période considérée, ont été déterminantes : l'arrivée d'un million de rescapés de l'Holocauste au cours des trois premières années de l'indépendance ; l'arrivée de près de huit cent mille juifs originaires du monde islamique dans les années 1950 et au début des années 1960 ; et enfin l'entrée d'un million de Juifs originaires d'URSS à la fin des années 1980 et au début des années 1990. Mais les arrivées intermédiaires n'ont pas été négligeables : elles ont représenté en moyenne un apport humain annuel de trente mille âmes.

La croissance démographique israélienne a également reposé, jusqu'à présent, sur une natalité relativement forte, qui n'a baissé que de 25 % environ au cours du demi-siècle, de près de quatre enfants par femme en 1951 à près de trois en 1995. Ces données sont sans doute plus complexes qu'il n'y paraît de prime abord : la société israélienne n'est pas homogène en matière de mœurs, de structures familiales et de stratégie reproductive, et la stabilité globale de la natalité recouvre en fait une transition permanente d'une sous-société à une autre. Le milieu laïque est-européen, dominant au début des années 1950, a été relayé par un milieu traditionaliste oriental et nord-africain au moment précis où sa natalité commençait à décroître ; et celui-ci, à son tour, a été relayé depuis les années 1970, quand il s'est lui-même aligné sur un modèle malthusien, par le milieu ultraorthodoxe, où l'on compte en moyenne plus de sept enfants par femme. Par ailleurs, si la natalité de la minorité arabe israélienne a baissé de plus de moitié en cinquante ans, elle a toujours été plus élevée que celle de la majorité juive, exception faite du secteur orthodoxe.

Enfin la croissance de la population tient aussi au taux de longévité : Israël jouit à l'extrême fin du XXe siècle d'une espérance de vie moyenne de quatre-vingts ans, la plus élevée du monde après le Japon.

Une croissance démographique aussi forte et aussi constante présente de nombreux avantages. En termes géopolitiques, l'existence nationale et l'indépendance sont fonction de certains seuils en matière de peuplement et d'occupation du sol, même si tous les États souverains passent, depuis les traités de Westphalie, pour être égaux entre eux quelle que soit leur superficie ou leur importance numérique. Il est clair, par exemple, que c'est le très faible taux de population de l'ancien Sahara espagnol qui a permis au Maroc de revendiquer puis d'annexer ce territoire en 1975, que la poussée démographique albanaise sous-tend aujourd'hui l'idée d'un Kosovo indépendant et que la montée démographique arabe palestinienne valide depuis les accords de Camp David, en 1978, la création d'une entité autonome ou souveraine en Cisjordanie et à Gaza. Un Israël qui n'aurait connu pendant un demi-siècle qu'une croissance modérée, analogue à celle des pays européens par exemple, et qui aurait donc plafonné en 2000 à un et demi ou même deux millions d'habitants, aurait beaucoup de mal – toutes considérations militaires mises à part – à maintenir ses prétentions sur le périmètre initial défini par les armistices de Rhodes, en 1949, sans parler des territoires conquis en 1967 : le retour au partage de 1947, impliquant la perte de quelque 7 000 kilomètres carrés et la renonciation à toute continuité territoriale, apparaîtrait, face à la masse palestinienne, comme une solution à la fois juste et raisonnable. À partir de quatre ou cinq millions d'Israéliens, la perception a été différente.

En termes économiques, la croissance démographique peut constituer à la fois une bénédiction et une malédiction. Une bénédiction dans la mesure où elle implique une croissance parallèle et quasi automatique du marché, des capacités de travailler et de consommer. Une malédiction, dans la mesure où elle induit un déséquilibre entre une population active de plus en plus étroite et une population inactive de plus en plus étendue : soit que les jeunes de moins de vingt-cinq ans ou même de moins de quinze ans soient beaucoup plus nombreux que les adultes, comme c'est le cas dans les pays du tiers-monde; soit que les retraités et autres personnes âgées soient de plus en plus nombreux par rapport aux adultes actifs, comme c'est le cas au Japon et dans les pays occidentaux. La croissance démographique israélienne, quant à elle, a été jusqu'à présent un facteur de bénédiction économique : dans la mesure où elle a été largement due à une immigration d'hommes et de femmes adultes mais actifs, donc susceptibles de rejoindre presque sans délai le marché du travail.

Le PNB israélien a dépassé le seuil des 100 milliards de dollars en 1999, contre 1 milliard lors de l'indépendance, en valeur constante. En 2008, il devrait dépasser les 150 milliards en valeur de change, et les 180 milliards en parité de pouvoir d'achat. Mis à part les États pétroliers, deux autres pays seulement ont connu, sur la même période, un développement économique d'une telle ampleur : Singapour passé d'un PNB de 3 à 4 milliards de dollars en 1965, lors de l'indépendance, à 130 milliards dans les années 2000 ; et le Japon, à une échelle beaucoup plus importante et à partir d'un seuil initial beaucoup plus élevé, passé de 32 milliards constants en 1950 à 5 000 milliards dans les années 2000. Au même rythme, les États-Unis disposeraient aujourd'hui d'un PNB de près de 60 000 milliards de dollars, contre 14 000 milliards, l'Allemagne atteindrait 5 500 milliards de dollars, contre 3 000 milliards et la France atteindrait 3 500 milliards de dollars, contre 2 200 milliards.

Le développement israélien n'a reposé ni sur une rente provenant de l'exploitation de ressources naturelles (hydrocarbures ou minéraux), comme cela a été cas dans les pays arabes, en Afrique centrale ou australe, en Norvège, au Mexique ou au Venezuela, ni sur des exportations industrielles massives mais relativement bas de gamme, comme cela a été pour le Japon jusqu'à la fin des années 1970 et comme c'est encore vrai pour Taïwan, la Corée du Sud ou la Chine. Rarement essor économique aura été plus étroitement ou intimement lié au capital humain.

Dans sa première phase, jusqu'au milieu des années 1970, le developpement israélien a été porté par un marché intérieur particulièrement actif et par les dérivés de ce marché. L'État juif devait intégrer, habiller, loger, nourrir, équiper, une population de plus en plus nombreuse, mais aussi assumer toutes les conséquences de l'état de belligérance avec les pays voisins : du blocus, interdisant les relations commerciales de proximité, à la guerre proprement dite et à la nécessité de disposer de la plus grande autonomie possible en matière de production, de réparation et de mise à jour des matériels militaires les plus variés ; ces activités, à leur tour, généraient des produits et des savoir-faire susceptibles d'exportation, de l'agriculture au BTP, de la gestion de l'eau au textile, de l'armement léger (le fusil-mitrailleur Ouzi) à l'armement lourd (avionique, blindés). Un complément de ressources non négligeable était assuré par des activités traditionnelles à haute valeur ajoutée héritées de la Diaspora juive, notamment la taille du diamant, par une aide financière assurée par cette même Diaspora ou par certains pays occidentaux tels que les États-Unis, et enfin par le versement de capitaux allemands, tant à l'État qu'aux particuliers, à titre de réparations pour les persécutions subies sous le IIIe Reich. Mais ce qui a sans doute été plus important encore, c'est le potentiel en matière grise dont Israël a su se doter dès cette époque, pour partie à travers l'immigration – notamment allemande – et pour le reste à travers les investissements locaux dans l'éducation et la recherche, notamment au Tekhnion d'Haïfa et à l'Institut Weizmann de Rehovoth.

Dans sa deuxième phase, à partir de 1975, plus décisive puisqu'elle assuré la formation de 75 % du PNB actuel, le développement israélien s'est rapproché des modèles suisse ou néerlandais, avec des produits à très haute valeur ajoutée destinés au marché mondial : de la haute technologie aux biotechnologies et des services aux technologies de la communication. Les acquis du système antérieur, en particulier les technologies et les savoir-faire liés à l'industrie de défense, ont facilité cette évolution : « Israël forge des charrues high-tech à partir de ses épées », notait Richard Rapaport en 1998. Quant au facteur scientifique, il a atteint une dimension exceptionnelle : 70 % des Israéliens achèvent leurs études secondaires, 35 % mènent des études postsecondaires, et 20 % atteignent le niveau du second cycle de l'enseignement supérieur, du fait, notamment, de l'immigration d'un très grand nombre d'universitaires d'origine soviétique. Israël compte aujourd'hui plus de deux cents instituts universitaires, consacre 3,2 % de son PNB à la recherche, présente le plus fort ratio de chercheurs en sciences dures par habitant au monde (130 pour 10 000 habitants, contre 80 aux États-Unis, 75 au Japon et 45 en France), se situe dans les premiers rangs mondiaux en matière de dépôts de brevets ou de publications dans des revues scientifiques par rapport à la population. Il a obtenu plusieurs prix Nobel en sciences « dures ». La Silicon Valley israélienne, l'ensemble des centres de recherches et des entreprises axés sur l'informatique et les logiciels, est considérée comme la seconde au monde, après la Silicon Valley originale de Californie : des liens étroits existent d'ailleurs entre les deux zones pilotes de haute technologie, puisque toutes les grandes sociétés américaines de ce type sont implantées en Israël (notamment IBM, Intel, Digital). De nombreuses sociétés israéliennes sont aujourd'hui cotées aux États-Unis et liées à des sociétés américaines par des participations croisées. Mais ce lien n'est pas exclusif. Depuis les années 2000, Israël entretient des liens analogues avec de nombreux pôles d'excellence européens ou asiatiques.

Le succès humain d'Israël a été plus net encore et moins prévisible que les succès matériels. Le nouvel État a fait revivre l'hébreu après une éclipse de dix-huit siècles. Il a assuré la renaissance de tous les judaïsmes, du judaïsme orthodoxe, qui semblait mortellement frappé par l'Holocauste et qui est redevenu un fait de société incontournable, au judaïsme éthiopien, vestige des temps prétalmudiques, en passant par toutes les nuances des judaïsmes « humanistes » ou « progressistes ». Il a respecté ses minorités non juives. Et surtout, il s'est doté, en dépit des guerres continuelles, d'un régime démocratique et pluraliste, à direction civile et élue : le seul de ce type, rigoureusement le seul, dans l'espace qui s'étend entre l'Union européenne et l'Inde.

Mais sur un point essentiel, Israël n'a pas gagné. Il n'a pas obtenu la paix. La vraie paix. Totale et sans arrière-pensée. Analogue à celle qui règne depuis 1945 en Europe. Il a certes gagné la plupart des batailles, et le plus souvent de façon éclatante. Mais en 2008 comme en 1948, il est entouré d'ennemis qui travaillent activement à sa destruction. Les concessions et les retraits auxquels il a consenti depuis 1974 – l'abandon du Sinaï, les accords d'Oslo, les rectifications de frontières avec la Jordanie, le retrait du Liban du Sud, celui de la bande de Gaza – et ceux auxquels il se déclare prêt – sur le Golan, voire à Jérusalem – n'ont pas modifié cette situation. Au contraire. Ils ont été interprétés comme des signes de faiblesse et donc un encouragement à la destruction.

Le cœur de la problématique géopolitique d'Israël, c'est le refus dont il fait l'objet de la part d'une grande partie du monde arabe et d'une partie un peu moins importante du monde islamique. Ce refus tient à des causes diverses, complexes, entremêlées : religion, nationalisme, structures du pouvoir, pesanteurs culturelles. Le fait est qu'il préexistait aux guerres israélo-arabes et aux drames qui en ont résulté, notamment celui des réfugiés palestiniens. Le fait est qu'il conditionne toujours le discours public et la réflexion à long terme, même dans des pays ou des milieux qui ont conclu des accords de paix formels avec l'État juif. Plus de trente ans après le voyage d'Anouar el-Sadate à Jérusalem, l'Égypte continue en particulier à se comporter comme si Israël était un ennemi, à calibrer son effort de défense en fonction d'une confrontation avec Tsahal, à décourager les contacts personnels entre Égyptiens et Israéliens et à tolérer des propos anti-israéliens ou antisémites virulents dans ses médias écrits ou électroniques. Dans le *Middle East Times/Egypt*, un journal égyptien en langue anglaise destiné en principe à un lectorat étranger et où un ton relativement modéré est de rigueur, on peut lire des éditoriaux sans équivoque. Une citation parmi d'autres : « Il n'y aura pas de paix au Moyen-Orient tant qu'Israël ne sera pas complètement démoli, tant que les juifs, les sionistes et les Israéliens seront une fois de plus dispersés à travers le monde. »

L'anti-israélisme arabe revêt parfois des formes extraordinairement sophistiquées : il existe par exemple une véritable *cottage industry* de textes, propos ou campagnes tournants partant de l'idée d'une paix complète avec Israël et aboutissant, par divers artifices, à un démantèlement de l'État juif sous sa forme actuelle. Dès janvier 1997, la revue londonienne *International Affairs*, organe du Royal Institute of International Affairs, publiait une longue étude due à deux universitaires arabes, le Palestino-Jordanien Djenab Toutoundji, professeur à la George Washington University et ancien directeur du *Jordan Times*, et le Syrien Kamal Khaldi, directeur exécutif de l'Association syrienne des écrivains et journalistes. On y trouvait l'idée suivante : « Les Palestiniens doivent demander l'union avec Israël, devenir citoyens israéliens et obtenir à la Knesseth un nombre de sièges proportionnel à leur importance numérique réelle. » En lisant attentivement l'article en question, on comprend de quoi il s'agit. Si les États arabes ne peuvent pas détruire Israël par la guerre, il leur reste la possibilité de le détruire de l'intérieur, en le transformant en État binational judéo-arabe. Ce projet s'est retrouvé par la suite, avec diverses nuances, dans beaucoup d'autres textes signés par des intellectuels arabes ou palestiniens modérés. Il sous-tend, sous une forme plus explicite et donc plus agressive, les campagnes pour la « déjudaïsation » d'Israël, le « droit au retour des réfugiés palestiniens » ou encore – pour reprendre la formule odieuse de l'ancien président américain Jimmy Carter – « le démantèlement de l'apartheid israélien ».

La question des réfugiés arabes palestiniens mérite sans doute un examen approfondi.

Les réfugiés et les autres victimes civiles des guerres et des révolutions auront été, selon le mot de l'écrivain allemand Heinrich Böll, Prix Nobel de littérature, « l'image même du XXe siècle ». Pas une décennie qui n'ait été souillée par ces tragédies, pas une région du monde qui n'ait été touchée, ni de groupe socioculturel qui n'ait été meurtri. En 1925, un Turc sur quatre était ou avait été un réfugié, un Arménien sur deux, un Grec sur trois. En 1950, un Allemand sur trois était ou avait été un réfugié, et un Polonais sur quatre. En 1970, un Palestinien sur deux, et huit Israéliens sur dix. En 1980, deux Cambodgiens sur trois.

En 1990, deux Afghans sur trois, un Tibétain sur trois. En l'an 2000, trois Rwandais sur quatre et neuf Kosovars sur dix. Pour faire face, l'Onu a créé en 1945 l'Agence de secours et de soutien (UNRRA) destinée aux réfugiés européens, puis, en 1949, l'Agence d'aide aux réfugiés palestiniens du Moyen-Orient (UNRWA). En 1951, elle a mis en place un Haut-Commissariat aux réfugiés (HCR) qui gère l'ensemble des problèmes de personnes déplacées dans le monde ; l'UNRWA a été maintenu pour le problème spécifique des Palestiniens. D'autres organismes, à caractère non gouvernemental, ont été également mis sur pied, par des Églises ou à travers des initiatives privées, de Caritas international à Médecins sans Frontières. Mais on estime qu'un tiers seulement des quelque cent millions de réfugiés dénombrés au XXe siècle ont bénéficié d'une forme quelconque d'assistance.

La guerre de 1948 a provoqué l'exode, en Palestine, de quelque six cent mille Arabes – soit la moitié de la population arabe totale du pays – et de quinze mille Juifs, soit moins de 3 % de la population juive totale du pays. Parallèlement, la quasi-totalité des neuf cent mille Juifs vivant dans les pays arabes a été expulsée. Ce second processus a commencé avant même la création d'Israël : avec les pogroms qui, le 5 novembre 1945, font plusieurs centaines de morts à Tripoli, et provoquent l'exode des deux tiers des quarante mille Juifs libyens. Il s'accélère à partir de 1948, touche successivement la Syrie, l'Irak, le Yémen, l'Égypte, le Liban, le Maroc et la Tunisie, l'Algérie. On peut lui rattacher la liquidation de la plus grande partie de la communauté juive d'Iran, survenue après la chute du chah en 1979, celle de la communauté d'Afghanistan, et même l'exode des Beta Israel ou Falashas, ces Juifs noirs d'Éthiopie ou du Soudan, chassés principalement par la montée de l'islam intégriste.

Les trois quarts des réfugiés arabes palestiniens ont trouvé refuge en Palestine même ou dans les pays arabes voisins ; les neuf dixièmes dans un pays arabe. Les deux tiers des Juifs expulsés des pays d'islam ont trouvé refuge en Israël. De facto, un échange de populations a donc eu lieu, analogue à ceux qui se sont produits au début des années 1920 entre la Turquie et la Grèce, ou en 1947 entre l'Inde et le Pakistan. Cet échange a même revêtu un caractère quasi officiel en ce qui concerne les Juifs du Yémen et ceux d'Irak, expulsés vers Israël par leurs gouvernements en 1949 et en 1951, moyennant l'abandon de leurs biens et le versement de compensations financières, pour ne pas dire de rançons.

Comment s'est déroulé l'exode arabe de 1948 ? A-t-il constitué, comme on l'a dit, le « péché originel d'Israël », une faute effaçant, par son énormité, les autres aspects du problème israélo-arabe ? On applique le terme générique de « personnes déplacées » à l'ensemble des réfugiés. Mais ceux-ci relèvent en fait de trois cas de figure différents, auxquels s'appliquent des normes morales ou juridiques différentes :

A. Les *réfugiés* proprement dits quittent leur foyer ou leur pays de leur propre mouvement et à la suite d'une décision libre et personnelle, afin d'échapper à un danger, qu'il s'agisse de la guerre ou de la violence en général, de persécutions, de la famine, de maladie, ou d'autres catastrophes sociales ou naturelles. C'est le cas, par exemple, des républicains espagnols qui, au printemps 1939, devant la victoire franquiste, décident par milliers de demander asile à la France.

B. Les *repliés* quittent leur foyer à la requête de leur gouvernement ou de toute autre autorité envers laquelle ils éprouvent des sentiments de confiance. C'est le cas des Français habitant les régions proches de l'Allemagne, en particulier l'Alsace et la Lorraine, auxquelles les autorités militaires demandent, en septembre 1939, de se déplacer vers le Centre et le Midi, afin de faciliter les opérations en cas de bataille.

C. Les *expulsés* sont chassés par la force de leurs foyers ou de leur pays. C'est le cas, pour nous en tenir à des exemples empruntés à la même période historique, des Français chassés en 1940 des « zones interdites » du nord de la France par l'occupant allemand, ou inversement des Allemands chassés en 1945 des provinces de l'Est ou de Tchécoslovaquie par les Soviétiques, les Polonais et les Tchèques.

Si l'on applique cette grille aux personnes déplacées arabes de 1948, on constate qu'elles relèvent, pour la plupart, des deux premiers cas. L'exil volontaire a d'abord touché les milieux arabes aisés – les *Effendis* –, qui se sont mis à l'abri dans les pays voisins, où ils disposaient le plus souvent de parents du même niveau social, susceptibles de les accueillir, dès qu'une guerre a paru inévitable, c'est-à-dire dès l'automne 1947. Sir Alan Cunningham, le dernier Haut-Commissaire britannique, l'a regretté dans des termes très vifs : « Les gens qui auraient dû prendre la direction de leur communauté quittent le pays... La classe des *Effendis* évacue en masse dans toutes les parties du pays, et le rythme ne fait que s'accélérer. » Hussein Khalidi, le secrétaire du Haut Comité arabe confie à un ami, en janvier 1948 : « Six membres du Comité sont déjà au Caire, deux autres sont à Damas... Tout le monde s'en va. Quiconque a un chèque ou du liquide s'enfuit en Égypte, au Liban, à Damas. » Des milieux plus modestes ont fait un choix analogue au cours de la guerre larvée qui s'est déroulée de novembre 1947 à mai 1948, alors que les Britanniques se préparaient à quitter le pays. En avril 1948, selon diverses estimations, cent mille Arabes palestiniens étaient partis pour les pays voisins. En revanche, les Juifs restent sur place. Par nécessité : ils ne peuvent compter, comme les Arabes, sur un *hinterland* ; aucun autre État juif n'existe dans le monde ; et les États non juifs, qui sont restés fermés entre 1933 et 1945, alors que l'Allemagne de Hitler persécutait et assassinait les Juifs d'Europe, se montrent peu disposés, depuis la fin de la Seconde Guerre mondiale, à accueillir les survivants (les États-Unis, en particulier, maintiendront le système des quotas jusqu'au début des années 1960). Comme devait le dire plus tard Muhamad Nimr al-Khatib, un des dirigeants arabes palestiniens de 1948 : « Les Palestiniens avaient les États arabes voisins qui ouvraient leurs frontières et leurs portes aux réfugiés, tandis que les Juifs n'avaient pas d'autre choix que de triompher ou de mourir. »

Le repli a été un facteur plus important encore dans l'exode arabe, sinon le plus important, comme l'a estimé Khaled al-Azam, qui fut Premier ministre de Syrie en 1949 : « Nous appelâmes le malheur sur les réfugiés, en leur demandant de quitter leurs foyers. » Les autorités britanniques initient le phénomène dès la fin de 1947, en incitant les Arabes et les Juifs, respectivement, à quitter les localités où ils étaient en minorité : les Arabes sont enclins à suivre ces instructions, et les Juifs à désobéir. C'est ainsi que la minorité arabe quitte la ville juive de Tibériade, dans le nord du pays, tandis que les Juifs de Safed, à quelques kilomètres de là, restent dans une ville à majorité arabe. Le Haut Comité arabe, qui qualifiait de « désertion » les départs des familles riches, organise bientôt lui-même des « replis » de populations civiles à l'intérieur du territoire palestinien. Quand les hostilités commencent, les différentes forces arabes ont multiplié les ordres de ce type, peut-être pour mieux imposer leur autorité à la population locale. En juin 1949, Sir John Troutbeck, un haut fonctionnaire britannique en poste au Caire, effectue une enquête chez les réfugiés palestiniens de la bande de Gaza : il constate qu'ils ne manifestent « pas d'amertume envers les Juifs, ni même envers les Anglais... mais maudissent les Égyptiens et les autres pays arabes, qui les ont incités à partir... Certains disent même que si les Israéliens s'emparaient de Gaza, ils seraient reçus en libérateurs ».

Il convient de noter que pendant la seconde guerre du Liban, en 2006, le Hezbollah libanais a demandé aux Arabes israéliens de Galilée de « se mettre à l'abri » pendant qu'il bombardait « l'ennemi sioniste ». Retour complet à la situation de 1947-1948.

Dans une minorité de cas, l'exode arabe palestinien ressortit au troisième cas de figure : une expulsion par les forces israéliennes. La plupart des historiens estiment, depuis un demi-siècle, que ces opérations n'ont pas été menées en fonction d'un plan d'épuration ethnique, mais dans le feu de l'action et pour des raisons tactiques. Ce point de vue a été remis en question, au cours des deux dernières décennies du xxe siècle, par des universitaires israéliens d'extrême gauche, souvent qualifiés de « nouveaux historiens » : Benny Morris, Avi Shlaim et Ilan Pappé. Leurs prémisses ou leurs méthodes ont toutefois fait l'objet de nombreuses critiques. L'historien britannique Efraim Karsh a démontré, par exemple, que Morris et Pappé ont purement et simplement dénaturé un discours prononcé par Ben Gourion en décembre 1947, afin de « prouver » l'existence d'un plan global d'expulsion : ils citent les paragraphes où le chef du futur État souligne la nécessité de disposer d'une forte majorité juive, mais non pas ceux où, explicitant sa pensée, il fait d'une forte immigration juive la condition de la survie nationale, ou insiste sur l'égalité de droits qui doit régner entre majorité juive et minorité arabe. Karsh a également démontré à travers une analyse minutieuse des documents originaux, que l'exode de la population arabe d'Haïfa, épisode clé s'il en est, puisqu'il a conditionné celui de l'ensemble des Arabes galiléens, n'a pas été planifié par les Juifs, comme l'ont insinué les « nouveaux historiens ». Il s'est bel et bien déroulé à l'appel des autorités arabes et contre la volonté des autorités juives locales.

Benny Morris, on le sait, a considérablement modifié son analyse depuis le début des années 2000. Allant jusqu'à regretter, dans un mouvement d'humeur devant l'extrémisme palestinien, que « l'expulsion » de 1947-1948 n'ait pas été plus complète...

Les quinze mille personnes déplacées juives palestiniennes de 1948, quant à elles, ont toutes été victimes d'une expulsion, et il ressort de la plupart des déclarations arabes de cette époque que l'expulsion, sinon le massacre, aurait été le sort de tous les Juifs palestiniens en cas de défaite militaire. En septembre 1947, le secrétaire général de la Ligue arabe, Abderrahman Azzam, déclarait à des émissaires de l'extrême gauche sioniste, venus négocier un compromis : « Le temps du compromis ou de la paix est passé... Désormais, nous ne croyons plus qu'en l'épreuve de forces... Nous chercherons à vous jeter dehors. Je ne suis pas sûr que nous y parviendrons, mais nous allons essayer. Nous avons réussi à chasser les croisés, mais nous avons perdu l'Espagne... Il se peut que nous perdions la Palestine, mais nous essaierons tout de même de vous chasser... »

Dans les années 1950, la notion d'un double exode, arabe et juif, était présente dans les esprits. Aux camps de réfugiés arabes bâtis à la hâte en Cisjordanie, à Gaza, en Transjordanie, au Liban, en Syrie, répondaient les camps de réfugiés ouverts en Israël, les *maabaroth*. Sur une photo célèbre de Robert Cappa, prise en 1949, on voit une petite fille au type oriental, en haillons, en train de pleurer devant des tentes dressées en plein désert. Comme ce document fait partie d'une série intitulée *Camps de réfugiés en Palestine*, la plupart des archivistes pensent aujourd'hui qu'il s'agit d'une réfugiée arabe. En fait, Cappa utilisait encore indifféremment, à cette époque, les termes de Palestine et d'Israël ; et la petite fille était juive. Ce n'est qu'à partir des années 1960, quand Israël, cahin-caha, a mené à bien l'intégration de ses propres réfugiés et fermé les *maabaroth*, alors que les camps de l'UNRWA restaient en place, que le problème des réfugiés arabes a pris le relief exceptionnel qui est aujourd'hui le sien. Le maintien des camps arabes a tenu en partie, nous l'avons vu, à une volonté politique ou stratégique. Mohammed Salah ed-Din, ministre égyptien des Affaires étrangères, écrivait dès 1949 : « Quand nous demandons le retour des réfugiés arabes en Palestine, nous entendons par là un retour en tant que maîtres, et non en tant qu'esclaves. Le but de ce retour est de détruire Israël. » Mais d'autres facteurs, plus prosaïques, ont joué. L'aide humanitaire dispensée par l'UNRWA avait été calquée, en 1949, sur celle que l'UNRRA avait assurée, les années précédentes, aux personnes déplacées d'Europe. Elle ne portait, en apparence, que sur des besoins tout à fait élémentaires : une ration alimentaire de survie, un logement précaire, l'aide médicale, l'éducation des enfants et des adolescents. Mais ces prestations assuraient en fait un niveau de vie supérieur à celui des populations arabes les plus pauvres de la région : la distribution de lait en poudre, par exemple, augmentait de moitié les chances de survie des nourrissons ; l'accès à des dispensaires modernes réduisait encore un peu plus la mortalité néonatale, structurellement très élevée dans une société archaïque comme celle des *fellahs*. Tant et si bien qu'un grand nombre de non-réfugiés, palestiniens ou non, se sont fait inscrire en tant que réfugiés auprès des agences de l'Onu : l'un des premiers rapports officiels sur cette question, publié fin 1949, observait que le nombre des bénéficiaires était passé en quelques mois à « plus d'un million de personnes » et que cette augmentation « reflétait indiscutablement l'adjonction d'un certain nombre de résidents locaux aux moyens économiques restreints ». Gordon Clapp, le directeur de la première mission d'enquête sur les réfugiés palestiniens, notait pour sa part, dans une déposition devant le Congrès américain : « Nous n'avons pas entrepris de compter les réfugiés, et il nous paraît de toute façon impossible d'accorder foi aux statistiques concernant telle ou telle autre population du Moyen-Orient. »

Les circonstances du double exode arabe et juif et les conditions dans lesquelles les camps de l'UNRWA ont été gérés et maintenus depuis plus d'un demi-siècle rendraient à la fois inéquitable et irréalisable un éventuel rapatriement en Israël même ou à des réparations individuelles. Les Palestiniens affirment aujourd'hui que tous les réfugiés arabes de 1948 ainsi que tous leurs descendants, soit de cinq à huit millions de personnes selon les estimations, ont droit au « retour ». Appliqué à d'autres régions du monde, ce principe jouerait en faveur des quelque vingt-cinq millions d'Allemands qui ont été des réfugiés en 1945 ou qui descendent de réfugiés ; il jouerait en faveur des cent millions d'Indiens ou de Pakistanais qui ont été des réfugiés en 1947 ou qui descendent de réfugiés. Mais on peut aller encore plus loin dans ce genre de raisonnement, et soutenir que ce qui vaut pour les Arabes de 1948 vaut pour les juifs de 70 et de 135, chassés par Titus et Hadrien. Si la qualité de réfugié est à la fois héréditaire et inextinguible, les juifs du XXe siècle ou du XXIe siècle détiennent bien sur Eretz-Israël, alias la Palestine, un droit antérieur à celui des Arabes palestiniens.

On ne peut sortir de ces cercles vicieux qu'en résolvant le problème des réfugiés arabes palestiniens comme tous les problèmes analogues, y compris celui des rescapés de la Shoah et des Juifs expulsés des pays arabes et islamiques : par la « réhabilitation » sociale ou professionnelle, par leur insertion dans les sociétés où ils vivent, ou éventuellement par leur libre émigration dans des pays disposés à les accueillir. Cette démarche peut être assurée au sein d'un État palestinien indépendant. Elle peut l'être dans n'importe quel pays arabe.

Car en ce qui concerne les droits *nationaux* des Arabes palestiniens, au-delà de leurs droits humains, civils ou civiques, l'argument ultime – *ultima ratio* – que Jabotinsky présentait en 1937 devant la commission Peel garde toute sa force. Il y a beaucoup de pays arabes souverains. Ils se considèrent comme des éléments indissociables d'une Nation arabe indivisible. Y compris la Palestine arabe.

Il n'y a qu'un pays juif. Israël.

BIBLIOGRAPHIE ET SOURCES

Les événements historiques et les données sociologiques, économiques, culturelles et religieuses relatées dans *Le Roman d'Israël* sont authentiques.

Les personnages historiques ont été dépeints d'après leurs propres textes ou les biographies qui leur ont été consacrées.

Les personnages fictifs ont été créés à partir de faits réels ou de scènes rapportées dans des textes d'époque : livres, documents intimes, correspondances, reportages et articles de presse.

Pour l'histoire globale du peuple juif, on ne peut que se référer au monument que constitue l'ouvrage de Salo Wittmayer Baron, *A Social and Religious History of the Jews*, XVIII volumes, 1952-1983, Columbia University Press/Jewish Publication Society of America, New York et Philadelphie. À consulter également : *The Course of Modern Jewish History*, par Howard Morley Sachar, 1977, Dell Publishing, New York, et *The Jewish Mind*, par Raphael Patai, 1977, Scribner's, New York.

Les citations bibliques, talmudiques et rabbiniques ont été traduites par l'auteur, le plus souvent à l'aide des éditions Artscroll, New York. Sur les origines juives du christianisme, on consultera l'ouvrage passionnant et controversé de Hyam Maccoby, *Revolution in Judaea*, 1973, Taplinger, New York. Sur les origines juives de l'islam, l'ouvrage de Patricia Crone et Michael Cook, *Hagarism*, 1977, Cambridge University Press, n'est pas moins essentiel (mêmes si les auteurs ont atténué par la suite certaines de leurs thèses).

En ce qui concerne la démographie, l'*Atlas of World Population History*, par Colin McEvedy et Richard Jones, Penguin Books,

1978, est une introduction indispensable. Les articles « Démographie » et « Population » de l'*Encyclopedia Judaica* apportent de nombreux éclaircissements. Sur les contributions récentes de la génétique à l'histoire du peuple juif, consulter l'article de Michael F. Hammer, A. J. Redd, E. T. Wood, M. R. Bronner et al., *Jewish and non-Jewish Populations Share a Common Pool of Y-Chromosome Biallelic Haplotypes*, in *Proceedings of the National Academy of Science*, XCVII, 12, 6 juin 2000.

Sur le sionisme on se reportera aux *Atlas* de Walter Laqueur, chez Weidenfeld and Nicolson puis Routledge, Londres, dates diverses, et à son *Histoire du sionisme*, 1973, Calmann-Lévy. On lira également avec profit *The Zionist Idea*, par Arthur Hertzberg, 1973, Atheneum Books, New York. Les relations complexes entre orthodoxie juive et sionisme ont été analysées par Aviezer Ravitzky, notamment dans *Messianism, Zionism and Jewish Religious Radicalism,* 1996, University of Chicago Press, Chicago. Le sionisme chrétien est présenté dans *Power, Faith and Fantasy*, par Michael Oren, 2007, Norton, New York, et dans *Standing With Israel*, par David Brog, 2007, Front Line, Lake Mary.

L'Etat juif et le *Journal* de Theodor Herzl ont été publiés en 1981 aux Editions Stock, Paris. *Altneuland*, rebaptisé *Old New Land*, a été republié en 2000 par Markus Wiener Publishers/Princeton, New York et Jérusalem. *Tongue of the Prophets*, la biographie de Robert St John consacrée à Eliezer Ben-Yehuda, est parue en 1952 chez Melvin Powers, New York. Sur Jabotinsky, lire la biographie de Shmuel Katz, *Lone Wolf*, 1996, Barricades Books, New York. Sur Ben Gourion, *Prophet of Fire*, par Dan Kurzman, 1983, Touchstone/Simon and Schuster, New York.

Sur la conférence de la paix de 1919 et la promulgation du mandat de la SDN sur la Palestine en 1922, le livre de Margaret MacMillan, *Paris 1919*, paru en 2003 chez Random House, est désormais irremplaçable. Sur la Palestine mandataire, lire *Le Juif errant est arrivé*, d'Albert Londres, 1997, Le Serpent à Plumes/Le Rocher, Paris, ou encore *La Palestine*, par Janusz Korczak, 2002, Les Editions Noir sur Blanc, Paris. Les pages que Robert Byron consacre à ce sujet dans *The Road to Oxiana*, 1994, Pan Books, Londres, ne sont pas moins précieuses. L'histoire moderne de la nation israélienne est traitée de façon détaillée par Howard Morley Sachar dans son *History of Israel*, volumes I et II, 1976 et 1987, Alfred A. Knopf, New York, et Oxford University Press, Oxford et New York.

Les ouvrages de Bernard Lewis constituent une introduction de premier ordre à l'islam et l'histoire du Proche-Orient, notamment *The Political Language of Islam*, 1988, University of Chicago Press, Chicago, et *Sémites et Antisémites*, 1986, Fayard, Paris. Il en va de même des travaux d'Emmanuel Sivan, notamment *Mythes politiques arabes*, 1995, Fayard, Paris. Bat-Yeor a analysé la condition des juifs et des chrétiens « protégés » par l'islam, dans *Le Dhimmi*, 1980, Anthropos, Paris. En ce qui concerne les Palestiniens, l'ouvrage de Muhammad Y. Muslih, *The Origins of Palestinian Nationalism*, 1988, Columbia University Press, New York, est la source la plus sûre et la plus objective.

Sur la guerre de 1948, se reporter avant tout à *Le Ciel t'aidera*, par Gordon Levett, 1992, Editions Créaphis, Paris.

Table des matières

Collection « Le roman des lieux et destins magiques »
dirigée par Vladimir Fédorovski

Déjà parus

Le Roman de la Russie insolite, Vladimir Fédorovski.
Le Roman de Saint-Pétersbourg, Vladimir Fédorovski, prix de l'Europe.
Le Roman du Kremlin, Vladimir Fédorovski, prix du meilleur document de l'année, prix Louis-Pauwels.
Le Roman d'Athènes, Marie-Thérèse Vernet-Straggiotti.
Le Roman de Constantinople, Gilles Martin-Chauffier, prix Renaudot essai.
Le Roman de Shanghai, Bernard Debré, prix de l'Académie des sciences morales et politiques.
Le Roman de Berlin, Daniel Vernet.
Le Roman d'Odessa, Michel Gurfinkiel.
Le Roman de Séville, Michèle Kahn, prix Benveniste.
Le Roman de Vienne, Jean des Cars.
La Fabuleuse Histoire de l'icône, Tania Velmans.
Dieu est-il gascon ?, Christian Millau.
Le Roman de la Saxe, Patricia Bouchenot-Déchin.
La Fabuleuse Histoire de Malte, Didier Destremau.
Le Roman de Hollywood, Jacqueline Monsigny et Edward Meeks.
Le Roman de Chambord, Xavier Patier, prix du patrimoine.
Le Roman de l'Orient-Express, Vladimir Fédorovski, prix André-Castelot.
Le Roman de Budapest, Christian Combaz.
Je serai la princesse du château, Janine Boissard.
Mes chemins secrets, Jacques Pradel.
Le Roman de Prague, Hervé Bentégeat.
Le Roman de l'Élysée, François d'Orcival.
Le Roman de Tolède, Bernard Brigouleix et Michèle Gayral.
Le Roman de l'Italie insolite, Jacques de Saint Victor.
Le Roman du Festival de Cannes, Jacqueline Monsigny et Edward Meeks.
Le Roman des amours d'Elvis, Patrick Mahé.
Le Roman de la Bourgogne, François Cérésa.
Le Roman de Rio, Axel Gyldén.
Le Roman de la Pologne, Beata de Robien.
Les Fabuleuses Histoires des trains mythiques, Jean-Paul Caracalla.
Les Romans de Venise, Gonzague Saint Bris.
Le Mystères des Tuileries, Bernard Spindler.
Le Roman de l'Élysée, François d'Orcival.
Le Roman de la Victoire, Bertrand de Saint-Vincent.
Le Roman du Québec, Daniel Vernet.
Le Roman de Mai 68, Jean Luc Hees.
Le Roman de Bruxelles, José-Alain Fralon.

Cet ouvrage a été composé et imprimé par la
SOCIÉTÉ NOUVELLE FIRMIN-DIDOT
Mesnil-sur-l'Estrée
pour le compte des Éditions du Rocher
en février 2008

Éditions du Rocher
28, rue Comte-Félix-Gastaldi
Monaco

Imprimé en France
Dépôt légal : mars 2008
N° d'impression : 88739